학교 시험 1등급을 위한 일등급 중등 수학

• 꼭 필요한 핵심 개념과 기억하기 쉽게 정리된 꿀팁

개념을 이해하기 쉽게 다양한 예로 정리하였고, 꿀팁으로
좀 더 재미있게 공부할 수 있도록 하였습니다.
개념에 문제를 적용시켜 개념+유형을 한꺼번에 총정리 하
고, 또 수학적 사고력을 키울 수 있도록 구성하였습니다.

• 종합적 판단 문제로 서술형+도전 문제 완성

복잡하기만 한 문제가 아닌 폭넓게 생각하고 종합적으로
판단하여 해법에 도달할 수 있는 고품격 서술형 문제와 고
난도 문제를 엄선하여 수록하였습니다.
한 문제 한 문제 고민하면서, 차근차근 풀어 가면 수학 실
력이 한층 깊어지는 매력을 경험할 수 있을 것입니다.

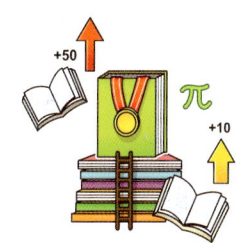

• 대단원 개념을 총정리 하여 상위 1%에 도달

대단원별로 종합적인 사고력을 측정하는 문제로 구성하였
습니다. 소단원별 문제를 통합하여 한번에 풀어 가면 대단
원별 개념을 충실히 이해할 수 있어 학교 시험 만점에 도
달할 수 있을 것입니다.

중등 수학 만점을 위한 단계별 교재

STEP 01
수력충전 스타트

수학의 기초를 쉽고 재미있게 시작

- 교과서 필수 개념을 이미지와 함께 쉽게 이해
- 기본 개념과 유형 문제를 따라 쓰고 따라 풀며 자연스럽게 터득
- 학교 시험 기본 유형을 저절로 습득하여 자신감 상승

> 중1 상 / 하
> 중2 상 / 하
> 중3 상 / 하

STEP 02
수력충전

수학의 기초 실력 완성

- 쉬운 문제들로 기본 연산력 강화 및 수학 실력 향상
- 풀이과정을 채워 가면서 스스로 수학의 연산원리를 터득
- 단원별, 유형별로 문제를 제시하여 부족한 부분 집중 학습

> 중1 상 / 하
> 중2 상 / 하
> 중3 상 / 하

STEP 03
수력충전 중등 수학 개념 총정리

중등 수학 개념을 영역별로 총정리하는 필수 개념서!

- 2015 개정 교육과정의 중등 전학년 수학 개념을 한 권으로 총정리
- 필수 개념을 이해하기 쉽게 정리하고, 고등 수학 개념과 연계성 강화
- 개념 완성 테스트 + 영역별 총정리 + 중등·고등 연결 문제로 실력 향상

> 중등 수학
> 개념 총정리

STEP 04
심플자이 스토리

개념 * 연산 * 유형으로 수학을 심플하고 쉽게!

- 심플한 개념 정리로 쉽게 이해하기
- 연산 문제로 기초 계산 능력 향상시키기
- 깔끔한 유형 연습으로 문제 유형을 쉽게 익히기

> 중1 상 / 하
> 중2 상 / 하
> 중3 상 / 하

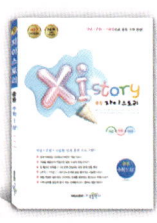

STEP 05
자이스토리

필수 유형과 서술형 문제 완벽 훈련

- 중등 수학의 모든 개념과 유형의 완벽 학습
- 친근한 대화체 풀이와 단계별 해설로 이해력 향상
- 잘 틀리는 유형의 철저한 대비를 위한 쌍둥이 문제 제시

> 중1 상 / 하
> 중2 상 / 하
> 중3 상 / 하

STEP 06
일등급 수학

중등 수학 최고의 순수 명품 문제

- 개념과 유형을 효과적으로 적용시키는 필수 문제 수록
- 확장된 개념을 습득하여 수학적 사고력 향상
- 일등급을 위한 고난도 서술형 + 도전 문제 엄선

> 중1 상 / 하
> 중2 상 / 하
> 중3 상 / 하

STEP 07
형상기억 수학 공식집

핵심 공식과 개념의 압축

- 중등 수학의 필수 공식만을 압축하여 정리
- 개념과 공식을 한눈에 알 수 있게 시각적으로 설명
- 단계적으로 공식을 적용하는 비법을 순서화하여 문제해결법을 학습

> 중1
> 중2
> 중3
> 중등 수학 종합

학교 시험 일등급을 위한 수학 개념 고품격 완성서

일등급 수학

THE FIRST CLASS
MATHEMATICS

상위 1% 도전을 위한 최고의 명품 일등급 문제

 중등 수학 3 (하)

자이스토리 · 수경출판사

구성과 특징

학교 시험의 만점을 위한 깔끔하고 명쾌한 문제집!

짧은 시간에 중등 수학의 **핵심 개념**을 완벽하게 정리하자!!

01 핵심 개념 총정리 – 꼭 필요한 개념과 꿀팁으로 체계적으로 개념을 정리하자

- 하루 분량의 개념으로 묶어 수학 개념을 한 눈에 확인할 수 있습니다.

- 달달한 꿀처럼 심화 개념이나 공부에 꼭 필요한 팁을 이해하기 쉽게 제시하였습니다.

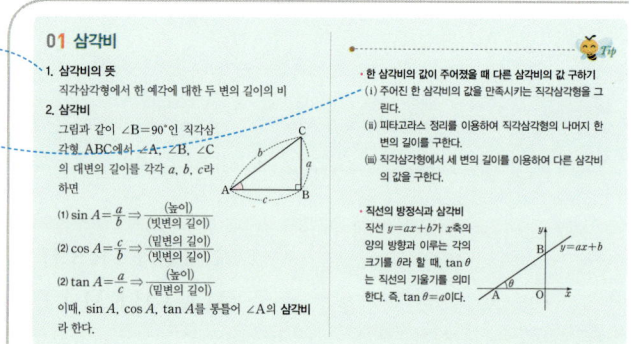

02 개념 필수 문제 – 핵심 개념별로 정리된 문제로 개념에 대한 문제 적용력을 키우자

- 깔끔한 문제 구성과 명쾌한 접근이 가능한 문제로 핵심 개념을 적용시키는 방법을 알 수 있도록 구성하였습니다.

- 개념을 난이도 흐름에 따라 차근차근 익힐 수 있는 필수 문제로 배치했습니다.

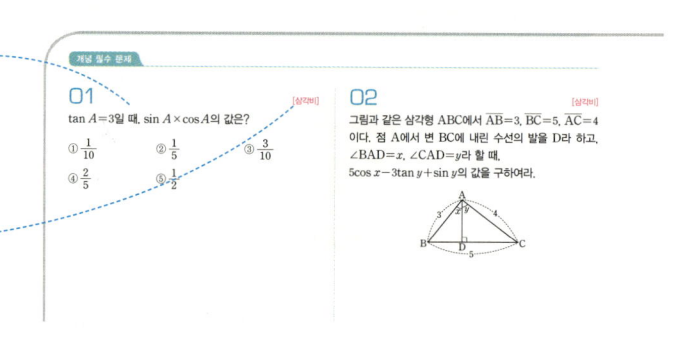

03 고품격 만점 문제 – 난이도 있는 문제로 수학 실력과 사고력을 한층 더 높이자

- 서술형으로 수학 문제를 논리적으로 풀어가는 연습을 할 수 있습니다.

- 시험 만점을 위해서는 고난도 도전 문제에 대한 접근 방법을 알고 있어야 합니다. 단순하게 복잡하기만 한 문제가 아닌 생각할 수 있는 문제로 수학적 사고력을 확장시키도록 하였습니다.

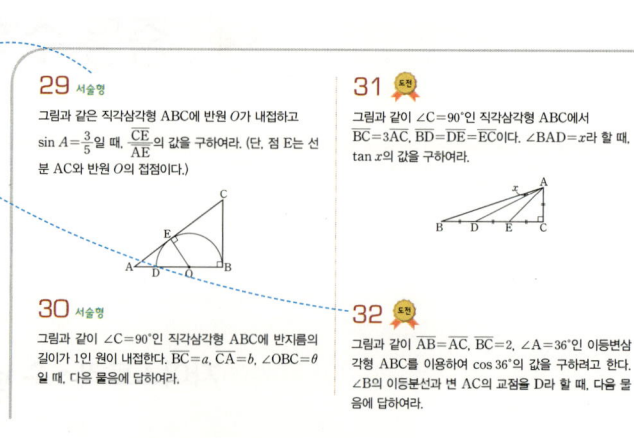

04 대단원 만점 문제 – 대단원별 개념순으로 정리된 문제를 종합하여 시험을 보듯이 풀어보자

• 하루하루 공부한 핵심 개념을 종합하여 자신이 공부한 것을 스스로 체크할 수 있도록 하였습니다.

• 미흡한 부분이 있다면 핵심 개념을 다시 한 번 정리하도록 합시다.

01
그림에서 호 AB는 원의 일부분이고 점 M은 현 AB의 중점일 때, 이 원의 반지름의 길이는?

① 13   ② 14   ③ 15
④ 16   ⑤ 17

03
그림과 같이 원 O에 외접한 사각형 ABCD에서 세 점 Q, R는 각각 선분 AD, 선분 BC, 선분 CD와 원의 접점이다. $\overline{BC}=12$ cm, $\overline{CD}=10$ cm, $\overline{OQ}=4$ cm이고 $\angle A=\angle B=90°$일 때, 사각형 ABCD의 넓이를 구하라.

05 단원별 테스트 (학교시험 대비) – 중단원 순으로 반드시 풀어야 하는 개념과 문제를 파악하자

• 시험에 반드시 나오는 중요 개념과 문제를 단원별 2페이지씩 총정리 테스트 할 수 있습니다.

• 서술형 문제를 풀어보며 학교 시험을 완벽히 준비합니다.

01
그림과 같은 직각삼각형 ABC에서 $\sin B=\dfrac{8}{17}$일 때, $\tan A$의 값은?

① $\dfrac{8}{15}$ ② $\dfrac{15}{17}$ ③ $\dfrac{17}{15}$
④ $\dfrac{13}{8}$ ⑤ $\dfrac{15}{8}$

02
그림과 같이 $\angle A=90°$인 직각삼각형 ABC의 꼭짓점 A에서 빗변에 내린 수선의 발을 H라 하자. $\angle BAH=x$, $\angle CAH=y$라 할 때, $\dfrac{\sin x+\sin y}{\cos x+\cos y}$의 값을 구하여라.

04
그림과 같은 직육면체에서 $\overline{AB}:\overline{BC}:\overline{BF}=k:3:4$이다. $\angle AHB=x$일 때, $\sin x\times\cos x=\dfrac{1}{2}$을 만족시키는 상수 k의 값을 구하여라.

10 서술형
그림에서 $\overline{AB}=\sqrt{3}$이고 $\angle ABC=\angle BCD=90°$, $\angle BAC=60°$, $\angle BDC=45°$일 때, 삼각형 BCE의 넓이를 구하여라.

[해설편] 쉽게 이해되고 핵심 포인트를 잡아준다!!

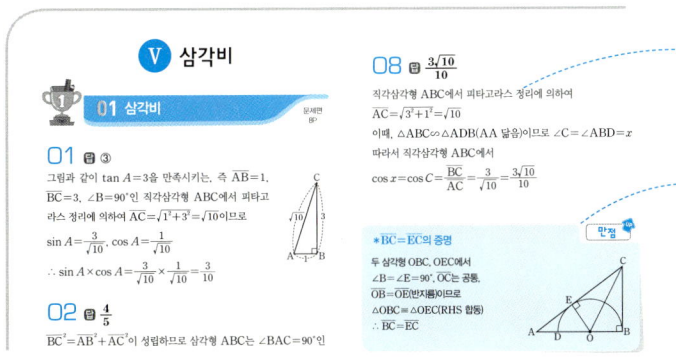

V 삼각비

01 삼각비

01 ③
그림과 같이 $\tan A=3$을 만족시키는, 즉 $\overline{AB}=1$, $\overline{BC}=3$, $\angle B=90°$인 직각삼각형 ABC에서 피타고라스 정리에 의하여 $\overline{AC}=\sqrt{1^2+3^2}=\sqrt{10}$이므로 $\sin A=\dfrac{3}{\sqrt{10}}$, $\cos A=\dfrac{1}{\sqrt{10}}$
∴ $\sin A\times\cos A=\dfrac{3}{\sqrt{10}}\times\dfrac{1}{\sqrt{10}}=\dfrac{3}{10}$

02 ④ $\dfrac{4}{5}$
$\overline{BC}^2=\overline{AB}^2+\overline{AC}^2$이 성립하므로 삼각형 ABC는 $\angle BAC=90°$인

08 ④ $\dfrac{3\sqrt{10}}{10}$
직각삼각형 ABC에서 피타고라스 정리에 의하여 $\overline{AC}=\sqrt{3^2+1^2}=\sqrt{10}$
이때, $\triangle ABC\backsim\triangle ADB$(AA 닮음)이므로 $\angle C=\angle ABD=x$
따라서 직각삼각형 ABC에서
$\cos x=\cos C=\dfrac{\overline{BC}}{\overline{AC}}=\dfrac{3}{\sqrt{10}}=\dfrac{3\sqrt{10}}{10}$

만점 UP
✱$\overline{BC}=\overline{EC}$의 증명
두 삼각형 OBC, OEC에서
$\angle B=\angle E=90°$, $\overline{OC}$는 공통, $\overline{OB}=\overline{OE}$(반지름)이므로
$\triangle OBC\equiv\triangle OEC$(RHS 합동)
∴ $\overline{BC}=\overline{EC}$

• 간단하고 명료한 해설로 자신의 풀이의 부족한 부분을 바로 확인할 수 있습니다.

• 확장 개념이나 풀이에 보충할 설명을 '만점 UP'으로 구성하여 한 번 더 확인하도록 하였습니다.

 차례

🏆 학습 계획표

일등급 중등 수학 3 (하) 11개 핵심 개념을 완성시키는 16일 학습 계획표

Day	학습 범위	학습한 날	틀린 문제, 헷갈리는 문제 번호 적기	복습한 날
01	P08~12	월 일		월 일
02	P13~16	월 일		월 일
03	P17~22	월 일		월 일
04	P23~26	월 일		월 일
05	P27~29	월 일		월 일
06	P32~34	월 일		월 일
07	P35~40	월 일		월 일
08	P41~45	월 일		월 일
09	P46~50	월 일		월 일
10	P51~53	월 일		월 일
11	P56~58	월 일		월 일
12	P59~65	월 일		월 일
13	P66~70	월 일		월 일
14	P71~73	월 일		월 일
15	P76~81	월 일		월 일
16	P82~87	월 일		월 일

THE FIRST CLASS
MATHEMATICS

V 삼각비

01 | 삼각비

01 삼각비

1. 삼각비의 뜻
직각삼각형에서 한 예각에 대한 두 변의 길이의 비

2. 삼각비
그림과 같이 $\angle B = 90°$인 직각삼각형 ABC에서 $\angle A$, $\angle B$, $\angle C$의 대변의 길이를 각각 a, b, c라 하면

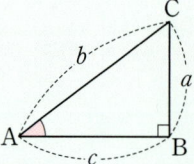

(1) $\sin A = \dfrac{a}{b} \Rightarrow \dfrac{(높이)}{(빗변의 \ 길이)}$

(2) $\cos A = \dfrac{c}{b} \Rightarrow \dfrac{(밑변의 \ 길이)}{(빗변의 \ 길이)}$

(2) $\tan A = \dfrac{a}{c} \Rightarrow \dfrac{(높이)}{(밑변의 \ 길이)}$

이때, $\sin A$, $\cos A$, $\tan A$를 통틀어 $\angle A$의 **삼각비**라 한다.

 Tip

- **한 삼각비의 값이 주어졌을 때 다른 삼각비의 값 구하기**
  (ⅰ) 주어진 한 삼각비의 값을 만족시키는 직각삼각형을 그린다.
  (ⅱ) 피타고라스 정리를 이용하여 직각삼각형의 나머지 한 변의 길이를 구한다.
  (ⅲ) 직각삼각형에서 세 변의 길이를 이용하여 다른 삼각비의 값을 구한다.

- **직선의 방정식과 삼각비**
  직선 $y = ax + b$가 x축의 양의 방향과 이루는 각의 크기를 θ라 할 때, $\tan \theta$는 직선의 기울기를 의미한다. 즉, $\tan \theta = a$이다.

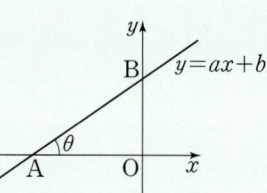

개념 필수 문제

01
[삼각비]

$\tan A = 3$일 때, $\sin A \times \cos A$의 값은?

① $\dfrac{1}{10}$ ② $\dfrac{1}{5}$ ③ $\dfrac{3}{10}$

④ $\dfrac{2}{5}$ ⑤ $\dfrac{1}{2}$

02
[삼각비]

그림과 같은 삼각형 ABC에서 $\overline{AB} = 3$, $\overline{BC} = 5$, $\overline{AC} = 4$이다. 점 A에서 변 BC에 내린 수선의 발을 D라 하고, $\angle BAD = x$, $\angle CAD = y$라 할 때, $5\cos x - 3\tan y + \sin y$의 값을 구하여라.

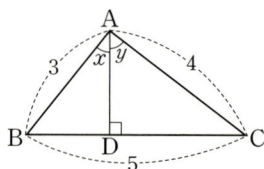

03 [삼각비]

그림과 같이 길이가 2인 선분 PQ를 지름으로 하는 반원이 있다. 반원 위의 점 R와 반원의 중심 O에 대하여 ∠PRO=x라 하고 점 R에서 선분 PQ에 내린 수선의 발을 S라 할 때, $\sin 2x$의 값을 선분의 길이로 나타낸 것은?

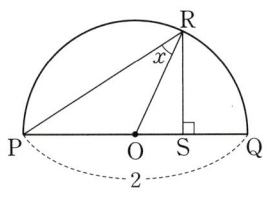

① $\overline{RS}$
② $\overline{OS}$
③ $\overline{PS}$
④ $\overline{PR}$
⑤ $\overline{SQ}$

04 [삼각비]

그림과 같이 $\overline{AB}=1$, $\overline{BC}=3$, ∠B=90°인 직각삼각형 ABC의 꼭짓점 B에서 변 AC에 내린 수선의 발을 D라 하고 ∠ABD=x라 할 때, $\cos x$의 값을 구하여라.

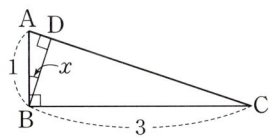

05 [삼각비]

그림과 같은 직각삼각형 ABC에서 $\overline{BC}\perp\overline{DE}$일 때, $\sin x + \cos x$의 값은?

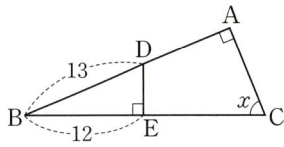

① $\dfrac{11}{13}$
② $\dfrac{13}{15}$
③ $\dfrac{15}{13}$
④ $\dfrac{13}{11}$
⑤ $\dfrac{17}{13}$

06 [삼각비]

그림과 같이 ∠C=90°인 직각삼각형 ABC의 변 BC의 중점을 D라 하자. $\overline{AC}=6$, $\tan B = \dfrac{3}{2}$이고 ∠DAC=x일 때, $\sin x$의 값은?

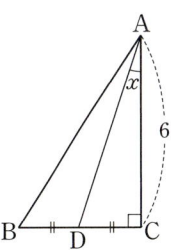

① $\dfrac{\sqrt{10}}{10}$
② $\dfrac{\sqrt{10}}{5}$
③ $\dfrac{3\sqrt{10}}{10}$
④ $\dfrac{2\sqrt{10}}{5}$
⑤ $\dfrac{3\sqrt{10}}{5}$

07

[삼각비]

그림과 같은 직각삼각형 ABC에서
$\overline{AD}=\overline{CD}=\overline{BC}=2$이고 $\angle ABD=x$
일 때, $\tan x$의 값을 구하여라.

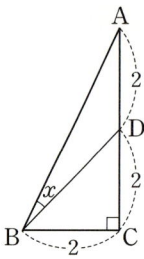

09

[삼각비]

그림과 같이 $\angle B=15°$인 직각삼각형 ABC에서 변 BC
위에 $\angle ADC=30°$가 되도록 점 D를 잡을 때,
$\tan(\angle BAC)$의 값을 구하여라.

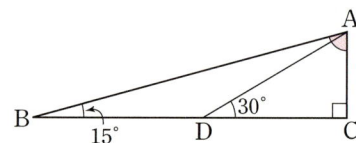

08

[삼각비]

그림과 같이 일차함수 $\dfrac{x}{4}+\dfrac{y}{3}=1$의 그래프가 x축, y축
과 각각 만나는 점을 A, B라 하자. 원점 O에서 선분
AB에 내린 수선의 발을 H라 할 때, $\sin(\angle BOH)$의 값
을 구하여라.

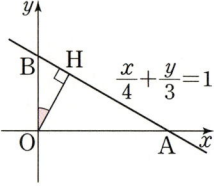

10

[삼각비]

그림과 같이 $\overline{AD}/\!/\overline{BC}$이고 $\overline{AB}=7$,
$\angle A=\angle BDC=90°$인 사다리꼴 ABCD에서
$\angle BCD=a$이다. $\cos a=\dfrac{\sqrt{2}}{4}$일 때, 선분 CD의 길이를
구하여라.

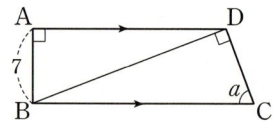

11

[삼각비]

그림은 선분 AE를 접는 선으로 하여 직사각형 ABCD의 꼭짓점 B가 변 CD 위의 점 F에 오도록 접은 것이다. $\overline{AB}=2$, $\overline{AD}=1$이고 $\angle EAF=\theta$일 때, $\tan\theta$의 값은?

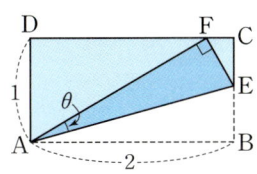

① $\sqrt{2}-1$ ② $\sqrt{3}-\sqrt{2}$ ③ $3-\sqrt{2}$
④ $2-\sqrt{3}$ ⑤ $\sqrt{5}-2$

12

[삼각비]

그림과 같은 삼각형 ABC에서 점 M은 변 BC의 중점이고 $\angle BMA=60°$, $\angle MAB=90°$일 때, $\cos C$의 값은?

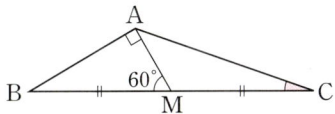

① $\dfrac{\sqrt{7}}{14}$ ② $\dfrac{\sqrt{7}}{7}$ ③ $\dfrac{3\sqrt{7}}{14}$
④ $\dfrac{2\sqrt{7}}{7}$ ⑤ $\dfrac{5\sqrt{7}}{14}$

13

[삼각비]

$\tan\theta=2$일 때, $\dfrac{1+\sin\theta}{\cos\theta}+\dfrac{\cos\theta}{1+\sin\theta}$의 값은?

(단, $0°<\theta<90°$)

① 1   ② 4   ③ $2\sqrt{5}$
④ $2\sqrt{5}-4$ ⑤ $4+2\sqrt{5}$

14

[삼각비]

이차방정식 $x^2-(\tan\theta)x+1=0$의 한 근이 $1+\sqrt{2}$일 때, $\cos\theta$의 값은? (단, $0°<\theta<90°$)

① $\dfrac{1}{2}$ ② $\dfrac{1}{3}$ ③ $\dfrac{1}{4}$
④ $\dfrac{1}{5}$ ⑤ $\dfrac{1}{6}$

15

그림과 같이 직선 $y=\dfrac{2}{3}x+2$가 x축의 양의 방향과 이루는 각의 크기가 θ일 때, $\tan\theta$의 값은?

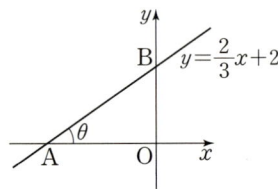

① $\dfrac{1}{2}$ ② $\dfrac{2}{3}$ ③ 1

④ $\dfrac{3}{2}$ ⑤ 2

17

직선 $y=\dfrac{2}{5}x-1$이 x축과 이루는 예각의 크기를 θ라 할 때, $\sin\theta$의 값은?

① $\dfrac{\sqrt{29}}{29}$ ② $\dfrac{2\sqrt{29}}{29}$ ③ $\dfrac{3\sqrt{29}}{29}$

④ $\dfrac{4\sqrt{29}}{29}$ ⑤ $\dfrac{5\sqrt{29}}{29}$

16

직선 $y-b=a(x+2)$가 x축의 양의 방향과 이루는 각의 크기가 $60°$이고 y절편이 $2\sqrt{3}+2$일 때, 상수 a, b에 대하여 a^2+b^2의 값은?

① 6 ② 7 ③ 8

④ 9 ⑤ 10

18

그림과 같이 점 $(-4, 0)$을 지나는 일차함수의 그래프가 x축의 양의 방향과 이루는 각의 크기가 θ이다. $\sin\theta=\dfrac{\sqrt{5}}{3}$일 때, 일차함수의 식은?

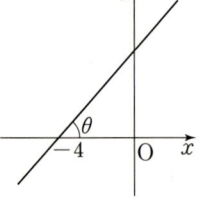

(단, $0°<\theta<90°$)

① $y=\dfrac{\sqrt{5}}{4}x+\sqrt{3}$ ② $y=\dfrac{\sqrt{5}}{4}x+\sqrt{5}$

③ $y=\dfrac{\sqrt{3}}{2}x+2\sqrt{3}$ ④ $y=\dfrac{\sqrt{5}}{2}x+2\sqrt{5}$

⑤ $y=\dfrac{\sqrt{6}}{2}x+2\sqrt{6}$

02 삼각비의 값

1. 특수각의 삼각비의 값

A 삼각비	30°	45°	60°
$\sin A$	$\dfrac{1}{2}$	$\dfrac{\sqrt{2}}{2}$	$\dfrac{\sqrt{3}}{2}$
$\cos A$	$\dfrac{\sqrt{3}}{2}$	$\dfrac{\sqrt{2}}{2}$	$\dfrac{1}{2}$
$\tan A$	$\dfrac{\sqrt{3}}{3}$	1	$\sqrt{3}$

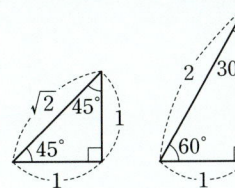

2. 예각의 삼각비의 값

반지름의 길이가 1인 사분원에서 ∠AOB의 크기를 x라 하면

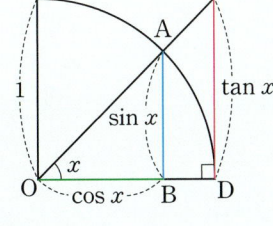

(1) $\sin x = \dfrac{\overline{AB}}{\overline{OA}} = \dfrac{\overline{AB}}{1}$
$= \overline{AB}$

(2) $\cos x = \dfrac{\overline{OB}}{\overline{OA}} = \dfrac{\overline{OB}}{1} = \overline{OB}$

(3) $\tan x = \dfrac{\overline{CD}}{\overline{OD}} = \dfrac{\overline{CD}}{1} = \overline{CD}$

3. 삼각비의 표

삼각비의 표에서 각도의 가로줄과 sin, cos, tan의 세로줄이 만나는 곳의 수가 삼각비의 값이다.

각도	사인 (sin)	코사인 (cos)	탄젠트 (tan)
⋮	⋮	⋮	⋮
41°	0.6561	0.7547	0.8693
42°	0.6691	0.7431	0.9004
43°	0.6820	0.7314	0.9325
⋮	⋮	⋮	⋮

예
$\sin 41° = 0.6561$
$\cos 42° = 0.7431$
$\tan 43° = 0.9325$

 Tip

- **0°, 90°의 삼각비의 값**
  (1) $\sin 0° = 0$, $\cos 0° = 1$, $\tan 0° = 0$
  (2) $\sin 90° = 1$, $\cos 90° = 0$이고 $\tan 90°$의 값은 정할 수 없다.

- **삼각비의 대소 관계**
  (1) $0° \le x < 45°$일 때, $\sin x < \cos x$
  (2) $x = 45°$일 때, $\sin x = \cos x$
  (3) $45° < x < 90°$일 때, $\cos x < \sin x < 1 < \tan x$

개념 필수 문제

19　　　　　　　　　[특수각의 삼각비]

다음 식의 값을 구하여라.

(1) $(\tan 60° + \sin 45°)(\cos 45° - \tan 30°)$

(2) $\dfrac{1}{2}\tan 45° - 3\sqrt{2}\cos 60° + \sqrt{3}\sin 60°$

(3) $\sin 30° + \cos 30° \times \tan 30°$

20　　　　　　　　　[특수각의 삼각비]

그림과 같은 직각삼각형 ABC에서 ∠A의 이등분선이 변 BC와 만나는 점을 D라 하자. $\overline{BD} : \overline{DC} = 2 : 1$일 때, $\sin\dfrac{A}{2} \times \tan A$의 값은?

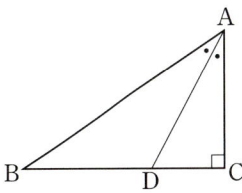

① $\dfrac{1}{2}$　　② $\dfrac{\sqrt{2}}{2}$　　③ $\dfrac{\sqrt{3}}{2}$

④ $\sqrt{2}$　　⑤ $\sqrt{3}$

21

[특수각의 삼각비]

그림과 같은 사각형 ABCD에서 $\overline{BC}=8$ cm이고 $\angle B=60°$, $\angle BAC=\angle D=90°$, $\angle DAC=45°$일 때, 변 CD의 길이는?

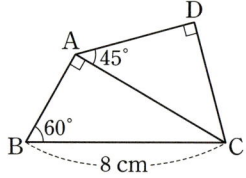

① 2 cm　　　　② $2\sqrt{2}$ cm　　　③ 4 cm

④ $2\sqrt{6}$ cm　　⑤ $4\sqrt{2}$ cm

22

[특수각의 삼각비]

그림과 같이 점 O에서 서로 직교하는 세 반직선 $\overrightarrow{OA}$, $\overrightarrow{OB}$, $\overrightarrow{OC}$가 있다. $\overline{OB}=3$, $\overline{BC}=5$, $\angle OBA=45°$, $\angle ACO=x$일 때, $\tan x$의 값을 구하여라.

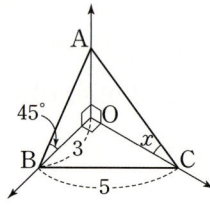

23

[예각에 대한 삼각비의 값]

그림과 같이 원점 O를 중심으로 하고 반지름의 길이가 1인 사분원에서 점 B의 x좌표가 $\dfrac{1}{2}$일 때, 상수 a, b에 대하여 ab의 값은?

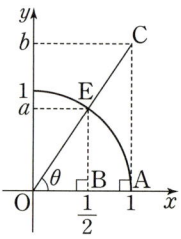

① $\dfrac{1}{2}$　　　　② 1　　　　③ $\dfrac{3}{2}$

④ 2　　　　⑤ $\dfrac{5}{2}$

24

[예각에 대한 삼각비의 값]

그림과 같이 원점 O를 중심으로 하고 반지름의 길이가 1인 사분원 위의 점 A에서 x축과 y축에 내린 수선의 발을 각각 B, C라 하자. 사분원이 x축과 만나는 점을 D라 할 때, 선분 OA의 연장선과 점 D를 지나고 y축에 평행한 직선이 만나는 점을 E라 하자. 점 C의 좌표가 $(0, \cos a)$일 때, 삼각형 ODE의 넓이를 $\tan a$를 이용하여 나타낸 것은? (단, a는 상수이다.)

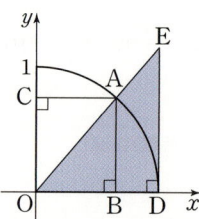

① $\dfrac{1}{2\tan a}$　　② $\dfrac{1}{\tan a}$　　③ $\dfrac{2}{\tan a}$

④ $\tan a$　　⑤ $\dfrac{1}{2}\tan a$

25

[예각에 대한 삼각비]

그림과 같이 반지름의 길이가 1이고 중심각의 크기가 θ 인 부채꼴 OAB가 있다. 선분 OB의 연장선과 점 A에서의 접선이 만나는 점을 T라 하고 점 B에서 선분 OA에 내린 수선의 발을 H라 하자. $\overline{OH}=\overline{BT}$일 때, $\cos\theta$의 값을 구하여라. (단, $0°<\theta<90°$이다.)

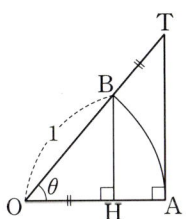

26

[예각에 대한 삼각비의 값]

다음 삼각비의 값 중 가장 큰 것과 가장 작은 것을 차례로 나열한 것은?

$$\cos 35°, \ \sin 45°, \ \tan 55°, \ \cos 65°$$

① $\tan 55°, \ \cos 35°$ ② $\tan 55°, \ \sin 45°$

③ $\tan 55°, \ \cos 65°$ ④ $\sin 45°, \ \cos 35°$

⑤ $\sin 45°, \ \cos 65°$

27

[삼각비의 표를 이용한 삼각비의 값]

$\sin x=0.7071$, $\tan y=0.3640$일 때, 다음 삼각비의 표를 이용하여 구한 $\cos(x-y)$의 값은?

각도	사인(sin)	코사인(cos)	탄젠트(tan)
20°	0.3420	0.9397	0.3640
25°	0.4226	0.9063	0.4663
45°	0.7071	0.7071	1.0000

① 0.3420 ② 0.4226 ③ 0.4663

④ 0.9063 ⑤ 0.9397

28

[삼각비의 표를 이용한 삼각비의 값]

그림과 같이 $\angle A=90°$인 직각삼각형 ABC에서 $\overline{BC}=10$, $\angle B=46°$일 때, 주어진 삼각비의 표를 이용하여 구한 선분 AC의 길이는?

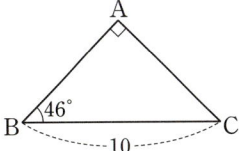

각도	사인 (sin)	코사인 (cos)	탄젠트 (tan)
44°	0.6947	0.7193	0.9657
45°	0.7071	0.7071	1.0000

① 6.947 ② 7.071 ③ 7.193

④ 9.657 ⑤ 10.000

고품격 만점 문제

29 서술형

그림과 같은 직각삼각형 ABC에 반원 O가 내접하고 $\sin A = \dfrac{3}{5}$일 때, $\dfrac{\overline{CE}}{\overline{AE}}$의 값을 구하여라. (단, 점 E는 선분 AC와 반원 O의 접점이다.)

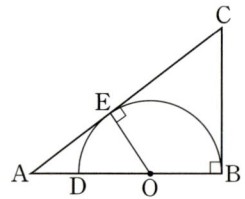

30 서술형

그림과 같이 $\angle C = 90°$인 직각삼각형 ABC에 반지름의 길이가 1인 원이 내접한다. $\overline{BC} = a$, $\overline{CA} = b$, $\angle OBC = \theta$일 때, 다음 물음에 답하여라.

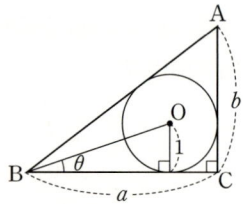

(1) b를 a에 대한 식으로 나타내어라.

(2) a, b를 각각 $\tan\theta$에 대한 식으로 나타내어라.

31 도전

그림과 같이 $\angle C = 90°$인 직각삼각형 ABC에서 $\overline{BC} = 3\overline{AC}$, $\overline{BD} = \overline{DE} = \overline{EC}$이다. $\angle BAD = x$라 할 때, $\tan x$의 값을 구하여라.

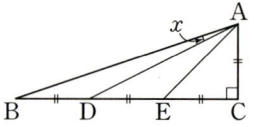

32 도전

그림과 같이 $\overline{AB} = \overline{AC}$, $\overline{BC} = 2$, $\angle A = 36°$인 이등변삼각형 ABC를 이용하여 $\cos 36°$의 값을 구하려고 한다. $\angle B$의 이등분선과 변 AC의 교점을 D라 할 때, 다음 물음에 답하여라.

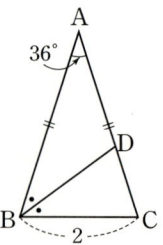

(1) $\triangle ABC \backsim \triangle BCD$임을 보여라.

(2) $\overline{AB} = 4\cos 36°$임을 보여라.

(3) $\cos 36°$의 값을 구하여라.

03 삼각형의 변의 길이

1. 직각삼각형의 변의 길이

∠C＝90°인 직각삼각형 ABC에서

(1) $a=c\cos B=\dfrac{b}{\tan B}$

(2) $b=c\sin B=a\tan B$

(3) $c=\dfrac{b}{\sin B}=\dfrac{a}{\cos B}$

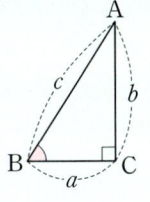

2. 일반 삼각형의 변의 길이

(1) 삼각형 ABC에서 두 변의 길이 a, c와 그 끼인각 ∠B의 크기를 알 때,

$$\overline{AC}=\sqrt{(c\sin B)^2+(a-c\cos B)^2}$$

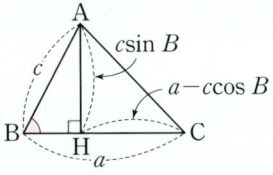

(2) 삼각형 ABC에서 한 변의 길이 a와 그 양 끝 각 ∠B, ∠C의 크기를 알 때,

$$\overline{AC}=\dfrac{a\sin B}{\sin A}=\dfrac{a\sin B}{\sin(180°-B-C)}$$

$$\overline{AB}=\dfrac{a\sin C}{\sin A}=\dfrac{a\sin C}{\sin(180°-B-C)}$$

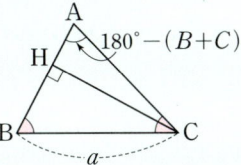

3. 삼각형의 높이

(1) **예각삼각형의 높이**

예각삼각형 ABC에서 변 BC의 길이와 그 양 끝 각 ∠B, ∠C의 크기를 알 때, 높이 h는

$$h=\dfrac{a}{\tan(90°-B)+\tan(90°-C)}$$

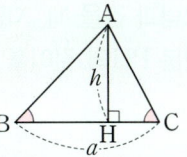

(2) **둔각삼각형의 높이**

둔각삼각형 ABC에서 변 BC의 길이와 그 양 끝 각 ∠B, ∠C의 크기를 알 때, 높이 h는

$$h=\dfrac{a}{\tan(90°-x)-\tan(90°-y)}$$

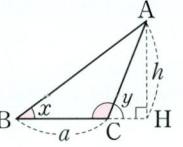

 Tip

· 직각삼각형에서 한 변의 길이와 한 예각의 크기를 알면 삼각비를 이용하여 나머지 두 변의 길이를 구할 수 있다.

· 삼각형의 한 변의 길이와 그 양 끝 각의 크기를 알면 tan의 값을 이용하여 높이를 구할 수 있다.

개념 필수 문제

33
[직각삼각형의 변의 길이]

그림과 같은 삼각형 ABC에서 $\overline{BC}=6$ cm, ∠B＝30°, ∠BAC＝15°이고, 점 D는 점 A에서 선분 BC의 연장선에 내린 수선의 발일 때, 선분 AD의 길이는?

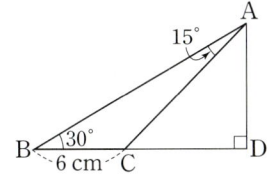

① $(2+3\sqrt{3})$ cm   ② $(3+2\sqrt{3})$ cm

③ $6\sqrt{3}$ cm   ④ $3(\sqrt{3}+1)$ cm

⑤ $2(3+\sqrt{3})$ cm

34
[직각삼각형의 변의 길이]

그림과 같이 아파트 옥상 A지점의 높이가 15 m이고, 상가 건물 옥상 B지점의 높이가 6 m이다. A지점에서 B지점을 내려다 본 각의 크기가 27°이고 그 거리가 x m일 때, x의 값을 구하여라. (단, $\sin 27°=0.45$로 계산한다.)

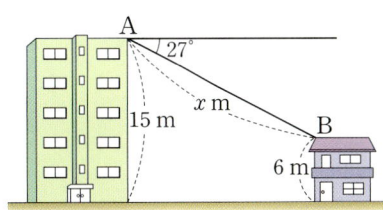

35

언덕 위에 서 있는 전망대의 높이를 측정하기 위하여 지면 위의 두 지점 A, B에서 필요한 부분을 측정한 결과가 그림과 같을 때, 지면에서 전망대의 꼭대기까지의 높이인 선분 PH의 길이를 구하여라.

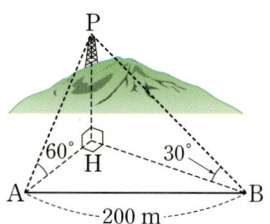

36

그림과 같이 지점 O에 길이가 10 cm가 되도록 추를 달아 늘어뜨리면 지점 A에 온다. 추를 30°만큼 잡아 당겨 지점 B에 오도록 했을 때, 지점 A와 지점 B에서의 추의 높이의 차를 구하여라. (단, 추의 크기는 무시한다.)

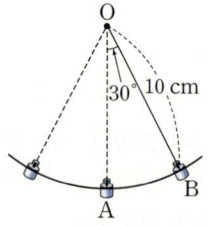

37

그림과 같이 $\overline{AD} /\!/ \overline{BC}$인 사다리꼴 ABCD에서 $\overline{AD}=5$, $\overline{CD}=2\sqrt{6}$, $\angle B=60°$, $\angle C=45°$일 때, 선분 BC의 길이를 구하여라.

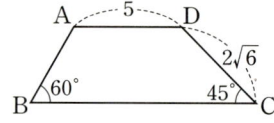

38

그림과 같이 반지름의 길이가 2인 반원 O의 호를 6등분한 점 중 점 A에 가까운 점에서부터 각각 P, Q라 하고, 점 B에 가까운 점에서부터 각각 S, R라 할 때, 네 점 P, Q, R, S를 꼭짓점으로 하는 등변사다리꼴 PQRS의 넓이를 구하여라.

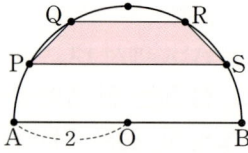

39
[직각삼각형의 변의 길이]

그림과 같이 길이가 4 cm인 선분 AB를 지름으로 하는 반원 위에 ∠PAB=30°가 되도록 점 P를 잡고, 점 P에서 선분 AB에 내린 수선의 발을 R라 하자. 점 B를 지나고 선분 AB에 수직인 직선과 점 P를 지나고 선분 AB에 평행한 직선이 만나는 점 Q라 할 때, 직사각형 PRBQ의 넓이를 구하여라.

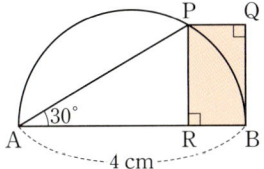

41
[직각삼각형의 변의 길이]

그림과 같이 $\overline{AD}$=6 cm, $\overline{AB}$=4 cm인 평행사변형 ABCD의 이웃하는 두 내각의 크기의 비가 2 : 1이다. 평행사변형의 네 내각의 이등분선에 의하여 만들어진 사각형 PQRS의 넓이를 구하여라.

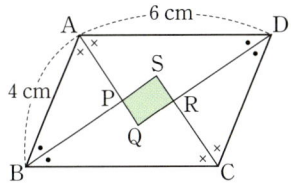

40
[직각삼각형의 변의 길이]

그림과 같이 변 BC를 공통으로 하는 두 직각삼각형 ABC, BCD가 겹쳐 있다. ∠ABC=∠D=90°, ∠DBC=45°, ∠BAC=60°, $\overline{AB}$=2 cm이고 두 변 AC, BD의 교점을 E라 할 때, 삼각형 EBC의 넓이를 구하여라.

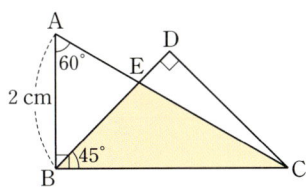

42
[직각삼각형의 변의 길이]

그림과 같은 사다리꼴 ABCD에서 $\overline{AD}$=$5-\sqrt{3}$, $\overline{BC}$=8이고 ∠B=45°, ∠C=60°이다. 사다리꼴 ABCD의 넓이가 $a+b\sqrt{3}$일 때, 유리수 a, b에 대하여 $a+b$의 값을 구하여라.

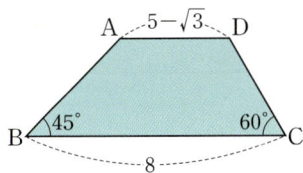

43
[직각삼각형의 변의 길이]

그림과 같이 한 변의 길이가 $2\sqrt{3}$ cm인 정사각형 ABCD를 점 A를 중심으로 30°만큼 시계반대방향으로 회전시켜 사각형 AB′C′D′을 만들었다. 두 정사각형 ABCD, AB′C′D′이 겹쳐진 부분인 사각형 AB′ED의 넓이를 구하여라.

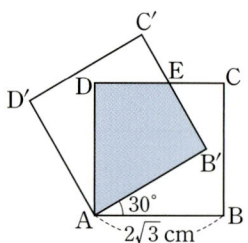

45
[일반 삼각형의 변의 길이]

그림과 같은 삼각형 ABC에서 $\overline{BC}=7$ cm, $\overline{AB}=3\sqrt{2}$ cm이고 ∠B=45°일 때, 변 AC의 길이를 구하여라.

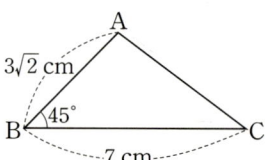

44
[일반 삼각형의 변의 길이]

그림과 같은 삼각형 ABC에서 $\overline{AB}=4$이고 ∠B=60°, ∠C=45°일 때, 변 BC의 길이를 구하여라.

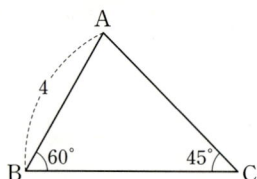

46
[일반 삼각형의 변의 길이]

그림과 같은 삼각형 ABC에서 $\overline{AC}=12$이고, ∠B=45°, ∠C=105°일 때, x의 값은?

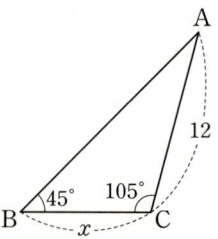

① 6   ② 8   ③ $6\sqrt{2}$
④ $6\sqrt{3}$ ⑤ $8\sqrt{2}$

47

그림과 같은 삼각형 ABC에서 $\overline{AB}=5$, $\overline{BC}=8$, $\sin B=\dfrac{3}{5}$일 때, 변 AC의 길이를 구하여라.

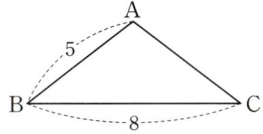

48

그림과 같은 호수의 폭인 선분 AB의 길이를 구하기 위하여 호수의 바깥쪽에 지점 C를 정하고 필요한 부분을 측정하니 $\overline{AC}=8$ m, $\overline{BC}=(4+4\sqrt{3})$ m, $\angle ACB=60°$일 때, 호수의 폭인 선분 AB의 길이를 구하여라.

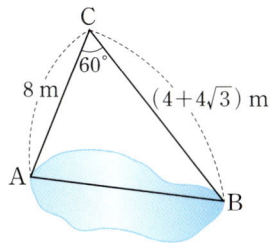

49

그림과 같이 강의 양쪽에 위치한 두 지점 A, B 사이의 거리를 측정하기 위하여 지점 A와 같은 쪽에 $\overline{AC}=100$ m인 지점 C를 잡았다. $\angle A=45°$, $\angle C=105°$일 때, 두 지점 A, B 사이의 거리를 구하여라.

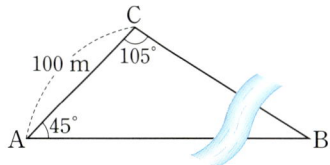

50

그림과 같이 수평인 지면에 수직으로 세워져 있는 전봇대에 지면과 45°의 각도로 태양이 비추어 그림자가 생겼다. 경사가 60°이고 전봇대에서 6 m 떨어진 제방에 비친 그림자의 길이가 2 m일 때, 전봇대의 높이를 구하여라.

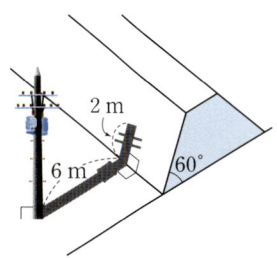

51

[예각삼각형의 높이]

그림과 같은 삼각형 ABC에서 $\overline{BC}=6$, $\overline{AH}\perp\overline{BC}$이고 $\angle ABC=35°$, $\angle ACB=50°$일 때, 선분 AH의 길이를 나타낸 것으로 옳은 것은?

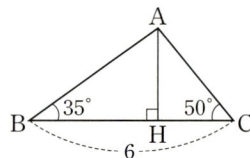

① $\dfrac{6}{\tan 50°-\tan 35°}$ ② $\dfrac{6}{\tan 50°+\tan 35°}$

③ $\dfrac{6}{\tan 55°-\tan 35°}$ ④ $\dfrac{6}{\tan 55°+\tan 40°}$

⑤ $\dfrac{6}{\tan 55°-\tan 40°}$

52

[둔각삼각형의 높이]

그림과 같은 직각삼각형 OAH에서 $\overline{AB}=100$, $\angle A=65°$, $\angle OBH=72°$일 때, x의 값을 나타낸 것으로 옳은 것은?

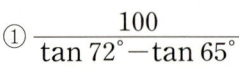

① $\dfrac{100}{\tan 72°-\tan 65°}$

② $\dfrac{100}{\tan 25°-\tan 18°}$

③ $\dfrac{100\tan 25°}{\tan 72°-\tan 65°}$

④ $\dfrac{100\tan 18°}{\tan 25°-\tan 18°}$

⑤ $\dfrac{100\tan 25°}{\tan 25°-\tan 18°}$

53

[둔각삼각형의 높이]

그림과 같이 하늘에 떠 있는 연을 두 지점 A, B에서 동시에 올려다 본 각의 크기가 각각 30°, 45°이다. 두 점 A, B 사이의 거리가 10 m일 때, 지면으로부터 연까지의 높이를 구하여라. (단, 삼각형 PAB는 지면과 수직이다.)

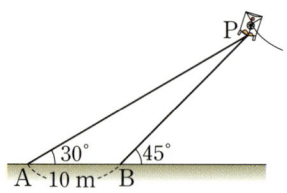

54

[둔각삼각형의 높이]

그림과 같은 삼각형 ABC에서 $\overline{BC}=2$ cm, $\angle B=45°$, $\angle C=120°$일 때, 삼각형 ABC의 넓이를 구하여라.

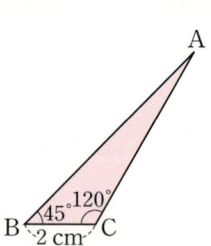

04 도형의 넓이

1. 삼각형의 넓이

삼각형 ABC에서 두 변의 길이가 a, c이고 그 끼인각 ∠B의 크기가

(1) 예각일 때, $\triangle ABC = \dfrac{1}{2}ac\sin B$

(2) 둔각일 때, $\triangle ABC = \dfrac{1}{2}ac\sin(180° - B)$

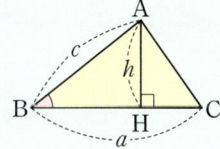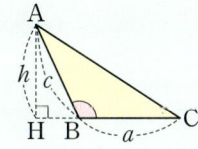

2. 사각형의 넓이

(1) 평행사변형의 넓이

평행사변형 ABCD의 이웃하는 두 변의 길이가 a, b이고 그 끼인각 ∠B의 크기가

① 예각일 때,
$$\square ABCD = ab\sin B$$

② 둔각일 때,
$$\square ABCD = ab\sin(180° - B)$$

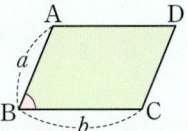

(2) 사각형의 넓이

사각형 ABCD의 두 대각선의 길이가 a, b이고 두 대각선이 이루는 각의 크기 x가

① 예각일 때,
$$\square ABCD = \dfrac{1}{2}ab\sin x$$

② 둔각일 때,
$$\square ABCD = \dfrac{1}{2}ab\sin(180° - x)$$

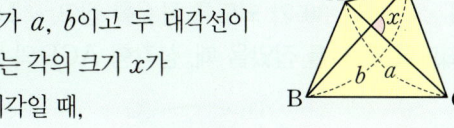

 Tip

• **다각형의 넓이**

다각형을 여러 개의 삼각형으로 나누어 삼각형의 넓이의 합으로 다각형의 넓이를 구한다.

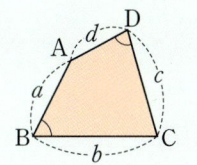 ➡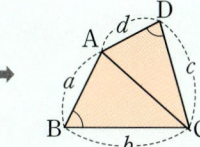

즉, 그림의 사각형 ABCD의 넓이는

$$\square ABCD = \triangle ABC + \triangle ACD = \dfrac{1}{2}ab\sin B + \dfrac{1}{2}cd\sin D$$

개념 필수 문제

55

[예각삼각형의 넓이]

그림과 같이 $\overline{AB} = \overline{AC} = a$, ∠B = 75°인 이등변삼각형 ABC의 넓이가 a일 때, 상수 a의 값을 구하여라.

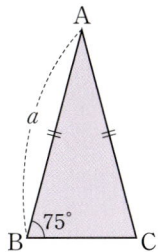

56

[예각삼각형의 넓이]

그림과 같은 삼각형 ABC에서 $\overline{AB} = 15$ cm, $\overline{AC} = 12$ cm이고 ∠A = 60°이다. ∠A의 이등분선과 변 BC의 교점을 D라 할 때, 선분 AD의 길이를 구하여라.

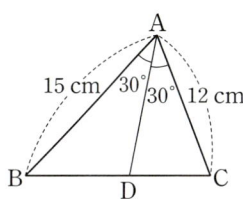

57

그림과 같이 길이가 12인 선분 AB를 지름으로 하는 반원 위에 $\angle \text{CAB} = 30°$가 되도록 점 C를 잡고, $\angle \text{DAC} = 30°$가 되도록 점 D를 잡았을 때, 삼각형 ACD의 넓이는?

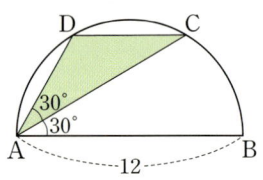

① 6　　　　② $6\sqrt{3}$　　　③ 9

④ $9\sqrt{3}$　　⑤ 12

59

그림과 같이 반지름의 길이가 2인 원 O에 내접하는 정팔각형 ABCDEFGH의 세 꼭짓점 A, D, F를 이어 만든 삼각형 ADF의 넓이를 구하여라.

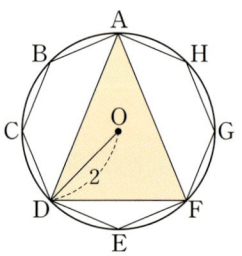

58

그림과 같은 사각형 ABED에서 $\overline{\text{AB}} = 12$ cm, $\overline{\text{BE}} = 10$ cm이고 $\overline{\text{AC}} \parallel \overline{\text{DE}}$가 되도록 변 BE 위에 점 C를 잡을 때, 사각형 ABCD의 넓이를 구하여라.

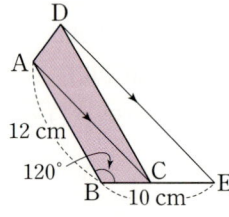

60

그림과 같이 $\overline{\text{AB}} = 4$ cm, $\overline{\text{AC}} = 10$ cm인 삼각형 ABC에서 $\tan A = 3$일 때, 삼각형 ABC의 넓이를 구하여라.

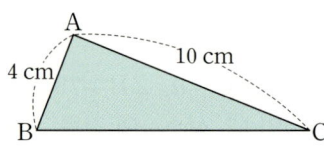

61 [삼각형의 넓이]

그림과 같은 삼각형 ABC에서 변 AB의 길이는 20 % 줄이고 변 BC의 길이는 20 % 늘여서 새로운 삼각형 A′BC′을 만들 때, 삼각형 A′BC′의 넓이는 삼각형 ABC의 넓이와 비교하여 어떻게 변하는가?

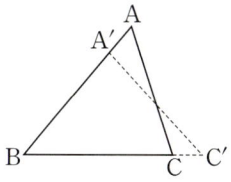

① 4 % 줄어든다.　　　② 10 % 줄어든다.

③ 4 % 늘어난다.　　　④ 10 % 늘어난다.

⑤ 변함 없다.

62 [삼각형의 넓이]

그림과 같은 삼각형 ABC에서 변 AB를 삼등분한 점 중 점 A에 가까운 점을 P, 변 BC를 삼등분한 점 중 점 B에 가까운 점을 Q, 변 CA를 삼등분한 점 중 점 C에 가까운 점을 R라 할 때, $\dfrac{\triangle PQR}{\triangle ABC}$의 값을 구하여라.

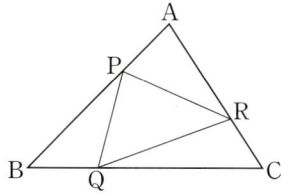

63 [삼각형의 넓이]

이차함수 $y=-x^2+4x+5$의 그래프가 x축과 만나는 두 점을 각각 A, B라 하고 y축과 만나는 점을 C라 할 때, 삼각형 ABC에서 $\sin C$의 값을 구하여라. (단, 점 A의 x좌표는 점 B의 x좌표보다 작다.)

64 [사각형의 넓이]

그림과 같은 평행사변형 ABCD에서 $\overline{BC}=a$, $\overline{AC}=b$이고, ∠BAC=70°, ∠D=65°일 때, 평행사변형 ABCD의 넓이를 a, b에 대한 식으로 나타내어라.

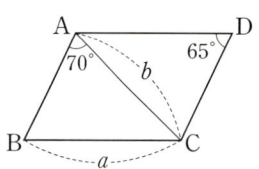

65
[사각형의 넓이]

그림과 같은 평행사변형 ABCD에서 $\overline{AB}=10$ cm, $\overline{AD}=12$ cm, $\angle D=45°$이다. 변 BC의 중점 M에 대하여 삼각형 AMD의 넓이를 구하여라.

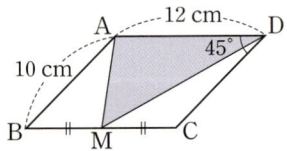

66
[사각형의 넓이]

그림과 같은 사각형 ABCD에서 $\overline{AB}=8$, $\overline{BC}=10$, $\overline{CD}=\overline{DA}=4$이고 $\angle B=45°$, $\angle D=120°$일 때, 사각형 ABCD의 넓이는?

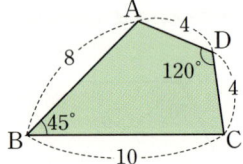

① $16\sqrt{2}+3\sqrt{3}$ ② $18\sqrt{2}+4\sqrt{3}$ ③ $20\sqrt{2}+4\sqrt{3}$

④ $24\sqrt{2}+8\sqrt{3}$ ⑤ $40\sqrt{2}+8\sqrt{3}$

67
[사각형의 넓이]

그림과 같이 폭이 2로 동일한 직사각형 모양의 두 개의 띠가 θ의 각을 이루며 겹쳐 있을 때, 겹쳐진 부분의 넓이를 θ에 대한 삼각비로 나타내어라.

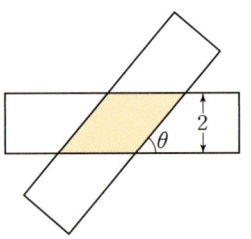

68
[사각형의 넓이]

그림과 같은 사각형 ABCD에서 $\overline{AB}=6$, $\overline{BC}=12$, $\overline{CD}=8$이고 $\angle B=\angle C=60°$일 때, 사각형 ABCD의 넓이를 구하여라.

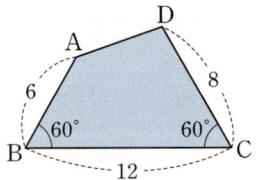

고품격 만점 문제

69 서술형

그림과 같이 $\overline{AD}=2$인 사각형 ABCD에서 $\angle ABC=\angle ACD=90°$, $\angle CAB=45°$, $\angle CAD=30°$이다. 점 D에서 선분 AB에 내린 수선의 발을 E, 점 C에서 선분 DE에 내린 수선의 발을 F라 할 때, 다음 물음에 답하여라.

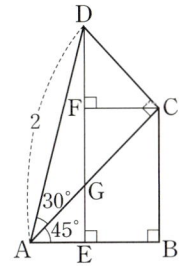

(1) 선분 DF의 길이를 구하여라.

(2) $\cos 15°$의 값을 구하여라.

70 서술형

그림과 같은 삼각형 ABC에서 $\overline{AB}=4$, $\overline{BC}=4\sqrt{3}$이고, $\angle ABD=30°$, $\angle DBC=120°$일 때, 선분 BD의 길이를 구하여라.

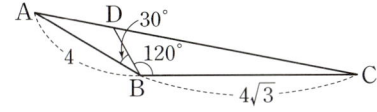

71 도전

그림은 선분 BE를 접는 선으로 하여 직사각형 ABCD의 꼭짓점 C가 변 AD 위의 점 F에 오도록 접은 것이다. $\overline{BC}=1$, $\angle EBC=\theta$일 때, 다음 중 선분 DE의 길이를 θ에 대한 삼각비로 바르게 나타낸 것은?

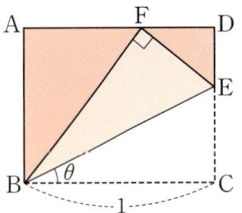

① $\sin\theta\cos 2\theta$ ② $\cos\theta\cos 2\theta$ ③ $\tan\theta\cos 2\theta$
④ $\sin 2\theta\cos\theta$ ⑤ $\tan 2\theta\cos\theta$

72 도전

그림과 같은 정사각형 ABCD에서 두 점 E, F는 각각 두 변 AD, CD 위의 점이고 $\triangle ABE=\triangle BCF=\square BFDE$이다. $\angle EBF=\theta$일 때, $\sin\theta$의 값을 구하여라.

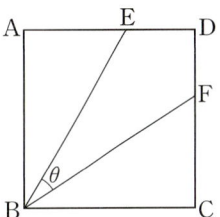

01

그림과 같은 삼각형 ABC에서 $\angle BAC = 90°$일 때, $\tan x \times \sin y$의 값은?

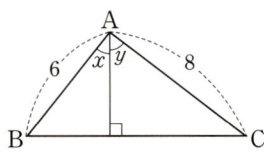

① $\dfrac{3}{5}$ ② $\dfrac{4}{5}$ ③ 1

④ $\dfrac{5}{4}$ ⑤ $\dfrac{5}{3}$

02

그림과 같이 반지름의 길이가 1인 사분원이 있다. $\angle BOA = \theta$일 때, $\tan \theta$의 값을 선분의 길이로 나타낸 것은? (단, 선분 CD는 사분원의 접선이고 점 B는 접점이다.)

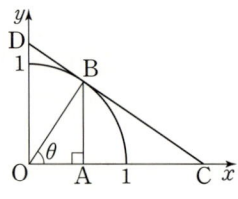

① $\overline{OC}$ ② $\overline{OD}$ ③ $\overline{AB}$

④ $\overline{BC}$ ⑤ $\overline{CD}$

03

$\sin(2x° - 10°) = \dfrac{1}{2}$을 만족시키는 x의 값을 구하여라.

(단, $5° \leq x° \leq 50°$)

04

그림과 같이 $\angle A = 90°$인 직각삼각형 ABC의 꼭짓점 A에서 변 BC에 내린 수선의 발을 H라 하자. 두 삼각형 ABH와 AHC의 넓이의 비가 $4 : 9$일 때, $\sin C$의 값을 구하여라.

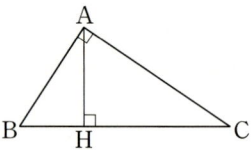

05

그림과 같이 $\overline{BC}=8$ cm, $\angle C=150°$인 삼각형 ABC의 넓이가 $10\sqrt{3}$ cm²일 때, 변 AC의 길이는?

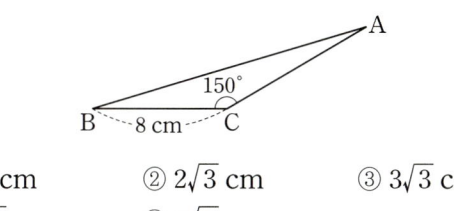

① $\sqrt{3}$ cm ② $2\sqrt{3}$ cm ③ $3\sqrt{3}$ cm
④ $4\sqrt{3}$ cm ⑤ $5\sqrt{3}$ cm

07

그림과 같이 지점 A에서 산꼭대기를 올려다 본 각의 크기가 32°이고, 지점 A에서 200 m 떨어진 지점 B에서 산꼭대기를 올려다 본 각의 크기가 42°일 때, 이 산의 높이는?

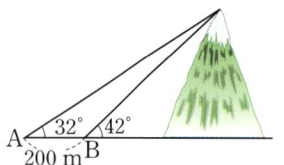

① $\dfrac{200}{\tan 42°-\tan 32°}$ m ② $\dfrac{200}{\tan 58°-\tan 48°}$ m

③ $\dfrac{100}{\tan 42°-\tan 32°}$ m ④ $\dfrac{100}{\tan 58°-\tan 48°}$ m

⑤ $\dfrac{200}{\tan(48°-32°)}$ m

06

그림과 같이 간격이 30 m인 두 건물이 있다. 작은 건물의 옥상인 지점 C에서 큰 건물의 옥상인 지점 D를 올려다 본 각의 크기는 30°이고 지점 B를 내려다 본 각의 크기가 45°일 때, 큰 건물의 높이는? (단, 두 건물은 지면에 수직으로 세워져 있다.)

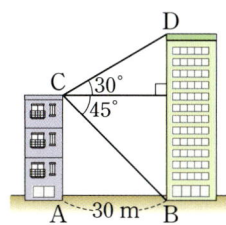

① 45 m ② 50 m
③ $20(\sqrt{3}+1)$ m ④ $10(3+\sqrt{3})$ m
⑤ $30(\sqrt{3}+1)$ m

08

그림과 같이 한 변의 길이가 $2\sqrt{3}$ cm인 정삼각형 OAB를 꼭짓점 O를 중심으로 시계반대방향으로 45°만큼 회전하여 생긴 정삼각형을 삼각형 OCD라 하자. 두 변 OB와 CD의 교점을 P라 할 때, 삼각형 OPD의 넓이를 구하여라.

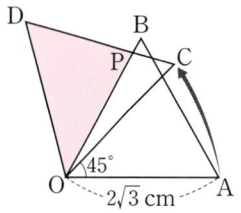

한국의 수학자 최석정

최석정(1646년~1715년)은 조선 후기의 문신이자 수학자로 30세에 진사 시험에 수석 합격한 이후 우의정, 좌의정을 숙종 때 영의정을 지낸 인물로 8번이나 영의정에 등용되어 조선 시대에 가장 많이 영의정에 임명되었다. 학자로서도 훌륭한 업적을 이루었지만 수학에 특히 큰 업적을 남겼으며, 그는 학자라면 수학의 이치에 밝아야 한다고 생각했다. 그는 '수학은 진리에 이르는 길이며, 수학의 질서를 알면 이치를 깨우칠 수 있다.'라고 하였다.

그는 영의정을 그만둔 이후 「구수략」이라는 수학책을 저술하였는데 여태까지 한국에 전해내려오는 수학에 대한 내용을 정리한 책 중 가장 체계적이고 방대하다. 「구수략」에는 많은 수학적인 내용이 있으나 특히 다양한 마방진에 대한 내용이 다양하게 수록되어 있다.

지수귀문도는 거북이의 등딱지 모양으로 이루어진 마방진으로 「구수략」에 쓰여진 마방진은 육각형으로 이루어진 숫자의 합이 93인 지수귀문도이다. 93 이외에도 여러 가지 해가 존재하는 것으로 알려졌으며, 지수귀문도를 만드는 일반적인 방법은 최근에야 알려졌다.
또한, 오일러 마방진이라고도 불리는 직교라틴마방진은 같은 행과 열에 숫자를 중복시키지 않으면서 각 행과 열의 숫자의 합이 같게 만드는 방정식이다. 구수략에서 나오는 직교라틴마방진은 오일러보다 60여 년 먼저 발견된 것으로 세계 최초로 직교라틴방정식을 제시한 것으로 알려져 있다.

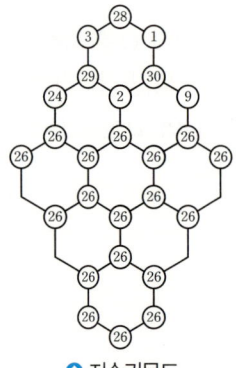

❖ 지수귀문도

68	7	48	73	5	45	3	70	50
27	38	58	15	52	56	80	33	10
28	78	17	35	66	22	40	20	63
6	64	53	51	1	71	39	8	76
74	36	13	61	41	21	59	46	18
43	23	57	11	81	31	25	69	29
79	2	42	9	77	37	65	4	54
12	49	62	67	30	26	24	44	55
32	72	19	47	16	60	34	75	14

❖ 직교라틴마방진

THE FIRST CLASS
MATHEMATICS **1**

VI 원의 성질

05 원과 현

1. 원의 중심과 현의 수직이등분선

(1) 원의 중심에서 현에 내린 수선은 그 현을 이등분한다.

(2) 현의 수직이등분선은 원의 중심을 지난다.

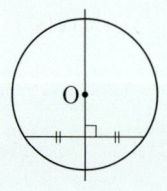

2. 원의 중심과 현의 길이

(1) 한 원에서 중심으로부터 같은 거리에 있는 두 현의 길이는 같다.

(2) 한 원에서 길이가 같은 두 현은 원의 중심으로부터 같은 거리에 있다.

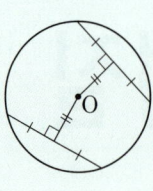

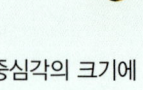Tip

· 중심각의 크기와 정비례하는 요소

한 원에서 호의 길이와 부채꼴의 넓이는 중심각의 크기에 정비례하지만 현의 길이는 중심각의 크기에 정비례하지 않는다.

· 현의 수직이등분선

원의 반지름의 길이나 선분의 길이를 구할 때는 직각삼각형을 찾아 피타고라스 정리를 이용한다.

개념 필수 문제

01

[원의 중심과 현의 수직이등분선]

그림과 같이 원의 중심 O에서 현 AB에 내린 수선의 발 H에 대하여 $\overline{OH}=3$ cm이고 $\overline{OB}=5$ cm일 때, x의 값은?

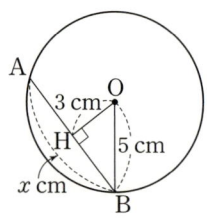

① 3   ② 4   ③ 5

④ 6   ⑤ 8

02

[원의 중심과 현의 수직이등분선]

그림과 같은 원 O에서 $\overline{AD}=4$ cm, $\overline{DC}=2$ cm일 때, x의 값을 구하여라.

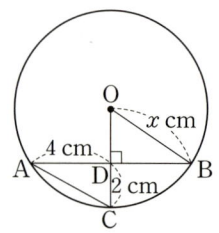

03

[원의 중심과 현의 길이]

그림과 같은 원 O에서 $\overline{OM} \perp \overline{AB}$, $\overline{ON} \perp \overline{CD}$이고 $\overline{OM} = \overline{ON} = 6$이다. 원 O의 반지름의 길이가 8일 때, $\overline{AB} + \overline{CD}$의 길이는?

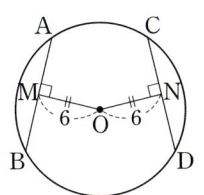

① $2\sqrt{7}$ ② $4\sqrt{7}$ ③ $8\sqrt{7}$

④ 20   ⑤ 40

04

[원의 중심과 현의 길이]

그림과 같이 원의 중심 O에서 두 현 AB, AC에 내린 수선의 발을 각각 M, N이라 하자. $\overline{OM} = \overline{ON}$, $\angle A = 38°$일 때, $\angle B$의 크기를 구하여라.

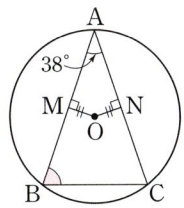

05

[원의 중심과 현의 길이]

그림과 같이 중심이 O이고, 반지름의 길이가 각각 다른 두 원에서 $\overline{AB} = \overline{BC} = \overline{CD} = 4$이다. 두 원의 반지름의 길이의 합이 16일 때, 두 원의 반지름의 길이의 차를 구하여라.

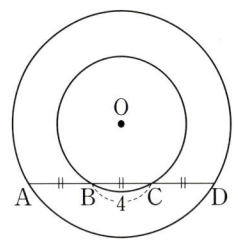

06

[원의 중심과 현의 길이]

반지름의 길이가 3인 원에 길이가 각각 a, b이고 서로 평행한 두 현이 있다. 두 현 사이의 거리가 2일 때, $a^2 + b^2$의 최댓값을 구하여라.

07

그림과 같이 사각형 ACDB는 원 O에 내접하고 $\overline{AB}\perp\overline{OH}$, $\overline{CD}\perp\overline{OH}$이고, $\overline{CD}=12$, $\overline{OH}=4$일 때, 사각형 ACDB의 넓이를 구하여라.

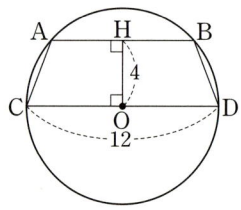

09

그림에서 선분 AB는 원 O의 지름이고 선분 CD는 선분 AB와 만나는 현이다. $\overline{AP}\perp\overline{CD}$, $\overline{BQ}\perp\overline{CD}$이고 $\overline{AB}=15$ cm, $\overline{AP}=4$ cm, $\overline{BQ}=8$ cm일 때, 선분 CD의 길이는?

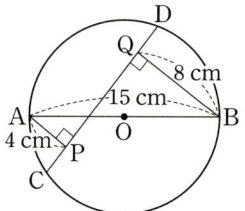

① $\dfrac{8\sqrt{13}}{2}$ cm ② $\dfrac{\sqrt{209}}{2}$ cm ③ $8\sqrt{13}$ cm

④ $\sqrt{209}$ cm ⑤ $9\sqrt{13}$ cm

08

그림과 같이 반지름의 길이가 5 cm인 원에 길이가 8 cm인 현 AB와 현 AB 위의 한 점 P를 지나고 현 AB에 수직인 현 CD와 대하여 $\overline{CP}-\overline{DP}$의 길이를 구하여라.

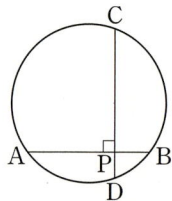

10

그림과 같이 선분 AB를 지름으로 하는 반원 O에 사각형 ABCD가 내접한다. $\overline{AD}=\overline{DC}=2$ cm, $\overline{BC}=7$ cm일 때, 선분 BD의 길이는?

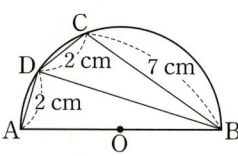

① $2\sqrt{15}$ cm ② $6\sqrt{2}$ cm ③ $6\sqrt{3}$ cm

④ $7\sqrt{5}$ cm ⑤ $6\sqrt{7}$ cm

06 원과 접선

1. 원의 접선과 반지름

(1) 원의 접선은 그 접점을 지나는 반지름에 수직이다.

(2) 원 위의 한 점을 지나고, 그 점을 지나는 반지름에 수직인 직선은 그 원의 접선이다.

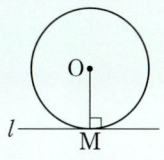

2. 원의 접선의 길이

원 밖의 한 점에서 원에 그은 두 접선의 길이는 서로 같다.

즉, $\overline{PT}=\overline{PT'}$

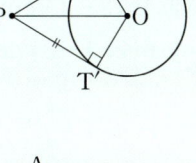

3. 외접사각형의 성질

(1) 원에 외접하는 사각형의 두 쌍의 대변의 길이의 합은 같다.

(2) 대변의 길이의 합이 같은 사각형은 원에 외접한다.

$\overline{AD}+\overline{BC}=\overline{AB}+\overline{CD}$

$\Longleftrightarrow$ 원 O는 사각형 ABCD의 내접원

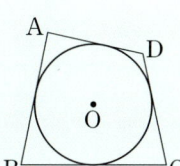

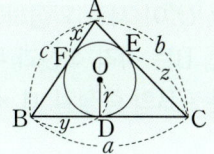

• 삼각형의 내접원

반지름의 길이가 r인 원 O가 삼각형 ABC와 점 D, E, F에서 내접할 때

(1) $c=x+y$, $a=y+z$, $b=x+z$

(2) $x=\dfrac{b+c-a}{2}$, $y=\dfrac{a+c-b}{2}$, $z=\dfrac{a+b-c}{2}$

(3) $\triangle ABC=\dfrac{1}{2}(a+b+c)r$

• 방심

(1) 삼각형의 한 내각의 이등분선과 다른 두 외각의 이등분선의 교점

(2) 방접원의 중심이 되며, 한 삼각형에서 방심은 세 개가 존재한다.

(ⅰ) $\overline{AD}=\overline{AF}$

(ⅱ) $\overline{BD}=\overline{BE}$, $\overline{CE}=\overline{CF}$

(ⅲ) $\triangle ADO\equiv\triangle AFO$

(ⅳ) (삼각형 ABC의 둘레의 길이)
$=\overline{AD}+\overline{AF}=2\overline{AD}$

(ⅴ) $\angle BOC=90°-\dfrac{1}{2}\angle A$

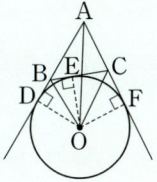

개념 필수 문제

11
[원의 접선]

그림과 같이 원 O는 삼각형 ABC의 내접원이고 $\overline{AB}=8$ cm, $\overline{BC}=11$ cm, $\overline{CA}=9$ cm일 때, 선분 AF의 길이를 구하여라.

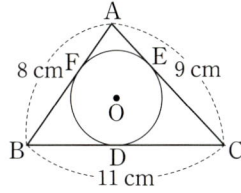

12
[원의 접선]

그림에서 원 O는 삼각형 ABC의 내접원이고 선분 PQ는 원 O에 접한다. $\overline{AB}=15$ cm, $\overline{BC}=13$ cm, $\overline{CA}=12$ cm일 때, 삼각형 BQP의 둘레의 길이를 구하여라.

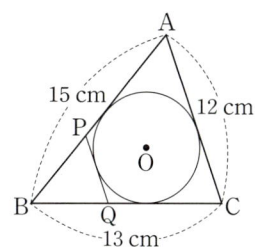

◇ 정답 및 해설 17~18p

13
[원의 접선]

그림과 같이 반지름의 길이가 각각 1 cm, 2 cm인 두 원 O, O'이 서로 외접하면서 한 직선이 접하고 있다. 두 점 A, B는 각각 직선과 두 원 O, O'의 접점이고 점 M은 선분 AB의 중점일 때, 삼각형 MOO′의 넓이를 구하여라.

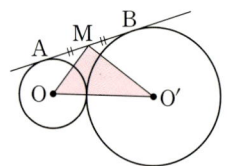

14
[원의 접선]

그림에서 선분 AT, 선분 AT′, 선분 BC는 원 O의 접선이고 세 점 T, D, T′은 원 O의 접점이다. $\overline{OT}=8$ cm, $\overline{OA}=17$ cm일 때, 삼각형 ABC의 둘레의 길이를 구하여라.

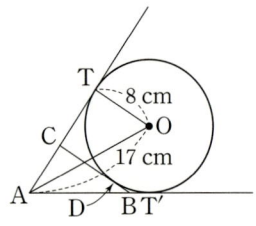

15
[원의 접선]

그림과 같이 반지름의 길이가 6 cm이고, 중심각의 크기가 120°인 부채꼴에 내접하는 원 O'의 반지름의 길이는?

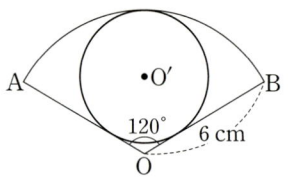

① $2(2\sqrt{3}-1)$ cm 　 ② $3(2\sqrt{3}-3)$ cm

③ $4(\sqrt{3}-1)$ cm 　 ④ $5(2\sqrt{3}-3)$ cm

⑤ $6(2\sqrt{3}-3)$ cm

16
[원의 접선]

그림에서 선분 AB는 원 O의 지름이고 점 T는 접점이다. $\overline{AH}\perp\overline{HT}$, $\overline{AB}=8$ cm, $\overline{AH}=7$ cm일 때, 선분 HT의 길이를 구하여라.

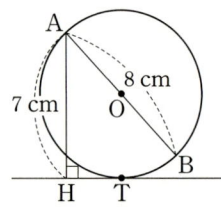

17 [원의 접선]

그림에서 원 O의 반지름의 길이는 6 cm이고, 원 O'은 선분 OB를 지름으로 하는 원이다. 점 A에서 원 O'에 그은 접선 AP와 원 O의 교점을 Q라 할 때, 선분 AQ의 길이를 구하여라.

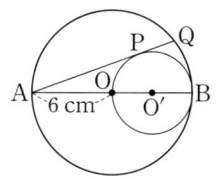

18 [원의 접선]

그림과 같이 반지름의 길이가 각각 5 cm인 세 원 O, N, P가 나란히 외접하고, 선분 AG는 원 P의 접선일 때, 선분 EF의 길이는?

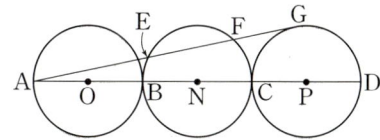

① $5\sqrt{2}$ cm ② 8 cm ③ $5\sqrt{3}$ cm

④ $\dfrac{17}{2}$ cm ⑤ 9 cm

19 [원의 접선]

그림과 같이 한 변의 길이가 1 cm인 정사각형 ABCD 안에 부채꼴 DAC가 있다. 원 O가 두 변 AB, BC와 호 AC에 접할 때, 원 O의 반지름의 길이를 구하여라.

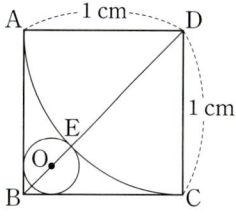

20 [원의 접선]

그림과 같이 외접하는 두 원의 공통접선이 이루는 각이 $60°$일 때, $\dfrac{R}{r}$의 값을 구하여라.

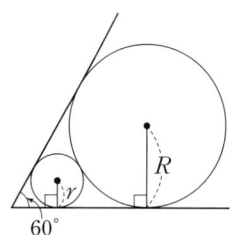

21

[원의 접선]

그림과 같이 세 원 O_1, O_2, O_3이 외접하면서 원 O_1은 직각삼각형 ABC에 내접하고 두 원 O_2, O_3은 두 변에 접하고 있다. 세 원 O_1, O_2, O_3의 반지름의 길이를 차례로 a, b, c라고 할 때, b를 a와 c에 대한 식으로 나타내어라.

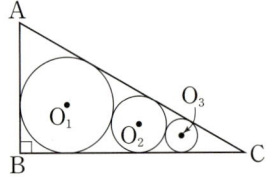

22

[원의 접선]

그림과 같이 두 원 O, O'의 공통외접선의 교점을 B, 공통내접선 중의 하나가 공통외접선과 만나는 점을 각각 A, C라 하자. $\overline{AB}=5\,cm$, $\overline{BC}=8\,cm$, $\overline{CA}=7\,cm$일 때, 두 원 O, O'의 공통내접선의 접점 사이의 길이는?

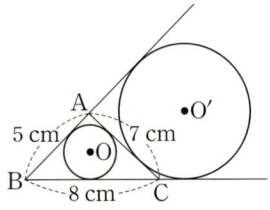

① 2 cm   ② 3 cm   ③ 4 cm
④ 5 cm   ⑤ 6 cm

23

[원의 접선]

그림과 같이 $\overline{AB}=3\,cm$, $\overline{BC}=5\,cm$인 직사각형 ABCD에서 선분 CE는 점 B를 중심으로 하고 반지름이 선분 AB인 사분원의 접선이고 원 O는 삼각형 CDE의 내접원일 때, 원 O의 반지름의 길이를 구하여라.

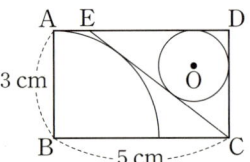

24

[원에 외접하는 사각형]

그림과 같은 직사각형 ABCD에서 원 O는 세 선분 AD, CD, BC에 접한다. 점 A에서 원 O에 그은 선분 AD가 아닌 접선이 선분 BC와 만나는 점을 E라 하고 $\overline{AB}=6\,cm$, $\overline{AD}=9\,cm$일 때, 선분 AE의 길이는?

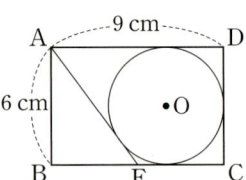

① $\dfrac{3}{12}$ cm   ② $\dfrac{7}{2}$ cm   ③ 5 cm
④ $\dfrac{15}{2}$ cm   ⑤ 9 cm

25

[원에 외접하는 사각형]

그림과 같이 선분 PQ를 지름으로 하는 원 O에 외접하는 사다리꼴 ABCD가 있다. 사다리꼴 ABCD의 둘레의 길이가 30 cm이고 $\overline{BQ}=6$ cm, $\overline{CQ}=4$ cm일 때, 선분 AP의 길이를 구하여라.

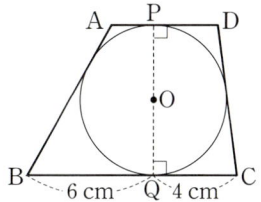

26

[원에 외접하는 다각형]

그림과 같이 반지름의 길이가 1인 원 O에 외접하는 육각형 ABCDEF가 있다. $\overline{AB}=\overline{BC}=\overline{CD}=a$, $\overline{DE}=\overline{EF}=\overline{FA}=b$일 때, $a+b$의 값을 구하여라.

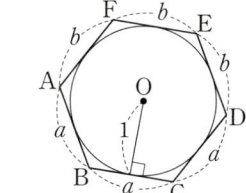

27

[원의 내부의 외접하는 여러 개의 원]

그림에서 가장 작은 원의 반지름의 길이가 1 cm일 때, 색칠한 부분의 넓이는? (단, 작은 원에 외접하는 4개의 원은 크기가 같다.)

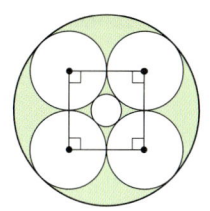

① $3\pi(\sqrt{2}-1)$ cm^2 ② $3\pi(\sqrt{2}+1)$ cm^2

③ $4\pi(\sqrt{2}-1)$ cm^2 ④ $4\pi(\sqrt{2}+1)$ cm^2

⑤ $5\pi(\sqrt{2}+1)$ cm^2

28

[원의 내부의 외접하는 여러 개의 원]

그림과 같이 반지름의 길이가 6 cm인 원의 안쪽에 반지름의 길이가 3 cm인 원 2개와 반지름의 길이가 r cm인 원 1개가 서로 접하고 있다. 이때, r의 값을 구하여라.

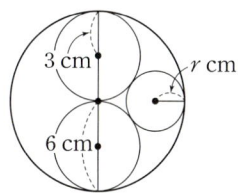

고품격 만점 문제

29 서술형

그림과 같이 직각삼각형 ABC의 외접원의 반지름의 길이는 5 cm이고 내접원의 반지름의 길이는 2 cm이다. 선분 AB가 외접원의 지름일 때, 삼각형 ABC의 넓이를 구하여라.

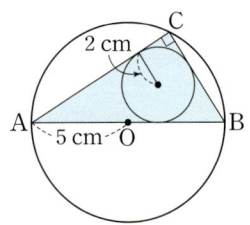

30 서술형

그림과 같이 $\overline{AB}=30$ cm, $\overline{AC}=40$ cm, $\angle A=90°$인 직각삼각형 ABC의 꼭짓점 A에서 변 BC에 내린 수선의 발을 D라 하자. 두 삼각형 ABD, ADC에 내접하는 원의 중심을 각각 P, Q라 할 때, 다음 물음에 답하여라.

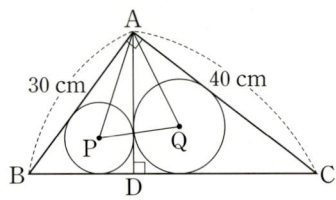

(1) 삼각형 ABD의 내접원의 반지름의 길이를 r_1 cm, 삼각형 ADC의 내접원의 반지름의 길이를 r_2 cm라 할 때, r_1, r_2의 값을 각각 구하여라.

(2) 두 선분 AP, AQ의 길이를 각각 구하여라.

(3) 삼각형 APQ의 넓이를 구하여라.

31 도전

그림과 같이 한 변의 길이가 2 cm와 $\sqrt{2}$ cm로 이루어진 팔각형이 원에 내접하고 있다. 이때, 이 원의 지름의 길이를 구하여라.

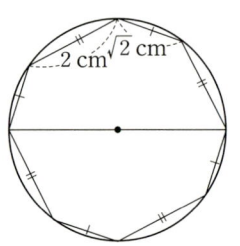

32 도전

그림과 같이 두 원 O, P는 서로 외접하고 이등변삼각형 ABC에 내접한다. 원 P의 반지름의 길이가 3 cm이고 $\overline{AB} : \overline{BC}=3 : 2$, $\overline{BC}/\!/\overline{DE}$일 때, 원 O의 반지름의 길이를 구하여라.

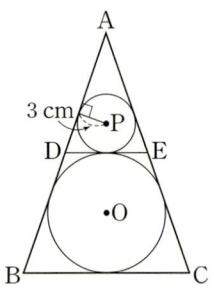

04 | 원주각

07 원주각

1. 원주각

원 O에서 호 AB 위에 있지 않은 원 위의 한 점 P에 대하여 $\angle$APB 를 호 AB에 대한 **원주각**이라 한다.

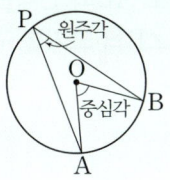

2. 원주각과 중심각의 크기

(1) 한 원에서 한 호에 대한 원주각의 크기는 그 호에 대한 중심각의 크기의 $\frac{1}{2}$이다.

(2) 한 원에서 같은 호에 대한 원주각의 크기는 같다.

(3) 한 원에서 같은 길이의 호에 대한 원주각의 크기는 서로 같다.

(4) 반원에 대한 원주각의 크기는 90°이다.

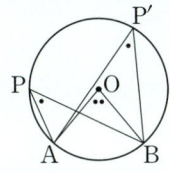 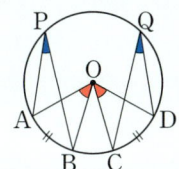

08 DAY

• 반원에 대한 원주각의 크기

반원에 대한 중심각의 크기, 즉 $\angle$AOB$=180°$이므로 반원에 대한 원주각의 크기는

$$\angle APB = \frac{1}{2} \times 180° = 90°$$

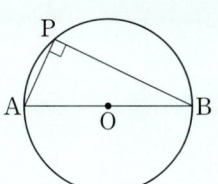

• 호의 길이와 원주각의 크기

호의 길이와 원주각의 크기는 정비례한다. 즉, $\overset{\frown}{AB} : \overset{\frown}{BC} = \angle x : \angle y$가 성립한다.

그러나 현의 길이와 원주각의 크기는 정비례하지 않는다.

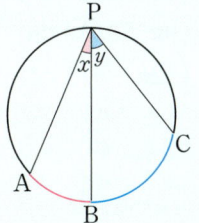

개념 필수 문제

33
[원주각과 중심각의 크기]

그림과 같은 원 O에서 $\angle$APB$=35°$일 때, $\angle$OBA의 크기를 구하여라.

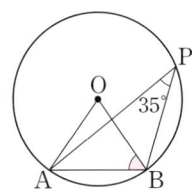

34
[원주각과 중심각의 크기]

그림에서 두 선분 PA, PB는 원 O의 접선이고 $\angle$C$=75°$일 때, $\angle$P의 크기는?

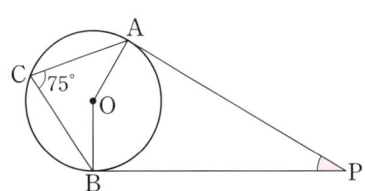

① 25°　　　② 30°　　　③ 37.5°
④ 40°　　　⑤ 45°

35

[원주각과 중심각의 크기]

그림과 같이 원 O에 내접하는 삼각형 ABC에서 $\angle A = 30°$, $\overline{BC} = 6$ cm일 때, 선분 BC와 호 BC로 둘러싸인 색칠한 부분의 넓이는?

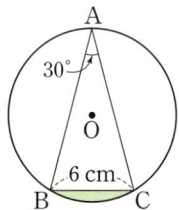

① $(6\pi - 9\sqrt{3})$ cm^2 ② $(6\pi - 12\sqrt{3})$ cm^2

③ $(9\pi - 9\sqrt{3})$ cm^2 ④ $(9\pi - 12\sqrt{3})$ cm^2

⑤ $(12\pi - 6\sqrt{3})$ cm^2

36

[원주각과 중심각의 크기]

그림에서 두 점 C, D는 호 AB의 삼등분점이다. 원 O의 반지름의 길이가 1 cm이고 $\angle BPD = 60°$일 때, 색칠한 부분의 넓이는?

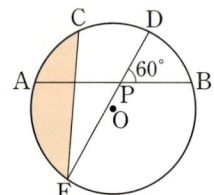

① $\left(\dfrac{\pi}{3} - \dfrac{\sqrt{3}}{4}\right)$ cm^2 ② $\left(\dfrac{\pi}{3} - \dfrac{\sqrt{3}}{3}\right)$ cm^2

③ $\left(\dfrac{\pi}{3} - \dfrac{\sqrt{3}}{2}\right)$ cm^2 ④ $\left(\dfrac{\pi}{2} - \dfrac{\sqrt{3}}{4}\right)$ cm^2

⑤ $\left(\dfrac{\pi}{2} - \dfrac{\sqrt{3}}{2}\right)$ cm^2

37

[원주각과 중심각의 크기]

그림과 같이 원의 중심 O에서 원에 내접하는 삼각형 ABC의 변 AC에 수선을 그어 변 AC와 만나는 점을 P, 호 AC와 만나는 점을 D라 하자. $\angle ODC = 65°$일 때, $\angle B$의 크기를 구하여라.

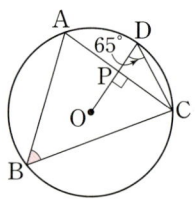

38

[원주각과 중심각의 크기]

그림과 같이 삼각형 ABC의 외접원 O에서 세 호 BC, CA, AB의 중점을 각각 P, Q, R라 하자. $\angle A = 58°$일 때, $\angle RPQ$의 크기를 구하여라.

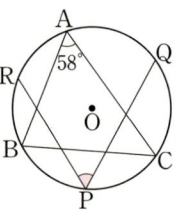

39
[원주각의 성질]

그림과 같은 원 위의 네 점 A, B, C, D에 대하여
∠BAC=30, ∠ACD=35°일 때, ∠x의 크기를 구하여라.

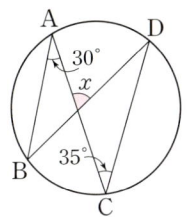

41
[원주각의 성질]

그림과 같이 원 O는 삼각형 ABC에 외접하고 $\overline{BC}=4$,
∠A=60°일 때, 원 O의 반지름의 길이를 구하여라.

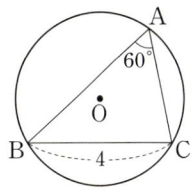

40
[원주각의 성질]

그림과 같은 원 O에서 선분 AB는 원 O의 지름이고
∠COD=30°일 때, ∠CPD의 크기는?

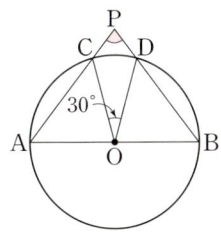

① 60°　　　② 65°　　　③ 70°
④ 75°　　　⑤ 80°

42
[원주각의 성질]

그림과 같은 삼각형 ABC의 외접원에서 두 호 AB, AC
의 중점을 각각 M, N이라 하고, 두 현 MN, AB의 교점을
P, 두 현 MN, AC의 교점을 Q라 하자. ∠A=40°일 때,
∠APQ의 크기를 구하여라.

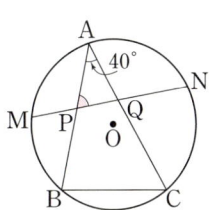

✧ 정답 및 해설 22~23p

43

[원주각의 성질]

그림과 같이 반지름의 길이가 1 cm인 원 위에 ∠ADB=26°, ∠BEC=24°인 점 A, B, C, D, E가 있다. 두 선분 AD, CE의 연장선이 만나는 점을 P라 할 때, ∠P=27°이다. ∠DBE의 크기를 구하여라.

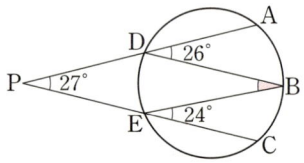

44

[원주각의 성질]

그림과 같이 두 현 AB, CD의 연장선의 교점을 P, 두 현 BD, AC의 교점을 E라 하자. ∠BEC=70°, ∠P=30° 일 때, ∠BAC의 크기를 구하여라.

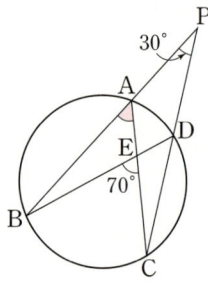

45

[원주각의 성질]

그림과 같이 반지름의 길이가 1 cm인 원 O에 내접하는 삼각형 ABC에서 ∠A=60°, ∠B=45°일 때, 현 AB의 길이를 구하여라.

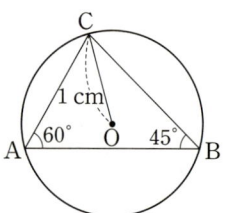

46

[원주각의 크기와 호의 길이]

그림에서 $\overset{\frown}{AB}=4\overset{\frown}{CD}$이고 현 AD와 현 BC의 연장선이 만나는 점을 E라 할 때, ∠E=36°이다. 이때, ∠x의 크기를 구하여라.

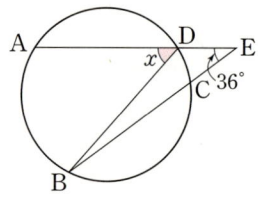

47

[원주각의 크기와 호의 길이]

그림에서 $\overset{\frown}{AB}=\overset{\frown}{BC}=\overset{\frown}{CD}$이고 $\angle ACP=65°$, $\angle AQB=50°$일 때 $\angle APC$의 크기는?

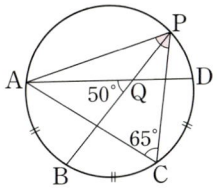

① $50°$
② $60°$
③ $65°$
④ $70°$
⑤ $75°$

48

[원주각의 크기와 호의 길이]

그림과 같이 반지름의 길이가 9 cm인 원에 내접하는 삼각형 ABC가 있다. 점 I는 삼각형 ABC의 내심이고 선분 BI와 선분 CI의 연장선이 외접원과 만나는 점은 각각 D, E이다. $\angle A=70°$일 때, 호 DAE의 길이는?

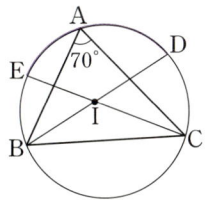

① 5π cm
② $\dfrac{11}{2}\pi$ cm
③ 6π cm
④ $\dfrac{13}{2}\pi$ cm
⑤ 7π cm

49

[원주각의 크기와 호의 길이]

그림과 같이 선분 AB를 지름으로 하는 원에서 $\overset{\frown}{AC} : \overset{\frown}{BC}=5 : 4$이고 $\overset{\frown}{AD}=\overset{\frown}{DE}=\overset{\frown}{EB}$일 때, $\angle APE$의 크기를 구하여라.

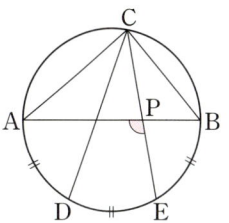

50

[원주각의 크기와 호의 길이]

그림에서 $\angle APC=30°$, $\overset{\frown}{AC}=\pi$ cm, $\overset{\frown}{BD}=2\pi$ cm일 때, 원 O의 반지름의 길이를 구하여라.

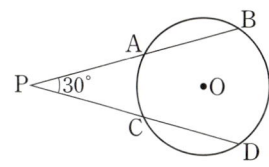

08 원주각의 활용

1. 원에 내접하는 사각형의 성질

(1) 원에 내접하는 사각형의 한 쌍의 대각의 크기의 합은 180°이다. 즉,

$$\angle A + \angle C = \angle B + \angle D$$
$$= 180°$$

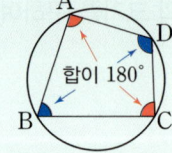

합이 180°

(2) 원에 내접하는 사각형의 한 외각의 크기는 그와 이웃한 내각의 대각의 크기와 같다.

즉, $\angle A = \angle DCE$

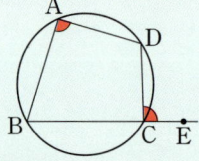

2. 사각형이 원에 내접하기 위한 조건

(1) 대각의 크기의 합이 180°인 사각형은 원에 내접한다.
(2) 외각의 크기와 그와 이웃한 내각의 대각의 크기가 같은 사각형은 원에 내접한다.

3. 접선과 현이 이루는 각

원의 접선과 그 접점을 지나는 현이 이루는 각의 크기는 그 각의 내부에 있는 호에 대한 원주각의 크기와 같다.

즉, $\angle TAB = \angle ACB$

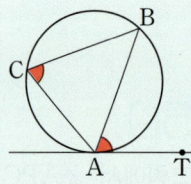

Tip

• 네 점이 한 원 위에 있을 조건

다음의 각 경우에 네 점 A, B, C, D는 한 원 위에 있다.

(1) $\angle ACB = \angle ADB$일 때

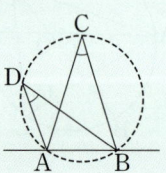

(2) $\angle A + \angle C = 180°$일 때

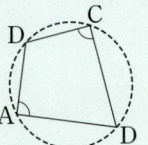

(3) $\angle D = \angle CBE$일 때

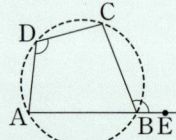

개념 필수 문제

51

[원에 내접하는 사각형]

그림과 같이 사각형 ABCD가 원에 내접한다. 선분 AB가 원의 지름이고 $\angle CAB = 25°$일 때, $\angle D$의 크기를 구하여라.

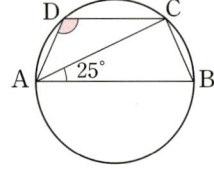

52

[원에 내접하는 사각형]

그림과 같이 네 점 A, B, C, D가 두 원 위에 있다. $\angle A = 80°$, $\angle B = 70°$일 때, $\angle D$의 크기를 구하여라.

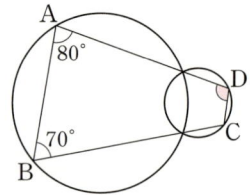

53

그림과 같이 원 O에 내접하는 오각형 ABCDE에서 ∠B=110°, ∠COD=60°일 때, ∠E의 크기는?

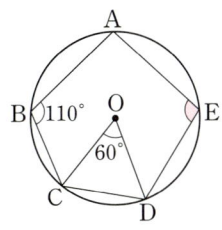

① 80° ② 90° ③ 100°
④ 110° ⑤ 120°

54

그림에서 ∠ABE=25°일 때, ∠BFC의 크기는?

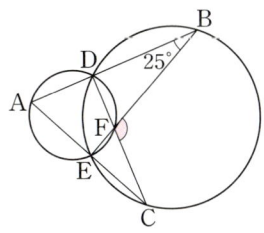

① 105° ② 110° ③ 115°
④ 120° ⑤ 125°

55

그림과 같이 사분원 O에 내접하는 삼각형 ABC에서 $\overline{AC}$=2 cm, $\overline{BC}$=3 cm일 때, 삼각형 ABC의 넓이를 구하여라.

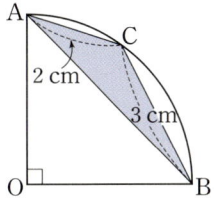

56

그림에서 삼각형 ABC와 삼각형 CED는 크기가 다른 정삼각형이고, 세 점 B, C, E는 한 직선 위에 있다. |보기|에서 원에 내접하는 사각형만을 있는 대로 고른 것은?

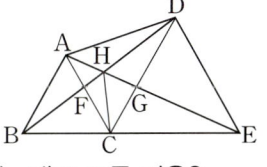

| 보기 |

ㄱ. 사각형 ABCH ㄴ. 사각형 DHCE
ㄷ. 사각형 ABED ㄹ. 사각형 CGHF

---

① ㄱ, ㄴ, ㄷ ② ㄱ, ㄴ, ㄹ
③ ㄱ, ㄷ, ㄹ ④ ㄴ, ㄷ, ㄹ
⑤ ㄱ, ㄴ, ㄷ, ㄹ

57
[네 점이 한 원 위에 있을 조건]

그림에서 네 점 A, B, C, D가 한 원 위에 있고 ∠ABD=30°, ∠BAD=80°일 때, ∠C의 크기를 구하여라.

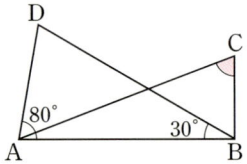

59
[접선과 현이 이루는 각]

그림과 같은 원 O에서 직선 BT는 원 O의 접선이고 점 C는 ∠ABT의 이등분선과 원의 교점이다. ∠D=55°일 때, ∠AOC의 크기는?

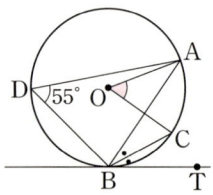

① 50°   ② 55°   ③ 60°
④ 65°   ⑤ 70°

58
[접선과 현이 이루는 각]

그림과 같이 지름 AP의 길이가 12 cm인 원에서 직선 PT는 원의 접선이고 ∠BPT=60°일 때, 삼각형 APB의 넓이는?

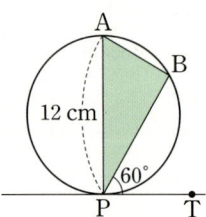

① $12\sqrt{2}$ cm^2 ② $12\sqrt{6}$ cm^2 ③ 18 cm^2
④ $18\sqrt{2}$ cm^2 ⑤ $18\sqrt{3}$ cm^2

60
[접선과 현이 이루는 각]

그림에서 반직선 PT는 원 O의 접선이다. ∠APC=∠x, ∠ACT=∠y라 할 때, ∠x와 ∠y 사이의 관계식을 구하여라.

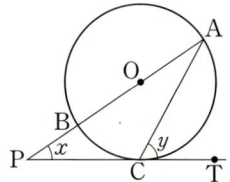

61
[접선과 현이 이루는 각]

그림과 같이 원 O의 지름 AB의 연장선 위의 점 P에서 원 O에 접선 PT를 긋고 접점을 C라 하자. $\overline{PC}=\overline{BC}$일 때, ∠BCT의 크기를 구하여라.

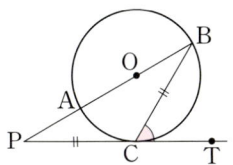

63
[접선과 현이 이루는 각]

그림과 같이 삼각형 ABC와 그 내접원의 접점을 각각 D, E, F라 하자. ∠B=56°일 때, ∠DFE의 크기를 구하여라.

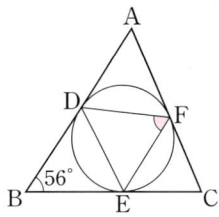

62
[접선과 현이 이루는 각]

그림과 같이 $\overline{AB}=\overline{AC}$인 예각이등변삼각형 ABC의 외접원과 원 밖의 한 점 D에서 원에 그은 두 접선 DB, DC에 대하여 ∠ABC=∠ACB=2∠D일 때, ∠A의 크기는?

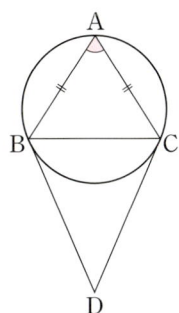

① $\left(\dfrac{180}{7}\right)°$　　② $\left(\dfrac{240}{7}\right)°$　　③ $\left(\dfrac{270}{7}\right)°$

④ $\left(\dfrac{360}{7}\right)°$　　⑤ $\left(\dfrac{540}{7}\right)°$

64
[접선과 현이 이루는 각]

그림과 같이 지름이 $\overline{AB}=12$ cm인 원 O 위의 점 C에서 접하는 직선 CT가 있다. 점 A에서 직선 CT에 내린 수선의 발 H에 대하여 $\overline{AH}=9$ cm일 때, ∠BAC의 크기를 구하여라.

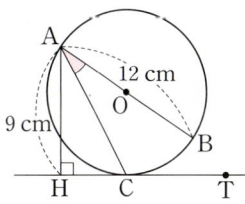

65
[접선과 현이 이루는 각]

그림에서 두 선분 BC, CD는 각각 두 원 O, O'의 접선이고 점 C는 접점이다. $\overline{AB}=3$ cm, $\overline{AD}=4$ cm일 때, 선분 AC의 길이를 구하여라.

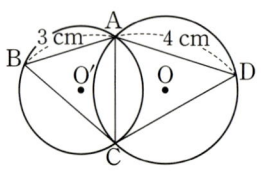

67
[접선과 현이 이루는 각]

그림과 같이 선분 AB를 지름으로 하는 원 O와 직각삼각형 ABC의 빗변 AC가 만나는 점을 P라 하자. 점 P에서 그은 원의 접선이 선분 BC와 만나는 점을 Q라 할 때, l보기에서 옳은 것만을 있는 대로 고른 것은?

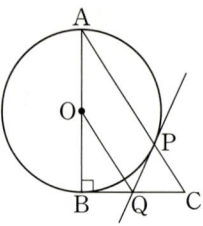

| 보기 |

ㄱ. ∠BQP=2∠CPQ
ㄴ. $\overline{BQ}=\overline{CQ}$
ㄷ. $\overline{OQ}\,/\!/\,\overline{AC}$

① ㄱ   ② ㄱ, ㄴ   ③ ㄱ, ㄷ
④ ㄴ, ㄷ   ⑤ ㄱ, ㄴ, ㄷ

66
[접선과 현이 이루는 각]

그림과 같이 반원 O의 지름 AB 위에 점 C를 잡고, 선분 CB를 지름으로 하는 반원 O'를 그린다. 점 A에서 반원 O'에 접선을 긋고 그 접점을 P, 반원 O와 만나는 점을 Q라 하자. ∠PBA=35°일 때, ∠PBQ의 크기를 구하여라.

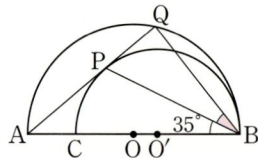

68
[접선과 현이 이루는 각]

그림에서 선분 AB는 원의 접선이고 ∠BAC의 이등분선과 두 선분 BC, BD가 만나는 점을 각각 E, F라 하자. $\overline{BF}=12$ cm, $\overline{DF}=9$ cm, $\overline{AD}=\overline{BD}$일 때, 선분 CE의 길이를 구하여라.

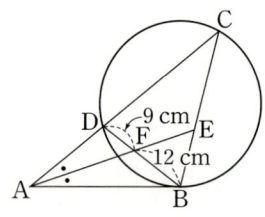

고품격 만점 문제

69 서술형

그림과 같은 원에서 호 ABC의 길이는 원주의 $\frac{7}{12}$이고,

호 BCD의 길이는 원주의 $\frac{5}{9}$일 때, $\angle A + \angle B$의 크기를

구하여라.

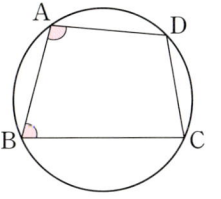

70 서술형

그림과 같이 선분 AB는 원의 중심 O를 지난다. 선분 AC는 점 A에서 원에 그은 접선이고 점 C는 그 접점이다. 원 위의 점 D에 대하여 $\angle BDC = 65°$일 때, $\angle A$의 크기를 구하여라.

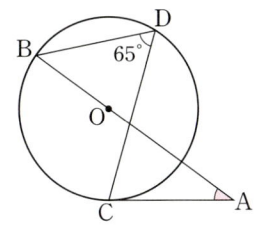

71 도전

반지름의 길이가 1인 원 O의 둘레를 20등분한 점을 각각 A_1, A_2, A_3, $\cdots$, A_{20}이라 할 때,

$$\overline{A_1A_2}^2 + \overline{A_1A_3}^2 + \overline{A_1A_4}^2 + \cdots + \overline{A_1A_{20}}^2$$

의 값을 구하여라.

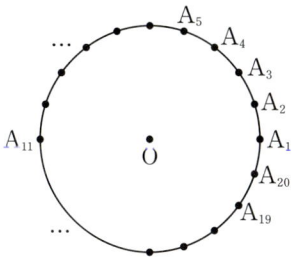

72 도전

그림과 같이 원에 내접하는 사각형 ABCD가 있다. $\overline{AB} = 1$, $\overline{BC} = 2$, $\overline{CD} = 3$, $\overline{DA} = 4$이고, 사각형 ABCD의 두 대각선 AC, BD의 교점이 E일 때, $\dfrac{\overline{DE}}{\overline{BE}}$의 값을 구하여라.

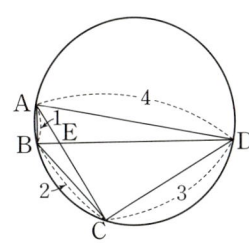

01

그림에서 호 AB는 원의 일부분이고 점 M은 현 AB의 중점일 때, 이 원의 반지름의 길이는?

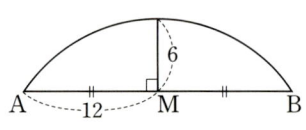

① 13   ② 14   ③ 15

④ 16   ⑤ 17

02

그림과 같이 점 P에서 서로 외접하는 두 원 O_1, O_2가 있다. 선분 AC는 두 원의 공통내접선이고 두 선분 AB, BC는 원 O_1의 접선, 두 선분 AD, CD는 원 O_2의 접선이다. $\overline{AB}=5$ cm, $\overline{BC}=4$ cm, $\overline{CD}=3$ cm일 때, 선분 AD의 길이를 구하여라.

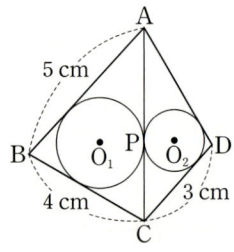

03

그림과 같이 원 O에 외접한 사각형 ABCD에서 세 점 P, Q, R는 각각 선분 AD, 선분 BC, 선분 CD와 원의 접점이다. $\overline{BC}=12$ cm, $\overline{CD}=10$ cm, $\overline{OQ}=4$ cm이고 $\angle A=\angle B=90°$일 때, 사각형 ABCD의 넓이를 구하여라.

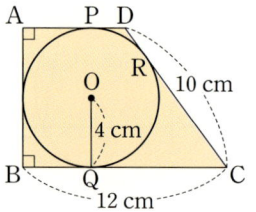

04

그림과 같이 가로의 길이가 30 cm, 세로의 길이가 20 cm인 직사각형 ABCD에서 원 O는 세 변 AB, BC, AD에 접하는 원이고 원 O'은 두 변 BC, CD와 원 O에 접하는 원일 때, 원 O'의 반지름의 길이를 구하여라.

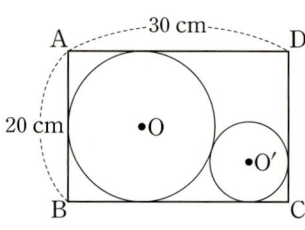

05

그림과 같이 오각형 ABCDE가 원 O에 내접하고 ∠COD=60°일 때, ∠B+∠E의 크기는?

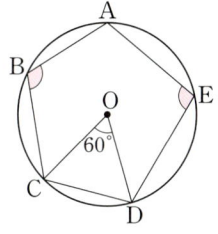

① 180° ② 185° ③ 195°
④ 200° ⑤ 210°

06

그림과 같이 원 위의 네 점 A, B, C, D에 대하여 두 현 AB, CD의 연장선의 교점을 P, 두 현 AD, BC의 연장선의 교점을 Q라 할 때, ∠P=40°, ∠Q=50°이다. ∠B의 크기를 구하여라.

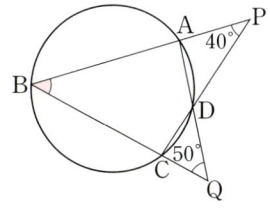

07

$\overline{BC}$=3인 예각삼각형 ABC의 외접원 O의 반지름의 길이가 2일 때, $\cos A$의 값을 구하여라.

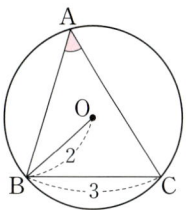

08

그림과 같이 원 O에 내접하는 삼각형 ABC가 있다. $\overline{AH} \perp \overline{BC}$이고 $\overline{AB}$=9 cm, $\overline{AC}$=8 cm, $\overline{AH}$=6 cm일 때, 원 O의 반지름의 길이를 구하여라.

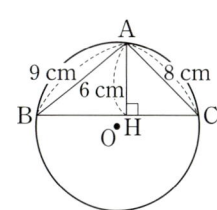

신기한 숫자 142857

$142857 \times 1 = 142857$

$142857 \times 2 = 285714$

$142857 \times 3 = 428571$

$142857 \times 4 = 571428$

$142857 \times 5 = 714285$

$142857 \times 6 = 857142$

이렇게 똑같은 숫자가 자릿수만 바꿔서 나타난다.

그런데 142857에 7을 곱하면 놀랍게도 999999이다.

이번엔 모든 수를 7로 나누면 소수점 이하는 142857이 반복해서 나타난다.

$$\frac{1}{7} = 0.142857142857\cdots$$

$$\frac{2}{7} = 0.2857142857\cdots$$

$$\frac{3}{7} = 0.42857142857\cdots$$

$$\frac{4}{7} = 0.57142857\cdots$$

$$\vdots$$

$$\frac{111}{7} = 15.857142857\cdots$$

마지막으로 142857과 관련된 신기한 성질 하나를 더 소개하면 142857을 제곱하면 20408122449이
되는데, 뒤에서부터 여섯자리를 끊어 더하면 20408＋122449＝142857이 되어 원래의 수가 된다.

이것은 인도의 수학자 Ramachandra Kaprekar가 발견하여 그의 이름을 따 "Kaprekar 수"로
불린다.

Kaprekar 수의 예로는

1, 9, 45, 55, 99, 297, 703, 999, 2223, 2728, 4879, 4950, 5050, 5292, 7272, 7777, 9999,
17344, 22222, 38962, 77778, 82656, 95121, 99999, 142857, 148149, 181819, 187110,
208495, 318682, 329967, 351352, 356643, 390313, 461539, 466830, 499500, 500500,
533170 등이 있다.

[출처 : http://cafe.daum.net/wolsan1945/JfTK/170?docid=16GAD]

THE FIRST CLASS
MATHEMATICS **1**

VII 통계

09 대푯값

1. 대푯값의 뜻
자료 전체의 중심적인 경향이나 특징을 대표적으로 나타낸 값

2. 대푯값의 종류
(1) **평균** : 주어진 자료의 총합을 자료의 개수로 나눈 값

즉, $(평균)=\dfrac{(자료의\ 총합)}{(자료의\ 개수)}$

(2) **중앙값** : 자료를 작은 값부터 크기순으로 나열하였을 때, 중앙에 위치한 값으로

① 자료의 개수 n이 홀수이면 $\dfrac{n+1}{2}$번째의 값이 중앙값이다.

② 자료의 개수 n이 짝수이면, $\dfrac{n}{2}$번째와 $\left(\dfrac{n}{2}+1\right)$번째의 값의 평균이 중앙값이다.

(3) **최빈값** : 자료의 값 중에 가장 많이 나타나는 값

① 자료의 값 중에서 도수가 가장 큰 값이 1개 이상이면 그 값이 모두 최빈값이다.

② 각 자료의 값의 도수가 모두 같으면 최빈값은 없다.

Tip

- 전체 도수가 각각 a, b이고, 평균이 각각 m_A, m_B인 두 자료 A, B의 전체 평균을 m이라 하면

$$m=\dfrac{am_A+bm_B}{a+b}$$

- **중앙값의 특징** : 자료의 값 중에 매우 크거나, 매우 작은 값, 즉 극단적인 값이 있는 경우에는 평균보다 중앙값이 자료 전체의 특징을 더 잘 나타낸다.

- **최빈값의 특징** : 숫자로 나타낼 수 없는 자료일 때에도 구할 수 있다. 또, 자료에 따라 최빈값이 없을 수도 있고, 두 개 이상일 수도 있다.

개념 필수 문제

01
[평균]

어느 중학교에서 교육청 주관 학력진단평가를 실시하고 난 후 3학년 4개 학급의 수학 성적의 평균을 조사하였더니 다음 표와 같았다. 4개 학급의 수학 평균 성적의 평균과 140명 전체의 수학 성적의 평균의 차는 k이다. $140k$의 값을 구하여라.

반	A반	B반	C반	D반	합계
총점(점)	2205	2278	2376	2240	9099
학생 수(명)	35	34	36	35	140
평균(점)	63	67	66	64	260

02
[평균]

어느 학급 30명의 학생을 키가 작은 학생부터 큰 학생 순서로 출석 번호를 부여한 후 그림과 같이 분단을 정하였다.

	평균
A 분단	m_a
B 분단	m_b
C 분단	m_c
학급 전체	M

각 분단과 학급 전체의 키의 평균이 표와 같을 때, M을 m_a, m_b, m_c를 이용하여 나타내어라.

03

장마철인 7월에 아름이는 18일부터 22일까지의 5일간의 강수량의 평균을, 다운이는 19일부터 22일까지의 4일간의 강수량의 평균을 조사하였더니 각각 52.4 mm, 51 mm이었다. 이때, 7월 18일의 강수량을 구하여라.

04

찬휘가 4회에 걸쳐 본 수학 시험 성적의 평균은 90점이었다. 한 번 더 시험을 본 후 5회까지의 평균이 91점 이상이 되려면 마지막 시험에서 찬휘가 받아야 하는 최소 점수는?

① 91점   ② 92점   ③ 93점
④ 94점   ⑤ 95점

05

도매 시장에서 30개들이 A 품종 사과 한 상자와 20개들이 B 품종 사과 한 상자를 사왔다. A 품종 사과의 평균 무게가 200 g이고, B 품종 사과의 평균 무게가 150 g일 때, 사 온 A 품종과 B 품종 전체 사과의 무게의 평균을 구하여라.

06

표는 어느 학교 3학년 A, B, C 세 반의 학생 수와 몸무게의 평균을 나타낸 것이다. 이 세 반 학생 전체에 대한 몸무게의 평균을 바르게 나타낸 것은?

반	학생 수(명)	평균(kg)
A반	a	x
B반	b	y
C반	c	z

① $\dfrac{a+b+c}{3}$ kg   ② $\dfrac{x+y+z}{3}$ kg

③ $\dfrac{a+b+c}{x+y+z}$ kg   ④ $\dfrac{ax+by+cz}{a+b+c}$ kg

⑤ $\dfrac{ax+by+cz}{x+y+z}$ kg

07

[평균]

세 변량 a, b, c의 평균이 M일 때, 세 변량 $3a+1$, $3b+1$, $3c+1$의 평균은?

① M ② $M+1$ ③ $M+3$
④ $3M$ ⑤ $3M+1$

08

[중앙값]

학생 6명의 국어 점수를 작은 값에서부터 크기순으로 나열할 때, 3번째 학생의 점수는 76점이고, 중앙값은 78점이라 한다. 이 집단에 국어 점수가 82점인 학생이 들어왔을 때, 7명의 국어 점수의 중앙값은?

① 79점   ② 80점   ③ 80.5점
④ 81점   ⑤ 81.5점

09

[평균, 중앙값, 최빈값]

다음은 학생 20명이 1년 동안 관람한 문화 예술 공연 횟수를 조사하여 표로 나타낸 것이다. 관람 횟수의 평균, 중앙값, 최빈값을 각각 a회, b회, c회라 할 때, $a+b+c$의 값을 구하여라.

관람 횟수(회)	0	1	2	3	4	5	합계
학생 수(명)	4	6	4	1	2	3	20

10

[평균, 중앙값, 최빈값]

다음 자료의 평균과 최빈값이 모두 10일 때, 중앙값을 구하여라.

$$7 \quad 10 \quad a \quad 11 \quad 3 \quad 16 \quad b$$

10 산포도

1. 산포도와 편차

(1) **산포도** : 자료들이 대푯값 주위에 흩어져 있는 정도를 하나의 수로 나타낸 값

(2) **편차** : 각 변량에서 평균을 뺀 값, 즉

(편차)＝(변량)－(평균)

2. 분산과 표준편차

(1) **분산** : 각 편차의 제곱의 총합을 변량의 개수로 나눈 값, 즉 편차의 제곱의 평균으로

$$(분산)=\frac{\{(편차)^2의\ 총합\}}{(변량의\ 개수)}$$이다.

(2) **표준편차** : 분산의 음이 아닌 제곱근, 즉

$(표준편차)=\sqrt{(분산)}$이다.

3. 산포도와 분산을 이용한 자료의 분석

(1) 분산(표준편차)이 작다.

⇔ 자료가 평균을 중심으로 밀집되어 있다.

(2) 분산(표준편차)이 크다.

⇔ 자료가 평균을 중심으로 넓게 흩어져 있다.

 Tip

• **분산의 변형 공식**

n개의 변량 $x_1, x_2, \cdots, x_n$의 평균과 분산을 각각 m, V라 하면

$$V=\frac{(x_1-m)^2+(x_2-m)^2+\cdots+(x_n-m)^2}{n}$$

$$=\frac{x_1^2+x_2^2+\cdots+x_n^2}{n}-2m\times\frac{x_1+x_2+\cdots+x_n}{n}+m^2$$

$$=\frac{x_1^2+x_2^2+\cdots+x_n^2}{n}-2m\times m+m^2$$

$$=\frac{x_1^2+x_2^2+\cdots+x_n^2}{n}-m^2$$

• n개의 변량 $x_1, x_2, \cdots, x_n$의 평균, 분산, 표준편차가 각각 m, V, σ일 때, n개의 변량 $ax_1+b, ax_2+b, \cdots, ax_n+b$의 평균, 분산, 표준편차는 각각 $am+b, a^2V, |a|\sigma$이다.

12 DAY

개념 필수 문제

11

[편차]

다음 표는 5명의 학생 A, B, C, D, E의 시험 점수에 대한 편차를 나타낸 것이다. 학생 A의 점수보다 11점 높은 학생 F의 점수를 합한 6명의 점수의 평균은 5명의 학생 A, B, C, D, E의 점수의 평균보다 4 % 증가하였다. 이때, 6명의 학생의 점수의 중앙값을 구하여라.

학생	A	B	C	D	E
편차(점)	4	−12	7	5	−4

12

[분산과 표준편차]

5개의 변량 8, x, 11, y, 17의 평균이 12이고, 표준편차가 $2\sqrt{3}$일 때, xy의 값은?

① 120   ② 125   ③ 130

④ 135   ⑤ 140

13

3개의 변량 a, b, c의 평균을 M, 분산을 S^2이라 할 때, 다음 중 S^2과 같은 것은?

① $\dfrac{a^2+b^2+c^2}{3}$

② $\dfrac{a+b+c}{3}-M$

③ $\dfrac{a^2+b^2+c^2}{3}-M^2$

④ $(a-M^2)+(b-M^2)+(c-M^2)$

⑤ $(a-M)^2+(b-M)^2+(c-M)^2$

14

5개의 변량 a, b, c, d, e의 평균이 7이고 표준편차가 3일 때, 5개의 변량 a^2, b^2, c^2, d^2, e^2의 평균은?

① 49　　　② 52　　　③ 55

④ 58　　　⑤ 61

15

연속하는 세 홀수의 표준편차는?

① $\dfrac{2\sqrt{6}}{3}$　　　② 2　　　③ $\dfrac{8}{3}$

④ $2\sqrt{2}$　　　⑤ 8

16

5개의 변량 x_1, x_2, x_3, x_4, x_5의 평균이 60이고, 편차가 각각 -4, -3, a, b, 5이다. 분산이 12일 때, 상수 a, b에 대하여 ab의 값을 구하여라.

17
[분산과 표준편차]

5개의 변량 3, x, 4, 5, y의 평균이 4, 분산이 2일 때, x^2+y^2의 값을 구하여라.

19
[분산과 표준편차]

세 수 a, b, c의 평균이 4, 표준편차가 $\sqrt{2}$일 때, 세 수 ab, bc, ca의 평균을 구하여라.

12 DAY

18
[분산과 표준편차]

10개의 변량 x_1, x_2, x_3, $\cdots$, x_{10}의 합이 10, 제곱의 합이 170일 때, 이 변량의 평균과 표준편차는 각각 a, b이다. $a+b$의 값을 구하여라.

20
[분산과 표준편차]

크기가 서로 다른 정육면체 모양의 주사위 3개가 있다. 이 세 주사위의 모든 모서리의 길이의 총합이 72이고, 겉넓이의 총합이 126이다. 이 세 주사위의 한 모서리의 길이를 각각 a, b, c라 할 때, a, b, c의 표준편차를 구하여라.

21

[분산과 표준편차]

표는 어떤 자료의 편차를 나타낸 것이다. 표의 일부분이 찢어져 있을 때, 이 자료의 표준편차는?

자료	A	B	C	D	E
편차	2	-3		-3	3

① 2

② $\sqrt{6.4}$

③ $\sqrt{11.2}$

④ $4\sqrt{2}$

⑤ 32

22

[분산과 표준편차]

5개의 자료 x_1, x_2, x_3, x_4, x_5의 평균이 3이고 분산이 40이라 한다. 그런데 5개의 자료 중 2개의 자료가 각각 3, 7인데 8, 2로 잘못 쓴 것을 발견하였다. 이때, 올바로 쓴 5개의 자료의 분산은?

① 38

② 39

③ 40

④ 40.5

⑤ 42

23

[변형된 변량의 분산과 표준편차]

세 수 a, b, c의 평균을 M, 분산을 S^2이라 할 때, 세 수 $a+2$, $b+2$, $c+2$의 평균과 분산을 차례로 구한 것은?

① M, S^2

② M, S^2+2

③ $M+2$, S^2

④ $M+2$, S^2+2

⑤ $M+2$, $(S+2)^2$

24

[변형된 변량의 분산과 표준편차]

5개의 변량 a, b, c, d, e의 평균과 분산을 각각 m, S^2이라 할 때, 5개의 변량 $2a+3$, $2b+3$, $2c+3$, $2d+3$, $2e+3$의 평균과 분산을 각각 m, S^2을 사용하여 차례로 나타낸 것은?

① $2m$, $2S^2$

② $2m+3$, S^2

③ $2m+3$, $4S^2$

④ $3m+2$, $3S^2$

⑤ $3m+2$, $9S^2$

25
[변형된 변량의 분산과 표준편차]

자료 A는 1, 3, 5, ⋯, 99이고 자료 B는 2, 4, 6, ⋯, 100이다. 자료 A의 평균을 M, 분산을 S^2이라 할 때, 자료 B의 평균과 분산을 각각 M, S^2을 사용하여 차례로 나타낸 것은?

① $M-1$, S^2 ② M, S^2
③ M, S^2+1 ④ $M+1$, S^2-1
⑤ $M+1$, S^2

26
[변형된 변량의 분산과 표준편차]

어느 중학교 3학년 학생들의 중간고사 수학 점수의 평균이 50점이고, 표준편차가 5점이었다. 학생들의 점수를 모두 5점씩 올려주었다면 올려준 점수의 평균과 표준편차의 합은?

① 60 ② 65 ③ 70
④ 75 ⑤ 80

27
[두 집단의 분산과 표준편차]

남학생 3명의 수학 점수의 평균은 6점, 분산은 6이고, 여학생 2명의 수학 점수의 평균은 6점, 분산은 1이다. 이때, 전체 학생 5명의 수학 점수에 대한 표준편차는?

① $\sqrt{2}$점 ② 2점 ③ $\sqrt{5}$점
④ 3점 ⑤ 5점

28
[두 집단의 분산과 표준편차]

다음 표는 K 회사에서 전문가 6명과 일반인 4명을 초대하여 신제품 음료수에 대한 시음회를 가진 후 맛에 대한 평가 점수를 조사하여 나타낸 것이다. 전문가 6명과 일반인 4명의 평가 점수에 대한 전체 분산은?

	인원 수(명)	평균 점수(명)	분산
전문가	6	15	10
일반인	4	15	20

① 11 ② 12 ③ 13
④ 14 ⑤ 15

12 DAY

정답 및 해설 32~33p

29
[두 집단의 분산과 표준편차]

전체 10개의 수 중 6개의 수의 평균과 분산은 각각 6, 9
이고, 나머지 4개의 수의 평균과 분산은 각각 11, 14일
때, 10개의 수의 분산을 구하여라.

31
[자료의 분석]

다음 표는 4회의 수학퀴즈에서 두 학생 A, B가 얻은 점
수를 조사하여 나타낸 것이다. 두 학생 A, B 중 점수가
더 고른 학생은 누구인지 말하여라.

학생 ＼ 횟수	1회	2회	3회	4회
A	5	8	7	8
B	6	9	8	5

30
[자료의 분석]

산포도에 대한 설명으로 옳은 것을 |보기|에서 있는 대로
고른 것은?

─── |보기| ───

ㄱ. 평균이 같은 두 자료에서는 표준편차가 더 작은
　　쪽의 자료들이 평균 주변에 모여 있다.

ㄴ. 평균이 5이고, 표준편차가 2이면 자료들 중 가
　　장 작은 값은 3이고, 가장 큰 값은 7이다.

ㄷ. 각 자료들의 값을 모두 일정하게 늘리면 표준편
　　차도 같이 늘어난다.

ㄹ. 표준편차를 제곱하면 분산을 구할 수 있다.

① ㄱ, ㄴ　　　② ㄱ, ㄷ　　　③ ㄱ, ㄹ
④ ㄴ, ㄹ　　　⑤ ㄷ, ㄹ

32
[자료의 분석]

다음 표는 참, 아름, 다운, 우리, 강산 다섯 학생이 5회에
걸쳐 치른 수학 수행평가의 결과를 조사하여 나타낸 것이
다.

이름 ＼ 회	1	2	3	4	5
참	C	B	C	C	C
아름	D	C	D	C	D
다운	D	C	C	B	B
우리	B	A	A	A	B
강산	B	C	D	D	E

A, B, C, D, E를 각각 5점, 4점, 3점, 2점, 1점으로 환산
하여 계산할 때, 수행평가 결과가 가장 고른 학생은?

① 참　　　　　② 아름　　　　③ 다운
④ 우리　　　　⑤ 강산

고품격 만점 문제

33 서술형

어느 중학교에서 1학년 20명, 2학년 30명, 3학년 50명이 시험을 보았더니 2학년의 평균은 1학년의 평균보다 10점이 높고, 3학년의 평균은 2학년의 평균보다 20점이 높았으며, 3학년의 평균은 1학년의 평균의 2배이었다. 이때, 이 학교 전체 학생의 평균을 구하여라.

34 서술형

넓이의 평균이 6이고, 표준편차가 4인 10개의 사각형이 있다. 이 10개의 사각형을 각각 넓이가 같은 2개의 사각형으로 나누어 20개의 사각형을 만들었다. 이때, 새로 만들어진 20개의 사각형의 넓이의 표준편차를 구하여라.

35

다음과 같이 두 자료 A, B의 변량을 작은 수부터 차례로 각각 나열하였을 때, 자료 A의 중앙값이 17이고, 두 자료 A, B를 섞은 전체 자료의 중앙값이 18이다. $a+b$의 값을 구하여라. (단, a, b는 서로 다른 자연수이다.)

> A : 10, 12, a, b, 20
> B : 15, $b-1$, 20, 21

36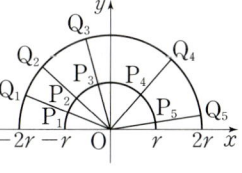

그림과 같이 중심이 O이고 반지름의 길이가 r인 반원 위의 점 P_i($i=1$, 2, 3, 4, 5)에 대하여 직선 OP_i와 중심이 O이고 반지름의 길이가 $2r$인 반원의 교점을 각각 Q_i라 하자. 5개의 점 P_1, P_2, P_3, P_4, P_5의 x좌표의 평균이 10이고 표준편차가 $\frac{5}{2}$일 때, 5개의 점 Q_1, Q_2, Q_3, Q_4, Q_5의 x좌표의 평균과 표준편차의 곱은?

① 100   ② $50\sqrt{2}$ ③ 50
④ $25\sqrt{2}$ ⑤ 25

06 | 상관관계

11 산점도와 상관관계

1. 산점도

두 변량 사이의 관계를 알기 위하여 두 변량의 순서쌍을 좌표로 하는 점을 좌표평면 위에 나타낸 그림

⑨ 표와 같이 주어진 수학 점수와 영어 점수에 대한 산점도는 그림과 같다.

수학 (점)	50	60	80	70	90
영어 (점)	70	50	90	70	80

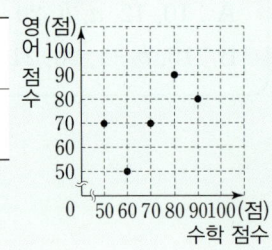

2. 상관관계

두 변량의 값 사이에 한쪽의 값이 커짐에 따라 다른 쪽의 값이 커지거나 작아지는 관계

(1) **양의 상관관계** : x의 값이 커짐에 따라 y의 값도 대체로 커지는 관계

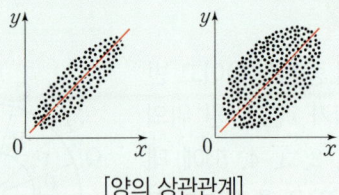

[양의 상관관계]

(2) **음의 상관관계** : x의 값이 커짐에 따라 y의 값은 대체로 작아지는 관계

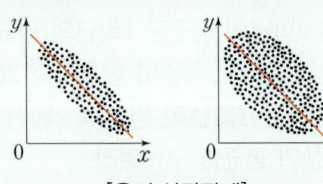

[음의 상관관계]

(3) **상관관계가 없다** : 양의 상관관계도 아니고 음의 상관관계도 아닌 경우

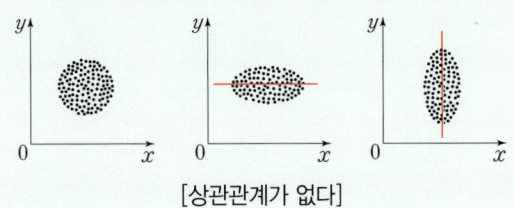

[상관관계가 없다]

 *Tip*

• 산점도에서 점들이 한 직선 주위에 가까이 몰려 있을수록 상관관계가 강하다고 하고, 흩어져 있을수록 상관관계가 약하다고 한다.

• **일차함수 $y=ax+b$의 그래프와 상관관계**
  (1) 양의 상관관계 : $a>0$, 즉 오른쪽 위로 향하는 직선일 때,
  (2) 음의 상관관계 : $a<0$, 즉 오른쪽 아래로 향하는 직선일 때,

개념 필수 문제

37 [산점도]

표는 신협이네 반 학생 10명의 수학 점수와 국어 점수를 조사하여 나타낸 것이다. 다음 물음에 답하여라.

	A	B	C	D	E	F	G	H	I	J
수학(점)	70	80	60	90	90	70	80	60	60	80
국어(점)	70	70	70	80	60	90	80	60	90	90

(1) 수학 점수와 국어 점수에 대한 산점도를 그려라.

(2) 수학 점수와 국어 점수가 같은 학생의 수를 구하여라.

(3) 국어 점수가 수학 점수보다 좋은 학생의 수를 구하여라.

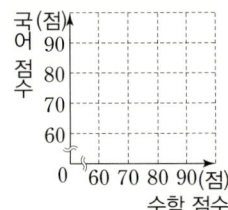

38 [산점도]

그림은 어느 반 학생 16명의 국어 점수와 수학 점수를 조사하여 나타낸 산점도이다. 국어 점수와 수학 점수가 같은 학생의 수는?

① 3명 ② 4명
③ 5명 ④ 6명
⑤ 7명

39

[산점도]

그림은 어느 반 학생들의 과학 점수와 수학 점수를 조사하여 나타낸 산점도이다. A, B, C, D, E 5명의 학생 중 수학 점수와 과학 점수의 차이가 가장 큰 학생은?

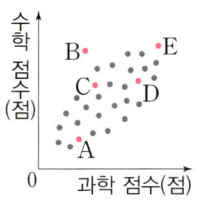

① A   ② B   ③ C
④ D   ⑤ E

40

[산점도]

그림은 어느 반 학생 15명의 국어 점수와 수학 점수를 조사하여 나타낸 산점도이다. 수학 점수가 국어 점수보다 높은 학생 수는?

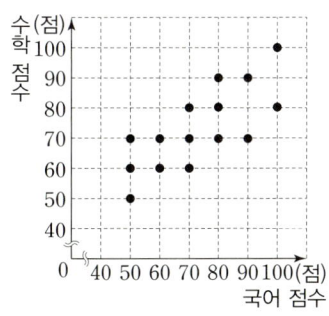

① 4명   ② 5명   ③ 6명
④ 7명   ⑤ 8명

41

[산점도]

그림은 어느 중학교 학생 15명의 오른쪽 눈의 시력과 왼쪽 눈의 시력을 조사하여 나타낸 산점도이다. 오른쪽 눈의 시력보다 왼쪽 눈의 시력이 좋은 학생 수는?

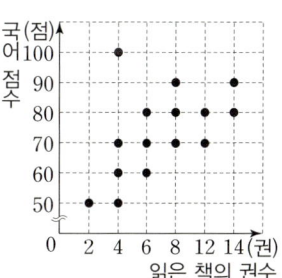

① 3명   ② 4명   ③ 5명
④ 6명   ⑤ 7명

42

[산점도]

그림은 어느 반 학생 15명의 지난 일 년 동안 읽은 책의 권수와 국어 점수를 조사하여 나타낸 산점도이다. 국어 점수가 80점 이상인 학생 수는?

① 5명   ② 6명   ③ 7명
④ 8명   ⑤ 9명

43

[산점도]

그림은 어느 반 학생 15명의 국어 점수와 영어 점수를 조사하여 나타낸 산점도이다. 국어 점수와 영어 점수가 모두 60점 이상인 학생 수는?

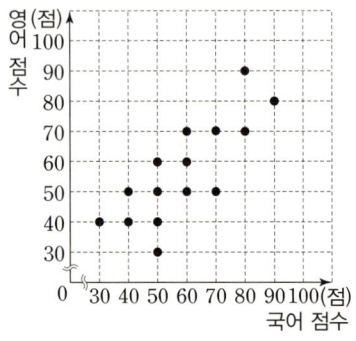

① 9명　　　　② 8명　　　　③ 7명
④ 6명　　　　⑤ 5명

44

[산점도]

그림은 학생 20명의 키와 앉은키를 조사하여 나타낸 산점도이다. 키가 160 cm 이상이고 앉은키가 90 cm 이상인 학생은 전체의 몇 %인가?

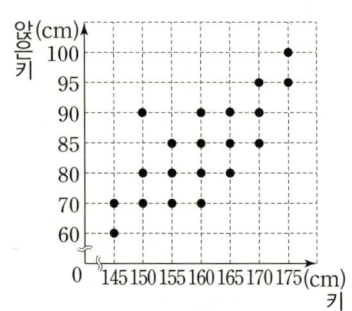

① 20 %　　　　② 30 %　　　　③ 40 %
④ 50 %　　　　⑤ 60 %

45

[산점도]

그림은 어느 반 학생 8명의 수학 점수와 영어 점수를 조사하여 나타낸 산점도이다. 수학 점수가 영어 점수보다 높은 학생은 전체의 몇 %인가?

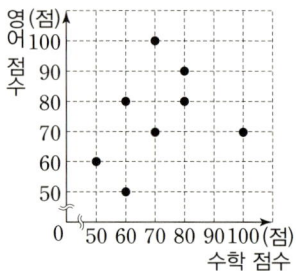

① 15 %　　　　② 20 %　　　　③ 25 %
④ 30 %　　　　⑤ 40 %

46

[산점도]

그림은 어느 중학교 학생 15명의 몸무게와 키를 조사하여 나타낸 산점도이다. 몸무게가 55 kg 이하이고 키가 160 cm 이하인 학생들의 몸무게의 평균은?

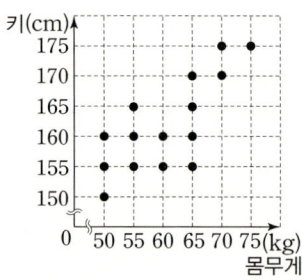

① 50 kg　　　　② 51 kg　　　　③ 52 kg
④ 53 kg　　　　⑤ 54 kg

47

[산점도]

그림은 어느 학교 학생들의 몸무게와 키를 조사하여 나타낸 산점도이다. 키에 비해 가장 뚱뚱한 학생은?

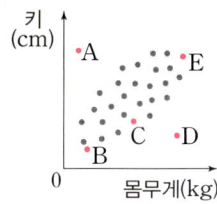

① A   ② B   ③ C
④ D   ⑤ E

48

[산점도]

그림은 어느 집단의 키와 몸무게를 조사하여 나타낸 산점도이다. 다음 중 옳은 것은?

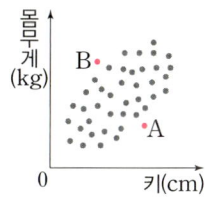

① A는 키가 가장 크다.
② B는 키에 비하여 몸무게가 가벼운 편이다.
③ B는 A보다 키가 크다.
④ A는 B에 비하여 뚱뚱한 편이다.
⑤ A는 몸무게에 비하여 키가 큰 편이다.

49

[산점도]

그림은 어느 반 학생들의 몸무게와 키를 조사하여 나타낸 산점도이다. 가, 나, 다, 라, 마 5명의 학생 중 다른 학생에 비해 비교적 날씬한 학생은?

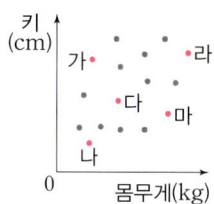

① 가   ② 나   ③ 다
④ 라   ⑤ 미

50

[산점도]

그림은 인석이네 반 학생들의 수학 성적과 과학 성적을 조사하여 나타낸 산점도이다. |보기|에서 A, B, C, D 4명의 학생에 대한 설명으로 옳은 것을 있는 대로 고른 것은?

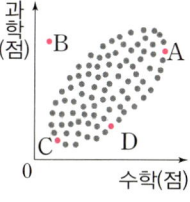

|보기|

ㄱ. 4명의 학생 중 수학 성적이 가장 우수한 학생은 A이다.
ㄴ. 학생 B는 수학 성적에 비해 과학 성적이 우수한 편이다.
ㄷ. 학생 D는 학생 B에 비해 과학 성적이 우수하다.
ㄹ. 학생 C는 수학 성적과 과학 성적이 모두 낮다.

① ㄱ, ㄴ, ㄷ   ② ㄱ, ㄴ, ㄹ   ③ ㄱ, ㄷ, ㄹ
④ ㄴ, ㄷ, ㄹ   ⑤ ㄱ, ㄴ, ㄷ, ㄹ

51
[산점도]

그림은 병권이네 반 학생들의 키와 몸무게를 조사하여 나타낸 산점도이다. A, B, C, D 4명의 학생에 대한 설명 중 옳은 것은?

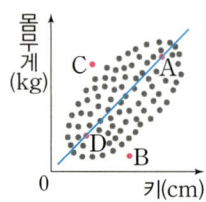

① 키가 가장 큰 학생은 A이다.
② 몸무게에 비해 키가 가장 큰 학생은 C이다.
③ 몸무게가 가장 가벼운 학생은 D이다.
④ 키에 비해 몸무게가 무거운 학생은 B이다.
⑤ 키와 몸무게가 비교적 알맞은 학생은 B와 C이다.

52
[상관관계]

다음은 수학 성적과 과학 성적을 조사하여 나타낸 산점도이다. 수학 성적이 우수한 사람이 과학 성적도 대체로 우수함을 나타낸 산점도는?

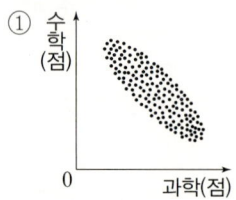 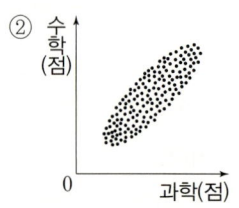

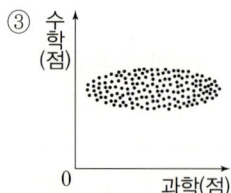 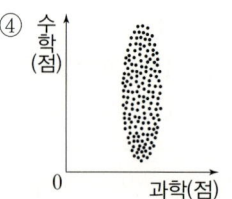

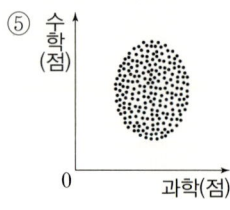

53
[상관관계]

다음 중 가장 강한 양의 상관관계에 있는 산점도는?

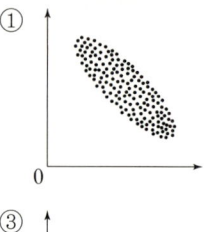 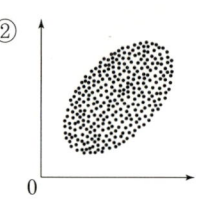

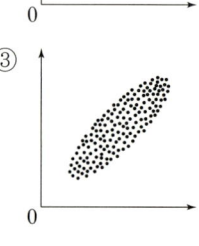 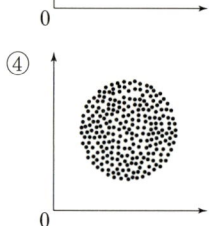

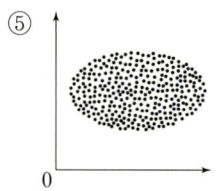

54
[상관관계]

그림은 두 변량 사이의 관계를 산점도로 나타낸 것이다. 두 변량 사이의 상관관계가 그림과 같은 것은?

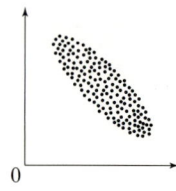

① 몸무게와 키
② 지능지수와 머리카락의 길이
③ 지면으로부터의 높이와 기온
④ 키와 가슴둘레
⑤ 여름철 기온과 음료수 판매량

고품격 만점 문제

55 서술형

그림은 어느 반 학생 16명의 국어 점수와 수학 점수를 조사하여 나타낸 산점도이다. 다음 물음에 답하여라.

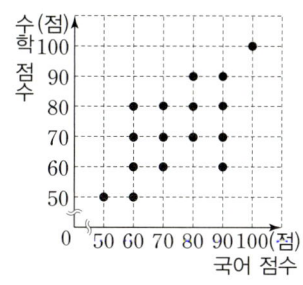

⑴ 국어 점수와 수학 점수가 같은 학생 수를 구하여라.

⑵ 국어 점수보다 수학 점수가 높은 학생은 전체의 몇 % 인지 구하여라.

⑶ 국어 점수와 수학 점수가 모두 70점 이하인 학생 수를 구하여라.

56 서술형

그림은 일승이네 반 학생들의 수학 점수와 영어 점수를 조사하여 나타낸 산점도이다. 4명의 학생 A, B, C, D에 대하여 다음 물음에 답하여라.

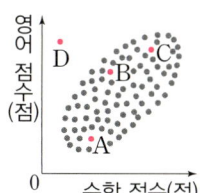

⑴ 수학 점수가 높은 학생을 순서대로 써라.

⑵ 두 과목의 점수의 차가 가장 큰 학생을 구하여라.

⑶ 영어 점수에 비해 수학 점수가 가장 낮은 학생을 구하여라.

57

그림은 어느 반 학생들의 수학 점수와 과학 점수를 조사하여 나타낸 산점도이다. 수학 점수가 80점 이상인 학생의 과학 점수의 평균을 구하여라.

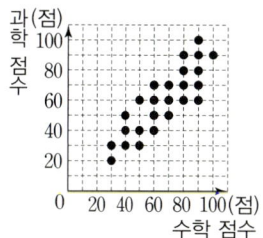

58

그림은 지은이네 반 학생 15명의 수학 점수와 국어 점수를 조사하여 나타낸 산점도이다. 다음 물음에 답하여라.

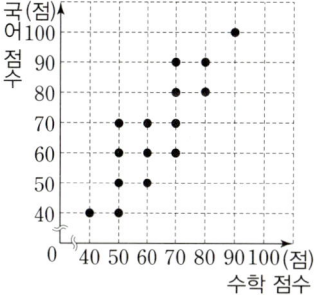

⑴ 두 과목의 점수의 평균이 70점 이상인 학생은 전체의 몇 %인지 구하여라.

⑵ 국어 점수와 수학 점수의 차가 20점 이상인 학생은 몇 명인지 구하여라.

01

다음 자료의 평균과 중앙값, 최빈값이 모두 같을 때, ab 의 값은? (단, $0 < a < b$)

1 2 10 11 a b

① 210　　　② 224　　　③ 236
④ 248　　　⑤ 260

02

다음 두 자료 A, B의 분산을 각각 a, b라 할 때 $\dfrac{a}{b}$의 값을 구하여라.

A : 1, 1, 3, 5, 5
B : 2, 3, 3, 3, 4

03

그림은 각각 정수 값을 갖는 세 자료 A, B, C를 그래프로 나타낸 것이다. |보기|에서 옳은 것을 있는 대로 고른 것은?

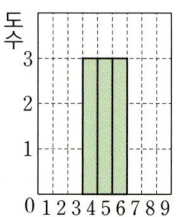 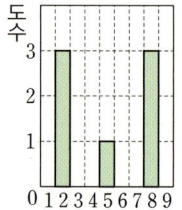 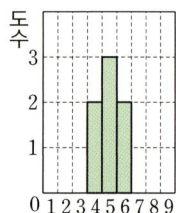

|보기|

ㄱ. 세 자료 A, B, C의 평균은 모두 같다.
ㄴ. 세 자료 A, B, C의 전체 도수는 모두 같다.
ㄷ. 자료 A의 표준편차가 가장 작다.
ㄹ. 자료 B의 분산이 가장 크다.

① ㄱ, ㄷ　　　② ㄱ, ㄹ　　　③ ㄱ, ㄴ, ㄷ
④ ㄴ, ㄷ, ㄹ　　　⑤ ㄱ, ㄴ, ㄷ, ㄹ

04

표는 3학년 어느 학급의 A, B 두 분단의 학생의 턱걸이 횟수를 조사하여 나타낸 것이다. 이때, A, B 두 분단을 합한 25명의 분산을 구하여라.

	A	B
학생 수(명)	13	12
평균(회)	7	7
표준편차(회)	4	3

05

3개의 변량 x, y, z의 평균이 10, 분산이 2일 때, 3개의 변량 $2x-3$, $2y-3$, $2z-3$의 평균을 M, 분산을 S^2이라 할 때, $M+S^2$의 값은?

① 20   ② 25   ③ 30

④ 35   ⑤ 40

06

그림은 학생 20명의 영어 점수와 수학 점수를 조사하여 나타낸 산점도이다. 수학 점수가 영어 점수보다 좋은 학생 수는?

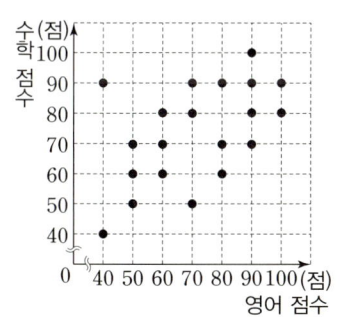

① 7명   ② 8명   ③ 9명

④ 10명   ⑤ 11명

07

그림은 어느 반 학생들의 오른쪽 눈의 시력과 왼쪽 눈의 시력을 조사하여 나타낸 산점도이다. 왼쪽 눈의 시력에 비해 오른쪽 눈의 시력이 가장 좋은 학생은?

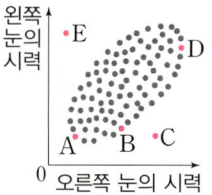

① A   ② B   ③ C

④ D   ⑤ E

08

다음 중 가장 강한 음의 상관관계에 있는 산점도는?

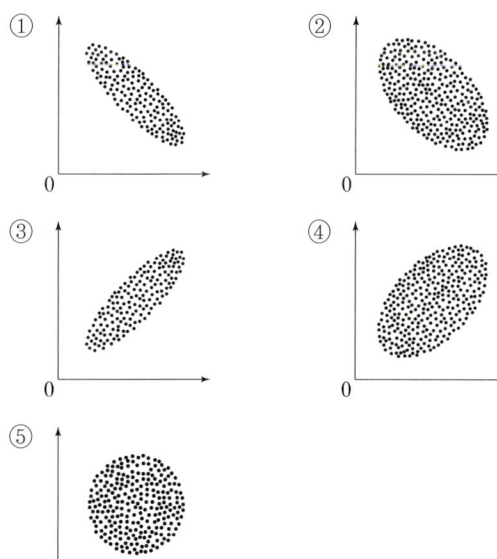

양팔저울 문제

가짜 황금을 가려내자!

어느 날 왕이 크기와 모양이 같은 황금공 12개를 가지고 와서 신하들에게 문제를 내었다.
12개 중 11개는 진짜 황금공이고 한 개만 무게가 다른 가짜 황금공이었다.
왕은 신하에게 양팔저울을 3번만 써서 가짜 황금공을 가려낼 수 있다면 11개의 진짜 황금공을 찾아내는 사람에게 주겠다고 하였다. 신하들 중 하나가 곰곰이 생각한 후 양팔저울을 사용하여 가짜 황금공을 가려내었다. 그 신하는 어떠한 방법으로 가짜를 알아냈을까? 가짜 황금공은 무게가 다르다는 것만 알뿐 무거운지 가벼운지 알 수 없으며, 가짜가 무거운지 가벼운지도 알아내야 한다.

편의상 공에 1부터 12까지의 숫자를 매기자.
먼저 1, 2, 3, 4번 공을 왼쪽에 놓고, 5, 6, 7, 8번 공을 오른쪽에 놓는다. (저울 1번 사용)

1. 양팔저울이 평형을 이루는 경우 9, 10, 11, 12번 공 중 하나가 가짜이다.

  1, 2, 3번 공과 9, 10, 11번 공을 양쪽에 놓는다. (저울 2번 사용)
  (i) 평형을 이룰 경우 12번이 가짜이고, 1번 공과 비교하여 무거운지 가벼운지 알아낸다.
  (ii) 양팔저울이 한 쪽으로 기운 경우 9, 10, 11번 중 한 개가 가짜이다.
      ㉠ 9번 공과 10번 공을 비교하여 무게가 같은 경우 11번 공이 가짜이다. 9, 10, 11번을 놓은 쪽이 기울 경우 11번 공은 무거운 가짜이고, 그 반대일 경우 가벼운 가짜이다.
      ㉡ 9번 공과 10번 공의 무게가 다른 경우 9, 10, 11번을 놓은 쪽이 가라앉는 경우가 무거운 경우이고, 그 반대일 경우 가벼운 경우이므로 가짜를 가려낸다.

2. 양팔저울이 한 쪽으로 기운 경우

  1, 2, 3, 4번 공을 올려 놓은 쪽이 기울었다고 가정하자.
  1, 5, 6번 공과 2, 7, 8번 공을 양쪽에 올려 놓는다.
  (i) 저울이 평형을 이룰 경우 3, 4번 공 중 한 개가 무거운 가짜이다.
      따라서 3번 공과 4번 공을 비교하여 무거운 쪽이 가짜이다.
  (ii) 저울이 1, 5, 6번 공 쪽이 기운 경우 1번 공이 무겁거나 7, 8번 공이 가벼운 경우이다.
      ㉠ 7, 8번 공을 양쪽에 놓고 무게가 같은 경우 1번 공이 무거운 가짜이다.
      ㉡ 7, 8번 공을 양쪽에 놓았을 때 무게가 다를 경우 가벼운 공이 가짜이다.
  (iii) 저울이 2, 7, 8번 공 쪽으로 기운 경우 2번 공이 무겁거나 5, 6번 공이 가벼운 경우이므로 (ii)와 같은 방법으로 가짜 공을 가려낸다.
  5, 6, 7, 8번 공이 기울었을 경우도 1, 2, 3, 4번이 기울었을 경우와 마찬가지 방법으로 가짜를 가려낼 수 있다.

THE FIRST CLASS
MATHEMATICS 1

특별부록 단원별 테스트(학교시험 대비)

제한 시간 **40**분 │ 점수 │ 점

01

그림과 같은 직각삼각형 ABC
에서 $\sin B = \dfrac{8}{17}$일 때,
$\tan A$의 값은?

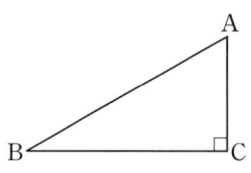

① $\dfrac{8}{15}$ ② $\dfrac{15}{17}$ ③ $\dfrac{17}{15}$

④ $\dfrac{13}{8}$ ⑤ $\dfrac{15}{8}$

02

그림과 같이 $\angle A = 90°$인 직
각삼각형 ABC의 꼭짓점 A에
서 빗변에 내린 수선의 발을 H
라 하자. $\angle BAH = x$,

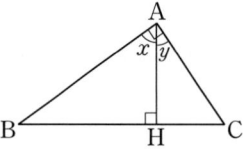

$\angle CAH = y$라 할 때, $\dfrac{\sin x + \sin y}{\cos x + \cos y}$의 값을 구하여라.

03

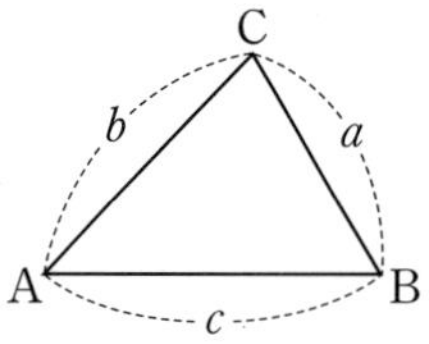

그림과 같은 삼각형 ABC에서
$\overline{AB} = c$, $\overline{BC} = a$, $\overline{CA} = b$일 때,
$\dfrac{\sin A}{\sin B}$의 값은?

① $\dfrac{b}{a}$ ② $\dfrac{c}{a}$

③ $\dfrac{a}{b}$ ④ $\dfrac{c}{b}$

⑤ $\dfrac{a}{c}$

04

그림과 같은 직육면체에서
$\overline{AB} : \overline{BC} : \overline{BF} = k : 3 : 4$이다.
$\angle AHB = x$일 때, $\sin x \times \cos x = \dfrac{1}{2}$
을 만족시키는 상수 k의 값을 구하여
라.

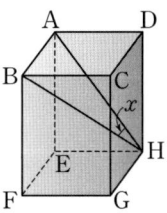

05

일차함수 $y = -\dfrac{2}{3}x + 4$의 그래프가 x축과 이루는 예각
의 크기가 θ일 때, $\tan \theta$의 값은?

① $\dfrac{1}{3}$ ② $\dfrac{1}{2}$ ③ $\dfrac{\sqrt{3}}{3}$

④ $\dfrac{2}{3}$ ⑤ $\dfrac{\sqrt{3}}{2}$

06

일차함수 $y=\dfrac{3}{4}x-3$의 그래프가 y축과 이루는 예각의

크기를 θ라 할 때, $\sin\theta+\cos\theta$의 값을 구하여라.

07

다음 중 계산 결과가 옳지 <u>않은</u> 것은?

① $(\tan 45^\circ - \sin 60^\circ)(1+\cos 30^\circ)=\dfrac{1}{4}$

② $\cos 45^\circ \times \sin 0^\circ + \sin 45^\circ \times \cos 0^\circ = \dfrac{\sqrt{2}}{2}$

③ $\sqrt{3}\sin 60^\circ - \sqrt{2}\cos 45^\circ \times \tan 45^\circ = \dfrac{1}{2}$

④ $\dfrac{\sin 90^\circ - \tan 45^\circ + \cos 0^\circ}{\tan 60^\circ} = \dfrac{\sqrt{3}}{3}$

⑤ $\dfrac{\sin 30^\circ \times \tan 30^\circ \times \cos 30^\circ}{\tan^2 60^\circ} = \dfrac{\sqrt{3}}{4}$

08

세 내각의 크기의 비가 $\angle A : \angle B : \angle C = 1 : 2 : 3$인
직각삼각형에서 $\cos A \times \tan B - \sin C$의 값은?

① $\dfrac{1}{2}$
② $\dfrac{\sqrt{2}}{2}$
③ $\dfrac{\sqrt{3}}{2}$

④ 1
⑤ $\sqrt{3}$

09

그림과 같이 반지름의 길이가 1인
사분원에서 $\tan x \times \cos y \times \tan z$
의 값은?

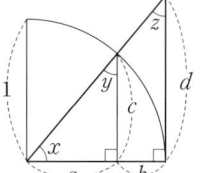

① a
② b

③ c
④ d

⑤ 1

10 서술형

그림에서 $\overline{AB}=\sqrt{3}$이고
$\angle ABC = \angle BCD = 90^\circ$,
$\angle BAC = 60^\circ$, $\angle BDC = 45^\circ$
일 때, 삼각형 BCE의 넓이를 구
하여라.

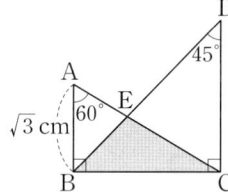

01

그림과 같은 등변사다리꼴 ABCD에서 $\overline{BC}=10$, $\angle B=\angle C=60°$이고 $\angle BAC=\angle CDB=90°$일 때, 변 AD의 길이는?

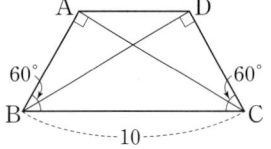

① 3   ② 4   ③ 5
④ 6   ⑤ 7

02

그림과 같이 평평한 지면 위에 설치된 가로등이 있다. 지면에 수직으로 세워진 기둥의 길이가 4 m이고 그 위로 길이가 2 m인 기둥이 수직인 기둥과 150°의 각을 이루며 연결되어 있다. 이 가로등의 지면으로부터의 높이를 h m라 할 때, h의 값을 구하시오.

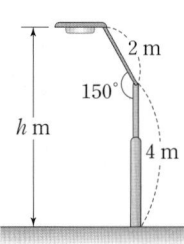

03

그림과 같은 사다리꼴 ABCD에서 $\overline{AD}=4\sqrt{3}$ cm, $\overline{BC}=6\sqrt{3}$ cm, $\overline{CD}=4\sqrt{3}$ cm이고 $\angle C=60°$일 때, 사각형 ABCD의 넓이를 구하여라.

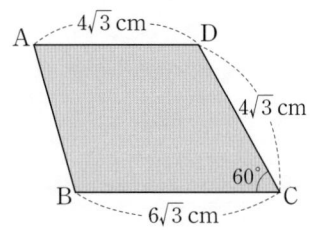

04

그림과 같이 $\overline{AD}=6$, $\overline{BC}=12$, $\angle DCB=60°$인 등변사다리꼴 ABCD의 두 대각선의 교점을 E라 할 때, 삼각형 EBC의 넓이는?

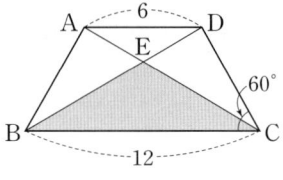

① $4+4\sqrt{3}$ ② $6+6\sqrt{3}$ ③ $8\sqrt{3}$
④ $12\sqrt{3}$ ⑤ $8+8\sqrt{3}$

05

그림과 같은 삼각형 ABC에서 $\overline{AB}=3$, $\overline{AC}=2$, $\angle A=60°$일 때, 변 BC의 길이를 구하여라.

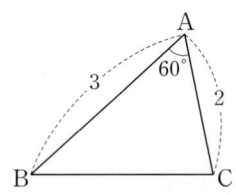

06

그림과 같은 삼각형 ABC에서 $\overline{BC}=20$, $\angle B=45°$, $\angle C=105°$일 때, 변 AC의 길이는?

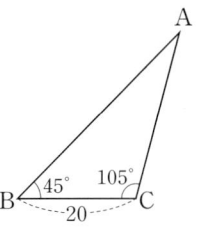

① 20
② $20\sqrt{2}$
③ $20\sqrt{3}$
④ 30
⑤ $30\sqrt{2}$

07

그림과 같은 삼각형 ABC에서 $\overline{BC}=6$ cm, $\angle B=60°$, $\angle C=45°$일 때, 삼각형 ABC의 넓이는?

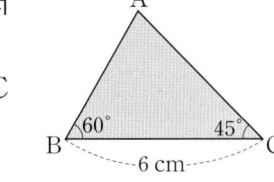

① $9(\sqrt{3}-1)$ cm^2
② $9(\sqrt{3}+1)$ cm^2
③ $9(3-\sqrt{2})$ cm^2
④ $9(3-\sqrt{3})$ cm^2
⑤ $9(3+\sqrt{3})$ cm^2

08

그림과 같이 길이가 12인 선분 AB를 지름으로 하는 원 위의 점 C에 대하여 $\angle CAB=15°$일 때, 호 AC와 현 AC로 둘러싸인 색칠한 부분의 넓이는?

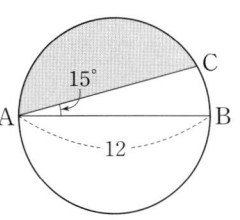

① $12\pi-6$
② $12\pi-9$
③ $15\pi-6$
④ $15\pi-9$
⑤ $18\pi-6$

09

그림과 같이 $\angle A=135°$인 마름모 ABCD의 넓이가 $8\sqrt{2}$ cm^{2}일 때, 마름모 ABCD의 한 변의 길이를 구하여라.

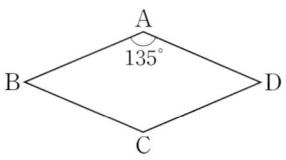

10 서술형

그림과 같이 두 직각삼각형 ABC와 DEC를 점 C가 겹치도록 포개어 놓았다. $\overline{CD}=2$ cm, $\angle A=60°$일 때, 삼각형 FEC의 넓이를 구하여라. (단, 점 E는 선분 BC 위의 점이다.)

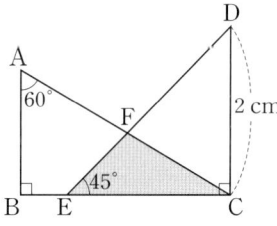

01

그림과 같이 원 위의 한 점 P를 원의 중심 O에 오도록 접었을 때, 접은 선인 현 AB의 길이는 6 cm이다. 이 원의 반지름의 길이를 구하여라.

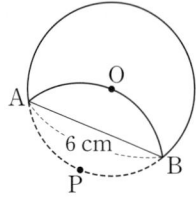

02

그림과 같이 중심이 O인 원과 직사각형에서 $\overline{AB}=3$ cm, $\overline{BC}=4$ cm, $\overline{DE}=2$ cm일 때, 선분 EF의 길이를 구하여라.

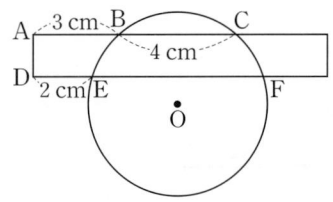

03

그림과 같이 중심이 O인 두 원이 있다. 작은 원 위의 점 P에서 작은 원과 접하는 큰 원의 현 AB의 길이가 10이고, $\overline{AB}\perp\overline{OP}$일 때, 두 원으로 둘러싸인 색칠한 부분의 넓이를 구하여라.

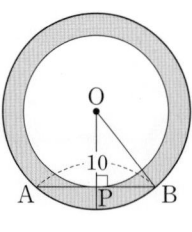

04

그림과 같은 원 O에서 ∠EHO=∠FHO일 때, |보기|에서 옳은 것을 있는 대로 고른 것은?

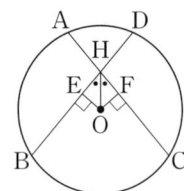

─── |보기| ───

ㄱ. $\overline{AC}=\overline{BD}$

ㄴ. $\overline{EF}/\!/\overline{BC}$

ㄷ. $\widehat{AD}+\widehat{BC}=\widehat{AB}+\widehat{CD}$

① ㄱ   ② ㄱ, ㄴ   ③ ㄱ, ㄷ

④ ㄴ, ㄷ   ⑤ ㄱ, ㄴ, ㄷ

05

그림과 같이 둘레의 길이가 24 cm인 삼각형 ABC에 원이 내접하고 있다. 원과 변 AB의 접점 P에 대하여 $\overline{AP}=3$ cm일 때, 선분 BC의 길이를 구하여라.

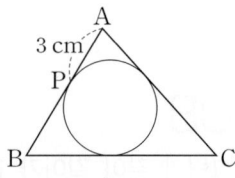

06

그림과 같이 중심이 각각 O, O'인 두 원이 외접하고 두 선분 PB, PB'은 두 원의 공통접선이다. $\overline{PA}=\overline{AB}=4$ cm일 때, 중심이 O인 원의 넓이는?

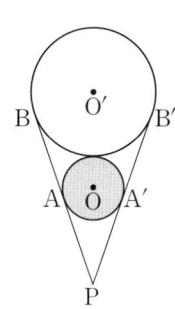

① π cm^2
② $\sqrt{2}\pi$ cm^2
③ 2π cm^2
④ 3π cm^2
⑤ 4π cm^2

07

그림과 같이 가로, 세로의 길이가 각각 a, b인 직사각형의 내부에 크기가 같은 두 원이 각각 세 변에 접하고 있다. 이 두 원의 공통 내접선이 직사각형과 만나는 두 점을 A, B라 할 때, 선분 AB의 길이를 a, b에 대한 식으로 나타내어라.

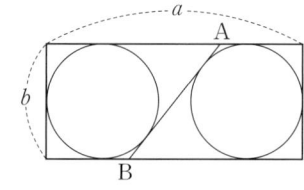

(단, $a>2b$)

08

그림과 같이 사각형 ABCD는 원 O에 외접하고 $\overline{AB}=7$ cm, $\overline{BC}=9$ cm, $\overline{DA}=6$ cm일 때, 선분 CD의 길이는?

① 6 cm
② 7 cm
③ 8 cm
④ 9 cm
⑤ 10 cm

09

그림과 같이 반지름의 길이가 4 cm인 반원 O에 지름의 길이가 4 cm인 원 P가 내접하고 있다. 반원 O에 내접하면서 원 P에 외접하는 원 Q의 반지름의 길이를 구하여라. (단, 세 점 O, P, Q는 각각 반원 O와 두 원 P, Q의 중심이다.)

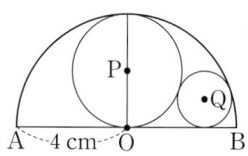

10 서술형

그림과 같이 중심이 O인 원의 외부의 한 점 P에서 원에 그은 두 접선의 접점을 각각 T, T'이라 할 때, $\angle TOT'=120°$이다. 다음 물음에 답하여라.

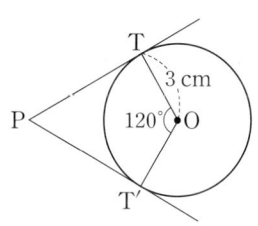

(1) $\angle OPT$의 크기를 구하여라.

(2) 선분 PT의 길이를 구하여라.

(3) 사각형 OTPT'의 넓이를 구하여라.

01

그림과 같은 원에서 ∠BPD=52°, $\overset{\frown}{BD}=\overset{\frown}{CE}$이고 선분 BE가 원의 지름일 때, ∠AOE의 크기를 구하여라. (단, O는 원의 중심이다.)

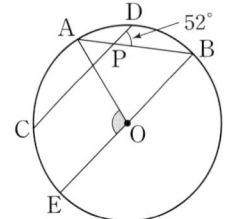

02

그림과 같이 한 원 위의 네 점 A, B, C, D에 대하여 두 선분 AC, BD의 교점을 P, 두 선분 AB, DC의 연장선의 교점을 Q라 할 때, ∠APD=76°, ∠Q=32°이다. ∠BDC의 크기를 구하여라.

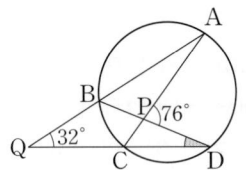

03

그림과 같은 원에서 $\overset{\frown}{AM}=\overset{\frown}{BM}$이고 선분 AC는 지름이다. $\overline{CM}=5$ cm, $\overline{CD}=3$ cm일 때, 선분 AM의 길이를 구하여라.

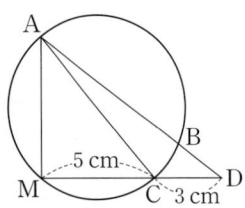

04

그림과 같이 원 위의 네 점 A, B, C, D에 대하여 $\overset{\frown}{AB}=\overset{\frown}{BC}=\overset{\frown}{CD}$이다. 두 선분 BA, CD의 연장선의 교점을 E라 할 때, ∠AED=36°이다. ∠ACE의 크기를 구하여라.

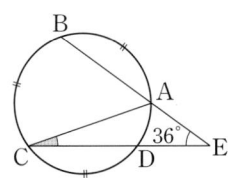

05

그림과 같은 원 위에 네 점 A, B, C, D에 대하여 두 호 AC, BD의 길이가 각각 원주의 길이의 $\frac{1}{5}$, $\frac{1}{12}$이다. 두 선분 AB, CD의 연장선의 교점을 P라 할 때, ∠P의 크기는?

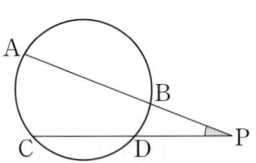

① 21°   ② 31°   ③ 36°
④ 42°   ⑤ 51°

06

그림과 같이 중심이 각각 O, O′인 두 원이 두 점 P, Q에서 만난다. ∠PBD=100°일 때, ∠x+∠y의 크기를 구하여라.

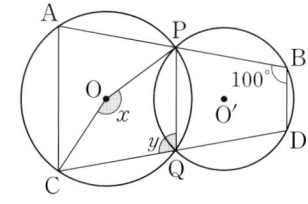

07

그림과 같이 오각형 ABCDE가 원 O에 내접한다. ∠COD=70°일 때, ∠B+∠E의 크기를 구하여라.

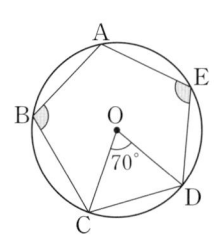

08

그림에서 직선 BT는 원 O의 접선이고 점 B는 접점이다. ∠ADC=110°, ∠CBT=75°일 때, ∠x의 크기는?

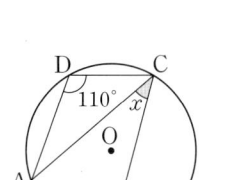

① 35° ② 40°

③ 45° ④ 50°

⑤ 55°

09

그림과 같이 두 직선 AF, CE는 각각 삼각형 ABC의 외접원의 접선이다. ∠BCE=45°, ∠P=65°일 때, ∠x의 크기를 구하여라.

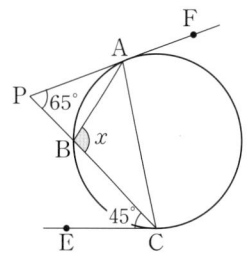

10 서술형

그림은 반지름의 길이가 18 cm인 원이다. 이 원 위의 점 A, B, C, D에 대하여 $\overset{\frown}{AB}$: $\overset{\frown}{CD}$=5 : 3이고 두 선분 AC, BD의 교점이 P이다. ∠CPD=80°일 때, 호 AB의 길이를 구하여라.

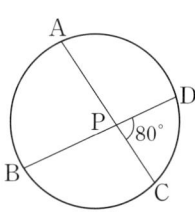

01

다음 자료의 중앙값이 4일 때, 평균을 구하여라. (단, a는 자연수이다.)

$$1 \quad 2 \quad 4 \quad 9 \quad a \quad a^2$$

02

3개의 변량 x, y, z의 평균이 30이고, 변량의 곱은 16000 이다. $z=50$일 때, $\dfrac{1}{x}+\dfrac{1}{y}$의 값을 구하여라.

03

주호네 학교는 1년에 수학 시험을 4번 본다. 90점 이상은 평점 '수'를 주는데 주호의 3번째까지의 수학 점수의 평균은 89점이었다. 주호는 4번째 시험에서 최소한 몇 점을 받아야 평점 '수'를 받을 수 있는가?

① 90점   ② 91점   ③ 92점
④ 93점   ⑤ 94점

04

표는 A, B, C, D, E 학생 5명의 몸무게와 그 평균 M kg 의 차를 나타낸 것이다. 여기에 학생 A보다 8 kg 더 무거운 학생 F의 몸무게를 더하였더니 평균이 5 % 증가하였다. 이때, 가장 가벼운 학생은 몇 kg인가?

학생	A	B	C	D	E
(몸무게)$-M$(kg)	10	-7	2	-6	1

① 52 kg   ② 53 kg   ③ 54 kg
④ 55 kg   ⑤ 56 kg

05

윤동이는 2학기 기말시험에서 10과목의 평균 점수가 a 점이었다. 그 중 국어, 영어, 수학, 국사 4과목의 평균 점수가 b점일 때, 윤동이의 나머지 6과목의 평균 점수는?

① $\dfrac{a+b}{6}$점   ② $\dfrac{a-b}{2}$점   ③ $\dfrac{a+b}{2}$점

④ $\dfrac{5a-2b}{3}$점   ⑤ $\dfrac{5a+2b}{3}$점

06

표는 어느 학급 20명의 학생들을 대상으로 일주일 동안의 인터넷 사용 시간을 조사하여 나타낸 도수분포표이다. 이 학급 학생들의 인터넷 사용 시간의 분산은?

사용 시간(시간)	학생 수(명)
2	3
4	3
6	7
8	5
10	2
합계	20

① 4
② $\dfrac{28}{5}$
③ 6
④ $\dfrac{56}{3}$
⑤ $\dfrac{47}{2}$

07

5개의 변량 a, b, c, d, e의 평균을 M, 분산을 V라 할 때, 5개의 변량 $2a$, $2b$, $2c$, $2d$, $2e$의 평균과 분산을 차례로 나열한 것은?

① $2M$, V
② $2M$, $2V$
③ $2M$, $4V$
④ $M+2$, V
⑤ $M+2$, $2V$

08

자료 A의 변량은 1, 2, 3이고, 자료 B의 변량은
$\underbrace{1, 1, \cdots, 1}_{n개}$, $\underbrace{2, 2, \cdots, 2}_{2n개}$, $\underbrace{3, 3, \cdots, 3}_{n개}$이다.
두 자료 A, B의 평균을 각각 m_A, m_B라 하고 표준편차를 각각 σ_A, σ_B라 할 때, 다음 중 옳은 것은?

① $m_A = m_B$, $\sigma_A > \sigma_B$
② $m_A = m_B$, $\sigma_A = \sigma_B$
③ $m_A = m_B$, $\sigma_A < \sigma_B$
④ $m_A < m_B$, $\sigma_A = \sigma_B$
⑤ $m_A < m_B$, $\sigma_A < \sigma_B$

09

표는 프로야구 경기에서 A팀과 B팀이 최근 5경기에서 친 안타 수이다.

(단위: 개)

팀	제1차	제2차	제3차	제4차	제5차
A	10	13	8	a	13
B	5	9	b	18	12

두 팀 모두 최근 경기에서 한 경기당 평균 10개의 안타를 쳤다고 할 때, |보기|에서 옳은 것만을 있는 대로 고른 것은?

| 보기 |
ㄱ. $a = b = 6$
ㄴ. A팀의 편차의 제곱의 합은 38이다.
ㄷ. B팀의 타력이 A팀의 타력보다 안정적이다.

① ㄱ
② ㄱ, ㄴ
③ ㄱ, ㄷ
④ ㄴ, ㄷ
⑤ ㄱ, ㄴ, ㄷ

10 서술형

A, B 두 분단의 턱걸이 기록을 조사하였더니 A 분단 5명의 평균은 7회, 표준편차는 1회이었고, B 분단의 6명의 평균은 7회, 표준편차는 $\sqrt{3}$회이었다. A, B 두 분단 11명의 분산을 구하여라.

16 DAY

01

그림은 어느 학급의 학생 20명의 수학 점수와 국어 점수를 조사하여 나타낸 산점도이다. 수학 점수가 국어 점수보다 높은 학생 수는?

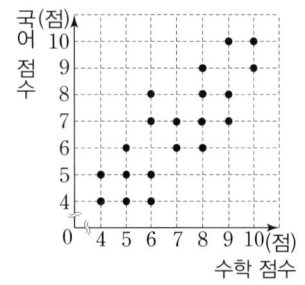

① 7명   ② 9명
③ 10명   ④ 12명
⑤ 14명

02

그림은 어느 반 학생 20명의 던지기 기록과 턱걸이 기록을 조사하여 나타낸 산점도이다. 던지기 기록을 a m, 턱걸이 기록을 b회라 할 때, $a+b$의 값이 30 이하인 학생 수는?

① 5명   ② 6명   ③ 7명
④ 8명   ⑤ 9명

03

그림은 몸무게와 키를 조사하여 나타낸 산점도이다. 키에 비해 몸무게가 많이 나가는 사람은?

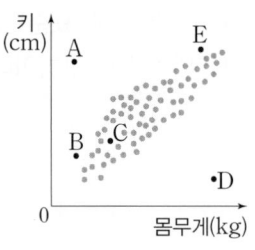

① A   ② B
③ C   ④ D
⑤ E

[04-05] 그림은 어느 학급 20명의 영어듣기 평가 2회의 점수를 조사하여 나타낸 산점도이다. 다음 물음에 답하시오.

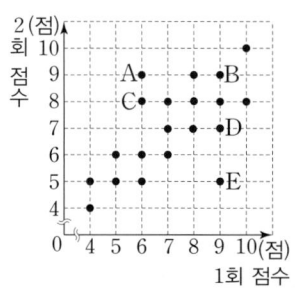

04

A, B, C, D, E 5명의 학생 중 1회와 2회에 치른 시험에서 성적 차이가 가장 적게 나는 학생은?

① A   ② B   ③ C
④ D   ⑤ E

05

주어진 산점도에 대한 설명으로 옳은 것은?

① D 학생의 평균은 6점이다.
② 평균이 8점 이상인 학생은 4명이다.
③ 2회 성적이 1회 성적보다 향상된 학생은 6명이다.
④ 1회 점수와 2회 점수가 같은 학생은 전체의 30 %이다.
⑤ 1회 점수와 2회 점수 모두 5점 이하인 학생은 2명이다.

06

그림은 사격 선수들이 두 번에 걸쳐 총을 쏘아 얻은 점수를 조사하여 나타낸 산점도이다. 다음 설명 중 옳은 것을 모두 고르면? (단, 중복되는 점은 없다.)

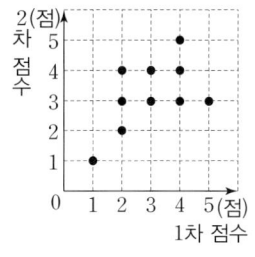

① 1차 점수와 2차 점수가 같은 선수는 3명이다.
② 1차 점수보다 2차 점수가 낮은 선수는 2명이다.
③ 1차와 2차 중 적어도 한 번의 점수가 3점 이상인 선수는 7명이다.
④ 조사 대상자의 총 수는 알 수 없다.
⑤ 1차 점수가 좋은 선수는 대체로 2차 점수도 좋다.

07

다음 중 양의 상관관계에 있는 것은?

① 슈퍼마켓의 판매량과 이익
② 몸무게와 시력
③ 머리의 둘레의 길이와 지능지수
④ 몸무게와 성적
⑤ 자동차의 속도와 걸리는 시간

08

그림은 산의 높이와 기온을 조사하여 나타낸 산점도이다. 다음 설명 중 옳지 <u>않은</u> 것은?

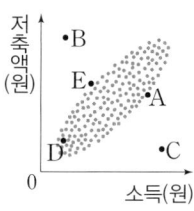

① 산의 높이가 높을수록 대체로 기온이 낮다.
② 산의 높이가 낮을수록 대체로 기온이 높다.
③ 두 변량 사이에는 음의 상관관계가 있다.
④ 몸무게와 키 사이에도 이와 같은 상관관계가 있다.
⑤ 기온과 난방기 전력사용량 사이에도 이와 같은 상관관계가 있다.

09

다음 중 가장 강한 양의 상관관계에 있는 산점도는?

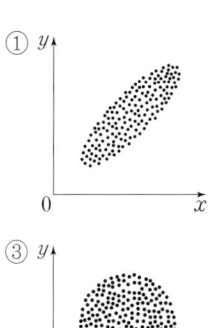
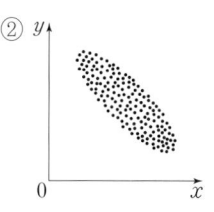
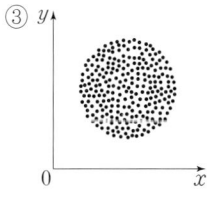
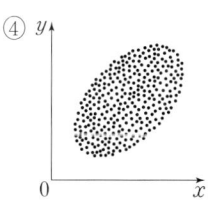
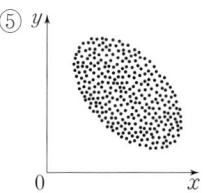

10 서술형

그림은 어느 회사 직원들의 월 소득과 월 저축액을 조사하여 나타낸 산점도이다. 5명의 직원 A, B, C, D, E에 대하여 물음에 답하여라.

(1) 월 소득과 월 저축액 사이에는 어떤 상관관계가 있는지 말하여라.

(2) 소득에 비해 저축을 가장 많이 한 사람을 구하여라.

(3) 소득에 비해 저축을 가장 적게 한 사람을 구하여라.

16 DAY

자이스토리 중등 영어

재미있는 공부, 야무진 실력 향상

[중1 / 중2 / 중3]

영문법 총정리

- 쉬운 개념 이해, 다양한 서술형 문제로 문법이 저절로 암기!
- 어렵게 느껴지는 문법 개념을 쉽게 이해시키고 확인하는 Check-up Test
- Review Test와 단원 종합 문제를 통한 학교 시험 기출 유형과 주관식 서술형 문제 훈련
- 익힌 문법 개념을 다시 한 번 집중 연습하는 대단원 총정리 문제와 Workbook

[중1 / 중2 / 중3 / 예비 고1]

듣기 총정리 모의고사

- 영어 발음에 대한 집중 학습 – 발음 집중 훈련 모의고사
- 출제 유형의 철저한 분석과 반복적 집중 훈련 – 유형 집중 훈련 모의고사
- 최신 기출 문제와 고품격 예상 문제로 유형과 난이도 연습 – 기출+실전 모의고사, 실전 모의고사
- 듣기 100점을 방해하는 잘 틀리는 유형 집중 훈련 – 잘 틀리는 유형 모의고사
- 어려운 표현과 긴 대본, 빠른 속도 문제 집중 훈련 – 고난도 모의고사
- 예비 고1을 위한 수능 맛보기 – 수능 유형 훈련 모의고사

[Level 1 / Level 2 / Level 3 / Level 4]

포인트 리딩

- 교과서와 기출 문제 분석을 통해 선정한 30개의 핵심 구문을 활용한 독해 훈련
- 모든 독해 문제의 가장 기본이 되는 15개 핵심 문제 유형을 활용한 독해 훈련
- 핵심 구문과 유형 해법을 차근차근 자세히 알려주는 Follow Me 선생님
- 내신 서술형까지 완벽 대비하는 미니 모의고사와 어휘 Review
- 필수 어휘 총정리 – 휴대용 단어장 (+ 그림 연상 어휘 문제)

◉ (주)수경출판사의 모든 교재에는 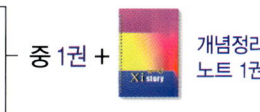가 있습니다.

◉ 교재의 **마인드 트리** 5개를 모아서 보내주시는 모든 분께 선물을 드립니다.

◉ 각각 다른 교재의 **마인드 트리**를 모아 주셔야 됩니다.

》 다음 교재 중 1권과 개념정리 노트 1권을 드립니다.

- 형상기억 수학공식집(중1)
- 형상기억 수학공식집(중등 종합)
- 보카 레슨 Level **1**
- 보카 레슨 Level **2**
- 보카 레슨 Level **3**

중 1권 + 개념정리 노트 1권

◉ 보내실 곳 : 서울시 영등포구 양평로 21길 26(양평동 5가) IS비즈타워 807호
　　　　　　(주)수경출판사 (우 07207)

◉ 언제든지 엽서에 붙이거나, 편지 봉투에 넣어 보내 주세요.

＊오려서 보내 주세요.

일등급 수학
중등 수학3(하)

풀이나 스카치 테이프를 이용해 붙여 주세요.

우 편 봉 함 엽 서

보내는 사람

*주소 _____

*이름 _____　　*학년 (중 ___ . 고 ___)

☐ ☐ ☐ ☐ ☐

우표

자이스토리

Mind Tree

5개를 모아 보내 주세요!

(각각 다른 교재로)

받는 사람

서울시 영등포구 양평로 21길 26(양평동 5가)
IS비즈타워 807호
(주)수경출판사 교재 기획실

0 7 2 0 7

일등급 수학 · 중등 수학 3 (하)

---

1. 이 책을 구입하게 된 동기는 무엇입니까? [교재명 : 　　　　　　　　　　　　　　　　]

　① 서점에서 다른 책들과 비교해 보고　　② 광고를 보고/듣고　　③ 학교/학원 보충 교재 [학교명(학원명): 　　]
　④ 선생님의 추천　　　　　　　　　　⑤ 친구/선배의 권유　　⑥ 기타 [　　　　　　　　　]

2. 교재를 선택할 때 가장 큰 기준이 되는 것은?(복수 응답 가능)

　① 유명 출판사　　　② 교재 내용　　　③ 디자인　　　　④ 난이도
　⑤ 교재 분량　　　　⑥ 해설　　　　　⑦ 동영상 강의　　⑧ 기타 [　　　　]

3. 이 책의 전반적인 부분에 대한 질문입니다.

　◆ 표지 디자인: 좋다 ☐　보통이다 ☐　좋지 않다 ☐　　　◆ 본문 디자인: 좋다 ☐　보통이다 ☐　좋지 않다 ☐
　◆ 문제 난이도: 어렵다 ☐　알맞다 ☐　쉽다 ☐　　　　　◆ 교재의 분량: 많다 ☐　알맞다 ☐　적다 ☐

4. 이 책의 구성 요소를 평가한다면?

　• 핵심 개념 총정리 (　　　)　　　• 개념 필수 문제 (　　　)　　　• 고품격 만점 문제 (　　　)
　• 대단원 만점 문제 (　　　)　　　• 단원별 테스트 (　　　)　　　• 해설(만점 UP) (　　　)

　　① 매우 만족　　　② 만족　　　③ 보통　　　④ 불만　　　⑤ 매우 불만

5. 이 책에서 추가되어야 할 점이 있다면 무엇입니까?

6. 최근 본인이 크게 도움을 받은 책이 있다면?(또는 가장 인기있는 교재는?)

교재명 :   과목 :

7. 내가 원하는 교재가 있다면?

이름 :   연락처 :   이메일 :

학 교 :   학 년 :

Fighting!

외롭고 고된 자신과 싸움의 시간들 힘드셨죠?
포기하고 싶을 때마다 꾹 참고 이겨낸
당신의 모습에 경의를 보냅니다.
미래의 승리는 당신의 것입니다.

❄ **마인드 트리**를 붙이고 원하는 교재를 체크하세요.

mind tree 1   mind tree 2   mind tree 3

mind tree 4   mind tree 5

※ 원하는 교재를 1권 체크

☐ 형상기억   ☐ 형상기억   ☐ 보카 레슨   ☐ 보카 레슨   ☐ 보카 레슨
　 수학공식집   　 수학공식집   　 Level 1   　 Level 2   　 Level 3
　 중1   　 중등 종합

NEW 2015 개정 교육

1st THE FIRST CLASS MATHEMATICS

학교 시험 일등급을 위한 수학 개념 고품격 완성서

일등급 수학

 중등 **수학 3**(하)

[해설편]

THE FIRST CLASS MATHEMATICS

상위 1% 도전을 위한 최고의 명품 일등급 문제 16일 완성

자이스토리·수경출판사

수학 공식과 개념을 머릿속에 사진으로 저장!

형상기억 수학 공식집

NEW 2015 개정

[고등 수학 공식집]
- **[고1용]** 고1 수학
- **[인문계용]** 수학Ⅰ + 수학Ⅱ + 확률과 통계
- **[자연계용]** 수학Ⅰ + 수학Ⅱ + 확률과 통계 + 미적분 + 기하

[중등 수학 공식집]
- **[학년편]** 중1 수학 / 중2 수학 / 중3 수학
- **[종합편]** 3개년 수학 종합 (중1+중2+중3)

---

❶ 개념의 압축 정리 + 공식의 형상화

내신 + 수능 대비를 위한 교과서 핵심 개념과 공식을 쉽게 공부할 수 있도록 압축 정리하였습니다. 또, 추상적인 개념이나 공식을 형상화하여 머릿속에 확실히 각인시킵니다.

❷ 한 권으로 끝내는 개념 + 공식 총정리

수학은 연계 + 계통 학습이 매우 중요합니다. 초등부터 고등까지 수학 개념의 연계 과정을 알 수 있게 단계별로 관련 내용을 정리하여 개념의 이해를 돕고, 확장 개념에 대한 수학적 사고력을 높여줍니다.

❸ 공식을 문제에 적용하는 훈련으로 수학 실력 완성

수학 공식은 단순히 외우기만 해서는 안 됩니다. 핵심 개념 문제와 종합 연습 문제를 통해 문제에 어떻게 적용하고 풀어야 하는지를 단계별로 학습하면 공식과 개념을 한 층 더 깊게 이해 할 수 있어 수학 실력이 쑥쑥 오릅니다.

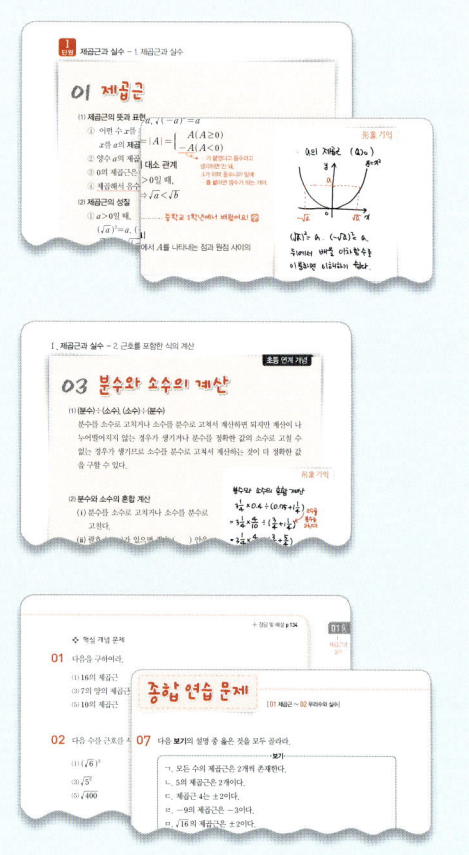

THE FIRST CLASS MATHEMATICS

일등급 수학 · 중등 **수학 3** (하)

[해설편]

Ⅴ 삼각비

01 삼각비

01 ③ **02** $\dfrac{4}{5}$ **03** ① **04** $\dfrac{3\sqrt{10}}{10}$ **05** ⑤

06 ① **07** $\dfrac{1}{3}$ **08** $\dfrac{3}{5}$ **09** $2+\sqrt{3}$

10 $2\sqrt{14}$ **11** ④ **12** ⑤ **13** ③ **14** ②

15 ② **16** ② **17** ② **18** ④

19 (1) $\dfrac{\sqrt{6}}{3}-\dfrac{1}{2}$ (2) $2-\dfrac{3\sqrt{2}}{2}$ (3) 1 **20** ③

21 ④ **22** $\dfrac{3}{4}$ **23** ③ **24** ①

25 $\dfrac{-1+\sqrt{5}}{2}$ **26** ③ **27** ④ **28** ③

29 $\dfrac{3}{2}$ **30** (1) $b=\dfrac{2(a-1)}{a-2}$

(2) $a=1+\dfrac{1}{\tan\theta}$, $b=\dfrac{2}{1-\tan\theta}$ **31** $\dfrac{1}{7}$

32 (1) 해설 참조 (2) 해설 참조 (3) $\dfrac{1+\sqrt{5}}{4}$

02 삼각비의 활용

33 ④ **34** 20 **35** $20\sqrt{30}$ m

36 $(10-5\sqrt{3})$ cm **37** $7+2\sqrt{3}$ **38** 2

39 $\sqrt{3}$ cm^2 **40** $(3\sqrt{3}-3)$ cm^2 **41** $\sqrt{3}$ cm^2

42 18 **43** $4\sqrt{3}$ cm^2 **44** $2+2\sqrt{3}$

45 5 cm **46** ③ **47** 5 **48** $4\sqrt{6}$ m

49 $50(\sqrt{2}+\sqrt{6})$ m **50** $(7+\sqrt{3})$ m **51** ④

52 ④ **53** $5(\sqrt{3}+1)$ m **54** $(3+\sqrt{3})$ cm^2

55 4 **56** $\dfrac{20\sqrt{3}}{3}$ cm **57** ④

58 $30\sqrt{3}$ cm^2 **59** $2+2\sqrt{2}$

60 $6\sqrt{10}$ cm^2 **61** ① **62** $\dfrac{1}{3}$ **63** $\dfrac{3\sqrt{13}}{13}$

64 $\dfrac{\sqrt{2}}{2}ab$ **65** $30\sqrt{2}$ cm^2 **66** ③ **67** $\dfrac{4}{\sin\theta}$

68 $30\sqrt{3}$ **69** (1) $\dfrac{\sqrt{2}}{2}$ (2) $\dfrac{\sqrt{2}+\sqrt{6}}{4}$ **70** $\sqrt{3}$

71 ③ **72** $\dfrac{5}{13}$

❖ 대단원 만점 문제

01 ① **02** ④ **03** 20 **04** $\dfrac{2\sqrt{13}}{13}$ **05** ⑤

06 ④ **07** ② **08** $(9-3\sqrt{3})$ cm^2

Ⅵ 원의 성질

03 원과 직선

01 ⑤ **02** 5 **03** ③ **04** 71° **05** 2

06 64 **07** $24+8\sqrt{5}$ **08** 6 cm **09** ④

10 ① **11** 3 cm **12** 16 cm

13 $\dfrac{3\sqrt{2}}{2}$ cm^2 **14** 30 cm **15** ⑤

16 $\sqrt{7}$ cm **17** $8\sqrt{2}$ cm **18** ②

19 $(3-2\sqrt{2})$ cm **20** 3 **21** $b=\sqrt{ac}$

22 ② **23** 1 cm **24** ④ **25** 2 cm **26** $\dfrac{4\sqrt{3}}{3}$

27 ④ **28** 2 **29** 24 cm^2

30 (1) $r_1=6$, $r_2=8$ (2) $\overline{AP}=6\sqrt{10}$ cm, $\overline{AQ}=8\sqrt{5}$ cm

(3) 120 cm^2 **31** $2\sqrt{5}$ cm **32** 6 cm

04 원주각

33 55° **34** ② **35** ① **36** ① **37** 50°

38 61° **39** 65° **40** ④ **41** $\dfrac{4\sqrt{3}}{3}$ **42** 70°

43 23° **44** 50° **45** $\dfrac{\sqrt{2}+\sqrt{6}}{2}$ cm **46** 48°

47 ③ **48** ② **49** 100° **50** 3 cm **51** 115°

52 100° **53** ③ **54** ③ **55** $\dfrac{3\sqrt{2}}{2}$ cm^2

56 ② **57** 70° **58** ⑤ **59** ②

60 $2\angle y-\angle x=90°$ **61** 60° **62** ⑤ **63** 62°

64 30° **65** $2\sqrt{3}$ cm **66** 35° **67** ⑤

68 16 cm **69** 175° **70** 40° **71** 40

72 6

❖ 대단원 만점 문제

01 ③　　**02** 4 cm　**03** 72 cm²

04 $(40-20\sqrt{3})$ cm　**05** ⑤　　**06** 45°　　**07** $\dfrac{\sqrt{7}}{4}$

08 6 cm

Ⅶ 통계

05 대푯값과 산포도

01 1　　**02** $M=\dfrac{1}{3}(m_a+m_b+m_c)$　　**03** 58 mm

04 ⑤　　**05** 180 g　**06** ④　　**07** ⑤　　**08** ②

09 4.5　**10** 10　　**11** 67점　**12** ④　　**13** ③

14 ④　　**15** ①　　**16** -3　**17** 40　　**18** 5

19 15　　**20** $\sqrt{3}$　**21** ②　　**22** ①　　**23** ③

24 ③　　**25** ⑤　　**26** ①　　**27** ②　　**28** ④

29 17　　**30** ③　　**31** A　　**32** ①　　**33** 48점

34 2　　**35** 36　　**36** ①

06 상관관계

37 (1) 해설 참조　(2) 3명　(3) 4명　　**38** ④

39 ②　　**40** ②　　**41** ②　　**42** ③　　**43** ④

44 ②　　**45** ③　　**46** ③　　**47** ④　　**48** ⑤

49 ①　　**50** ②　　**51** ①　　**52** ②　　**53** ③

54 ③　　**55** (1) 6명　(2) 25 %　(3) 6명

56 (1) C, B, A, D　(2) D　(3) D　　**57** 79점

58 (1) 40 %　(2) 2명

❖ 대단원 만점 문제

01 ⑤　　**02** 8　　**03** ②　　**04** $\dfrac{316}{25}$　**05** ②

06 ③　　**07** ③　　**08** ①

특별부록 단원별 테스트 (학교시험 대비)

01 삼각비

01 ⑤　　**02** 1　　**03** ③　　**04** 5　　**05** ④

06 $\dfrac{7}{5}$　**07** ⑤　　**08** ①　　**09** ③

10 $\dfrac{9(\sqrt{3}-1)}{4}$

02 삼각비의 활용

01 ③　　**02** $4+\sqrt{3}$　　**03** $30\sqrt{3}$ cm²

04 ④　　**05** $\sqrt{7}$　**06** ②　　**07** ④　　**08** ④

09 4 cm　**10** $(\sqrt{3}-1)$ cm²

03 원과 직선

01 $2\sqrt{3}$ cm　　**02** 6 cm　**03** 25π　**04** ②

05 9 cm　**06** ③　　**07** $a-b$　**08** ③　　**09** 1 cm

10 (1) 30°　(2) $3\sqrt{3}$ cm　(3) $9\sqrt{3}$ cm²

04 원주각

01 104°　**02** 22°　**03** $2\sqrt{10}$ cm　　**04** 18°

05 ①　　**06** 260°　**07** 215°　**08** ①　　**09** 100°

10 10π cm

05 대푯값과 산포도

01 6　　**02** $\dfrac{1}{8}$　**03** ④　　**04** ②　　**05** ④

06 ②　　**07** ③　　**08** ①　　**09** ②　　**10** $\dfrac{23}{11}$

06 상관관계

01 ②　　**02** ①　　**03** ④　　**04** ②　　**05** ③

06 ②, ⑤　**07** ①　　**08** ④　　**09** ①

10 (1) 양의 상관관계　(2) B　(3) C

 **Ⅴ 삼각비**

 01 삼각비

문제편
8P

01 답 ③

그림과 같이 $\tan A = 3$을 만족시키는, 즉 $\overline{AB} = 1$, $\overline{BC} = 3$, $\angle B = 90°$인 직각삼각형 ABC에서 피타고라스 정리에 의하여 $\overline{AC} = \sqrt{1^2 + 3^2} = \sqrt{10}$이므로

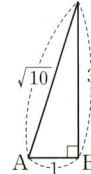

$$\sin A = \frac{3}{\sqrt{10}}, \cos A = \frac{1}{\sqrt{10}}$$

$$\therefore \sin A \times \cos A = \frac{3}{\sqrt{10}} \times \frac{1}{\sqrt{10}} = \frac{3}{10}$$

02 답 $\frac{4}{5}$

$\overline{BC}^2 = \overline{AB}^2 + \overline{AC}^2$이 성립하므로 삼각형 ABC는 $\angle BAC = 90°$인 직각삼각형이다.

또한, $\triangle ABC \backsim \triangle DBA \backsim \triangle DAC$(AA 닮음)에서

$\angle B = y$, $\angle C = x$이므로

$$\cos x = \frac{\overline{AC}}{\overline{BC}} = \frac{4}{5}, \tan y = \frac{\overline{AC}}{\overline{AB}} = \frac{4}{3}, \sin y = \frac{\overline{AC}}{\overline{BC}} = \frac{4}{5}$$

$$\therefore 5\cos x - 3\tan y + \sin y = 5 \times \frac{4}{5} - 3 \times \frac{4}{3} + \frac{4}{5} = \frac{4}{5}$$

03 답 ①

삼각형 POR는 $\overline{OP} = \overline{OR} = 1$인 이등변삼각형이므로

$\angle ORP = \angle OPR = x$

따라서 삼각형 POR에서 외각의 성질에 의하여

$\angle SOR = x + x = 2x$이므로 직각삼각형 ROS에서

$$\sin 2x = \frac{\overline{RS}}{\overline{OR}} = \overline{RS} \ (\because \overline{OR} = 1)$$

04 답 $\frac{3\sqrt{10}}{10}$

직각삼각형 ABC에서 피타고라스 정리에 의하여

$$\overline{AC} = \sqrt{3^2 + 1^2} = \sqrt{10}$$

이때, $\triangle ABC \backsim \triangle ADB$(AA 닮음)이므로 $\angle C = \angle ABD = x$

따라서 직각삼각형 ABC에서

$$\cos x = \cos C = \frac{\overline{BC}}{\overline{AC}} = \frac{3}{\sqrt{10}} = \frac{3\sqrt{10}}{10}$$

05 답 ⑤

직각삼각형 BED에서 피타고라스 정리에 의하여

$\overline{DE} = \sqrt{13^2 - 12^2} = 5$이고, $\triangle EBD \backsim \triangle ABC$(AA닮음)이므로

$\angle BDE = \angle C = x$

따라서 직각삼각형 BED에서

$$\sin x + \cos x = \frac{\overline{BE}}{\overline{BD}} + \frac{\overline{DE}}{\overline{BD}} = \frac{12}{13} + \frac{5}{13} = \frac{17}{13}$$

06 답 ①

직각삼각형 ABC에서 $\tan B = \dfrac{\overline{AC}}{\overline{BC}} = \dfrac{6}{\overline{BC}} = \dfrac{3}{2}$

$3\overline{BC} = 12$ $\therefore \overline{BC} = 4$

$$\therefore \overline{DC} = \frac{1}{2}\overline{BC} = \frac{1}{2} \times 4 = 2$$

한편, 직각삼각형 ADC에서 피타고라스 정리에 의하여

$\overline{AD} = \sqrt{2^2 + 6^2} = 2\sqrt{10}$이므로

$$\sin x = \frac{\overline{DC}}{\overline{AD}} = \frac{2}{2\sqrt{10}} = \frac{\sqrt{10}}{10}$$

07 답 $\frac{1}{3}$

그림과 같이 점 A에서 선분 BD의 연장선에 내린 수선의 발을 H라 하면 $\triangle BCD \backsim \triangle AHD$(AA 닮음)이므로 삼각형 AHD는 직각이등변삼각형이다.

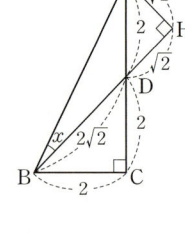

$$\therefore \overline{DH} = \overline{AH} = \frac{2}{\sqrt{2}} = \sqrt{2}$$

한편, 직각삼각형 BCD에서 피타고라스 정리에 의하여 $\overline{BD} = \sqrt{2^2 + 2^2} = 2\sqrt{2}$이므로

$\overline{BH} = \overline{BD} + \overline{DH} = 2\sqrt{2} + \sqrt{2} = 3\sqrt{2}$

따라서 직각삼각형 ABH에서

$$\tan x = \frac{\overline{AH}}{\overline{BH}} = \frac{\sqrt{2}}{3\sqrt{2}} = \frac{1}{3}$$

[다른 풀이]

직각삼각형 ABC에서 $\overline{AB} = \sqrt{2^2 + 4^2} = 2\sqrt{5}$이고

직각삼각형 BCD에서 $\overline{BD} = \sqrt{2^2 + 2^2} = 2\sqrt{2}$이므로

$\triangle ABD = \dfrac{1}{2} \times \overline{AD} \times \overline{BC} = \dfrac{1}{2} \times \overline{AB} \times \overline{BD} \times \sin x$에서

$\dfrac{1}{2} \times 2 \times 2 = \dfrac{1}{2} \times 2\sqrt{5} \times 2\sqrt{2} \times \sin x$, $2 = 2\sqrt{10}\sin x$

$$\therefore \sin x = \frac{1}{\sqrt{10}}$$

따라서 그림과 같이 $\sin x = \dfrac{1}{\sqrt{10}}$을 만족시키는 직각삼각형에서 밑변의 길이는

$\sqrt{(\sqrt{10})^2 - 1^2} = 3$이므로 $\tan x = \dfrac{1}{3}$

08 답 $\frac{3}{5}$

일차함수 $\dfrac{x}{4} + \dfrac{y}{3} = 1$의 그래프가 x축과 만나는 점 A의 좌표는 $(4, 0)$이고 y축과 만나는 점의 좌표는 $(0, 3)$이므로 $\overline{OA} = 4$, $\overline{OB} = 3$이다. 따라서 직각삼각형 OAB에서 피타고라스 정리에 의하여

$$\overline{AB} = \sqrt{3^2 + 4^2} = 5$$

한편, $\triangle OAB \backsim \triangle HOB$(AA 닮음)이므로

$$\sin(\angle BOH) = \sin(\angle BAO) = \frac{\overline{OB}}{\overline{AB}} = \frac{3}{5}$$

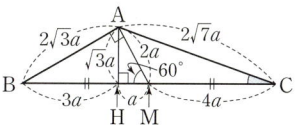

09 답 $2+\sqrt{3}$

$\angle ADC=30°$이므로 직각삼각형 ADC의 세 변의 길이의 비는

$\overline{AC}:\overline{DC}:\overline{AD}=1:\sqrt{3}:2$이다.

이때, 양수 a에 대하여 $\overline{AC}=a$라 하면 $\overline{DC}=\sqrt{3}a$, $\overline{AD}=2a$이다.

한편, $\angle ADC$는 삼각형 ABD의 한 외각이므로

$\angle BAD+\angle ABD=\angle ADC$에서 $\angle BAD+15°=30°$

$\therefore \angle BAD=15°$

즉, 삼각형 ABD는 $\overline{BD}=\overline{AD}=2a$인 이등변삼각형이므로

$\overline{BC}=\overline{BD}+\overline{CD}=2a+\sqrt{3}a=(2+\sqrt{3})a$

따라서 직각삼각형 ABC에서

$\tan(\angle BAC)=\dfrac{\overline{BC}}{\overline{AC}}=\dfrac{(2+\sqrt{3})a}{a}=2+\sqrt{3}$

10 답 $2\sqrt{14}$

두 삼각형 ABD, DCB에서 $\angle A=\angle BDC=90°$이고

$\angle BDA=\angle CBD$(엇각)이므로

$\triangle ABD\backsim\triangle DCB$(AA 닮음)

$\therefore \angle DBA=\angle BCD=a$

따라서 직각삼각형 ABD에서

$\cos a=\dfrac{\overline{AB}}{\overline{BD}}=\dfrac{7}{\overline{BD}}=\dfrac{\sqrt{2}}{4}$이므로 $\overline{BD}=\dfrac{28}{\sqrt{2}}=14\sqrt{2}$

$\therefore \overline{AD}=\sqrt{(14\sqrt{2})^2-7^2}=7\sqrt{7}$

한편, $\triangle ABD\backsim\triangle DCB$에서 $\overline{AB}:\overline{AD}=\overline{CD}:\overline{BD}$이므로

$7:7\sqrt{7}=\overline{CD}:14\sqrt{2}$, $7\sqrt{7}\times\overline{CD}=7\times14\sqrt{2}$

$\therefore \overline{CD}=\dfrac{14\sqrt{2}}{\sqrt{7}}=2\sqrt{14}$

11 답 ④

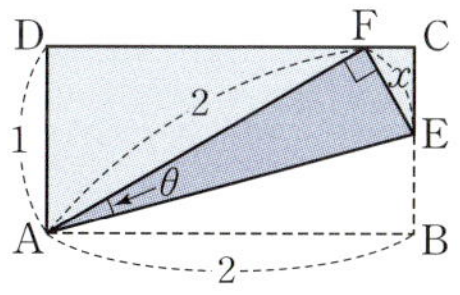

$\overline{AF}=\overline{AB}=2$이므로 직각삼각형
AFD에서 피타고라스 정리에 의하여

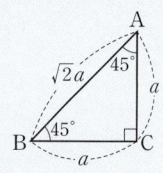

$\overline{DF}=\sqrt{2^2-1^2}=\sqrt{3}$이고

$\overline{FC}=\overline{DC}-\overline{DF}=2-\sqrt{3}$

한편, $\triangle FEC\backsim\triangle AFD$ (AA 닮음)이므로

$\overline{FE}:\overline{FC}=\overline{AF}:\overline{AD}=2:1$에서 $\overline{FE}=2\overline{FC}=2(2-\sqrt{3})$

따라서 직각삼각형 AEF에서

$\tan\theta=\dfrac{\overline{FE}}{\overline{AF}}=\dfrac{2(2-\sqrt{3})}{2}=2-\sqrt{3}$

[다른 풀이]

$\overline{FE}=\overline{BE}=x$라 하면 $\overline{CE}=\overline{BC}-\overline{BE}=1-x$이고

$\overline{CF}=2-\sqrt{3}$이므로 직각삼각형 CFE에서 피타고라스 정리에 의하여

$\overline{EF}^2=\overline{CE}^2+\overline{CF}^2$, $x^2=(1-x)^2+(2-\sqrt{3})^2$

$x^2=1-2x+x^2+4-4\sqrt{3}+3$, $2x=8-4\sqrt{3}$

$\therefore x=4-2\sqrt{3}$

따라서 $\overline{EF}=4-2\sqrt{3}$이므로 직각삼각형 AEF에서

$\tan\theta=\dfrac{\overline{EF}}{\overline{AF}}=\dfrac{4-2\sqrt{3}}{2}=2-\sqrt{3}$

12 답 ⑤

점 A에서 변 BC에 내린 수선의 발을 H라 하고 $\overline{HM}=a$라 하자.

이때, 삼각형 AHM은 $\angle AMH=60°$인 직각삼각형이므로

$\overline{HM}:\overline{AH}:\overline{AM}=1:\sqrt{3}:2$에서

$\overline{AH}=\sqrt{3}a$, $\overline{AM}=2a$

또한, 삼각형 ABH는 $\angle BAH=90°-\angle MAH=60°$인 직각삼각형이므로 $\overline{AH}:\overline{BH}:\overline{AB}=1:\sqrt{3}:2$에서

$\overline{BH}=3a$, $\overline{AB}=2\sqrt{3}a$

따라서 $\overline{CM}=\overline{BM}=\overline{BH}+\overline{HM}=3a+a=4a$이므로

$\overline{CH}=\overline{HM}+\overline{CM}=a+4a=5a$

즉, 직각삼각형 AHC에서 피타고라스 정리에 의하여

$\overline{AC}=\sqrt{\overline{AH}^2+\overline{HC}^2}=\sqrt{(\sqrt{3}a)^2+(5a)^2}=2\sqrt{7}a$이므로

$\cos C=\dfrac{\overline{CH}}{\overline{AC}}=\dfrac{5a}{2\sqrt{7}a}=\dfrac{5\sqrt{7}}{14}$

만점 UP

★ **특수한 직각삼각형에서의 세 변의 길이의 비**

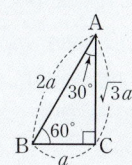

(1) 그림과 같이 세 내각의 크기가 45°, 45°, 90°인 직각삼각형 ABC에서
$\overline{AC}:\overline{BC}:\overline{AB}=1:1:\sqrt{2}$

(2) 그림과 같이 세 내각의 크기가 30°, 60°, 90°인 직각삼각형 ABC에서
$\overline{BC}:\overline{AC}:\overline{AB}=1:\sqrt{3}:2$

13 답 ③

$\tan\theta=2$를 만족시키는 직각삼각형은 그림과 같다.

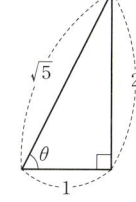

$\therefore \cos\theta=\dfrac{1}{\sqrt{5}}$, $\sin\theta=\dfrac{2}{\sqrt{5}}$

이때, $\dfrac{1+\sin\theta}{\cos\theta}=t$라 하면

$t=\dfrac{1+\sin\theta}{\cos\theta}=\dfrac{1}{\cos\theta}+\dfrac{\sin\theta}{\cos\theta}$

$=\sqrt{5}+\dfrac{\dfrac{2}{\sqrt{5}}}{\dfrac{1}{\sqrt{5}}}=\sqrt{5}+2$

$\therefore \dfrac{1+\sin\theta}{\cos\theta}+\dfrac{\cos\theta}{1+\sin\theta}=t+\dfrac{1}{t}=(\sqrt{5}+2)+\dfrac{1}{\sqrt{5}+2}$

$=(\sqrt{5}+2)+(\sqrt{5}-2)$

$=2\sqrt{5}$

14 답 ②

이차방정식 $x^2-(\tan\theta)x+1=0$의 한 근이 $1+\sqrt{2}$이므로 다른 한 근을 α라 하면 이차방정식의 근과 계수의 관계에 의하여

$(1+\sqrt{2})+\alpha=\tan\theta$ ··· ㉠

$(1+\sqrt{2})\alpha=1$ ··· ㉡

㉡에서 $\alpha=\dfrac{1}{1+\sqrt{2}}=\sqrt{2}-1$이므로 ㉠에 대입하면

$\tan\theta=(1+\sqrt{2})+(\sqrt{2}-1)=2\sqrt{2}$

이때, $\tan\theta=2\sqrt{2}$를 만족시키는 직각삼각형은 그림과 같으므로 $\cos\theta=\dfrac{1}{3}$

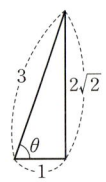

15 답 ②

두 점 A, B의 좌표는 각각 $(-3, 0)$, $(0, 2)$이므로 $\overline{OA}=3$, $\overline{OB}=2$이다.

따라서 직각삼각형 AOB에서

$\tan\theta=\dfrac{\overline{OB}}{\overline{OA}}=\dfrac{2}{3}$

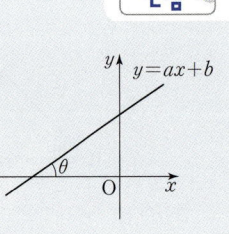
16 답 ②

$y-b=a(x+2)$에서 $y=ax+2a+b$

즉, 주어진 직선의 기울기는 a이고 y절편은 $2a+b$이다.

한편, 직선 $y=ax+2a+b$가 x축의 양의 방향과 이루는 각의 크기가 $60°$이므로 $a=\tan 60°=\sqrt{3}$

또, y절편이 $2\sqrt{3}+2$이므로

$2a+b=2\sqrt{3}+b=2\sqrt{3}+2$에서 $b=2$

$\therefore a^2+b^2=(\sqrt{3})^2+2^2=7$

17 답 ②

직선 $y=\dfrac{2}{5}x-1$의 기울기가 $\dfrac{2}{5}$이므로 $\tan\theta=\dfrac{2}{5}$이다.

즉, 그림과 같이 $\tan\theta=\dfrac{2}{5}$를 만족시키는 직각삼각형의 빗변의 길이는 피타고라스 정리에 의하여

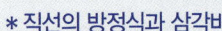

$\sqrt{5^2+2^2}=\sqrt{29}$이므로 $\sin\theta=\dfrac{2}{\sqrt{29}}=\dfrac{2\sqrt{29}}{29}$

18 답 ④

일차함수의 그래프가 x축, y축과 만나는 점을 각각 A, B라 하면 직각삼각형 AOB에서

$\sin\theta=\dfrac{\overline{OB}}{\overline{AB}}=\dfrac{\sqrt{5}}{3}$

이때, 양수 k에 대하여 $\overline{AB}=3k$, $\overline{OB}=\sqrt{5}k$라 하면 피타고라스 정리에 의하여 $\overline{OA}^2+\overline{OB}^2=\overline{AB}^2$에서 $4^2+(\sqrt{5}k)^2=(3k)^2$

$4k^2=16$, $k^2=4$ $\quad\therefore k=2(\because k>0)$

즉, $\overline{OB}=2\sqrt{5}$이므로 직선의 기울기는 $\dfrac{\overline{OB}}{\overline{OA}}=\dfrac{2\sqrt{5}}{4}=\dfrac{\sqrt{5}}{2}$이고

점 B의 좌표는 $(0, 2\sqrt{5})$이므로 y절편은 $2\sqrt{5}$이다.

따라서 구하는 일차함수의 식은 $y=\dfrac{\sqrt{5}}{2}x+2\sqrt{5}$이다.

19 답 (1) $\dfrac{\sqrt{6}}{3}-\dfrac{1}{2}$ (2) $2-\dfrac{3\sqrt{2}}{2}$ (3) 1

(1) $(\tan 60°+\sin 45°)(\cos 45°-\tan 30°)$

$=\left(\sqrt{3}+\dfrac{\sqrt{2}}{2}\right)\left(\dfrac{\sqrt{2}}{2}-\dfrac{\sqrt{3}}{3}\right)$

$=\dfrac{\sqrt{6}}{2}-1+\dfrac{1}{2}-\dfrac{\sqrt{6}}{6}=\dfrac{\sqrt{6}}{3}-\dfrac{1}{2}$

(2) $\dfrac{1}{2}\tan 45°-3\sqrt{2}\cos 60°+\sqrt{3}\sin 60°$

$=\dfrac{1}{2}\times 1-3\sqrt{2}\times\dfrac{1}{2}+\sqrt{3}\times\dfrac{\sqrt{3}}{2}$

$=\dfrac{1}{2}-\dfrac{3\sqrt{2}}{2}+\dfrac{3}{2}=2-\dfrac{3\sqrt{2}}{2}$

(3) $\sin 30°+\cos 30°\times\tan 30°=\dfrac{1}{2}+\dfrac{\sqrt{3}}{2}\times\dfrac{1}{\sqrt{3}}=1$

20 답 ③

$\overline{AB}:\overline{AC}=\overline{BD}:\overline{DC}=2:1$이므로 직각삼각형 ABC에서

$\cos A=\dfrac{1}{2}$이다.

$\therefore \angle A=60°$

따라서 $\sin\dfrac{A}{2}=\sin 30°=\dfrac{1}{2}$, $\tan A=\tan 60°=\sqrt{3}$이므로

$\sin\dfrac{A}{2}\times\tan A=\dfrac{1}{2}\times\sqrt{3}=\dfrac{\sqrt{3}}{2}$

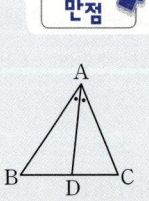

21 답 ④

직각삼각형 ABC에서 $\sin 60° = \dfrac{\overline{AC}}{\overline{BC}} = \dfrac{\overline{AC}}{8} = \dfrac{\sqrt{3}}{2}$

$\therefore \overline{AC} = \dfrac{\sqrt{3}}{2} \times 8 = 4\sqrt{3}$ (cm)

이때, 삼각형 ACD는 직각이등변삼각형이므로 $\overline{AD} = \overline{CD} = x$ cm
라 하면 피타고라스 정리에 의하여
$(4\sqrt{3})^2 = x^2 + x^2,\ 48 = 2x^2,\ x^2 = 24$ $\therefore x = 2\sqrt{6} (\because x > 0)$

$\therefore \overline{CD} = x = 2\sqrt{6}$ cm

22 답 $\dfrac{3}{4}$

직각삼각형 OAB에서 $\tan 45° = \dfrac{\overline{OA}}{\overline{OB}} = \dfrac{\overline{OA}}{3} = 1$

$\therefore \overline{OA} = 3$

또, 직각삼각형 OBC에서 피타고라스 정리에 의하여
$\overline{OC} = \sqrt{\overline{BC}^2 - \overline{OB}^2} = \sqrt{5^2 - 3^2} = 4$

따라서 직각삼각형 AOC에서 $\tan x = \dfrac{\overline{OA}}{\overline{OC}} = \dfrac{3}{4}$

23 답 ③

$\overline{OE} = 1,\ \overline{OB} = \dfrac{1}{2}$이므로 직각삼각형 EOB에서

$\cos(\angle EOB) = \cos\theta = \dfrac{\overline{OB}}{\overline{OE}} = \dfrac{1}{2}$ $\therefore \theta = 60°$

따라서 직각삼각형 EOB에서

$\sin 60° = \dfrac{\overline{BE}}{\overline{OE}} = \dfrac{a}{1} = \dfrac{\sqrt{3}}{2}$ $\therefore a = \dfrac{\sqrt{3}}{2}$

또, 직각삼각형 COA에서

$\tan 60° = \dfrac{\overline{AC}}{\overline{OA}} = \dfrac{b}{1} = \sqrt{3}$ $\therefore b = \sqrt{3}$

$\therefore ab = \dfrac{\sqrt{3}}{2} \times \sqrt{3} = \dfrac{3}{2}$

24 답 ①

직각삼각형 OAC에서 $\overline{OA} = 1,\ \overline{OC} = \cos a$이므로

$\cos(\angle AOC) = \dfrac{\overline{OC}}{\overline{OA}} = \cos a$ $\therefore \angle AOC = a$

이때, $\angle OED = \angle AOC = a$(엇각)이므로 직각삼각형 ODE에서

$\tan a = \dfrac{\overline{OD}}{\overline{DE}} = \dfrac{1}{\overline{DE}}$ $\therefore \overline{DE} = \dfrac{1}{\tan a}$

$\therefore \triangle ODE = \dfrac{1}{2} \times \overline{OD} \times \overline{DE} = \dfrac{1}{2} \times 1 \times \dfrac{1}{\tan a} = \dfrac{1}{2\tan a}$

25 답 $\dfrac{-1+\sqrt{5}}{2}$

직각삼각형 OHB에서 $\cos\theta = \dfrac{\overline{OH}}{\overline{OB}} = \dfrac{\overline{OH}}{1} = \overline{OH}$

또, 직각삼각형 OAT에서 $\cos\theta = \dfrac{\overline{OA}}{\overline{OT}} = \dfrac{1}{\overline{OT}}$이므로

$\overline{OT} = \dfrac{1}{\cos\theta}$

$\therefore \overline{BT} = \overline{OT} - \overline{OB} = \dfrac{1}{\cos\theta} - 1 = \dfrac{1-\cos\theta}{\cos\theta}$

이때, $\overline{OH} = \overline{BT}$이므로 $\cos\theta = \dfrac{1-\cos\theta}{\cos\theta}$에서

$\cos^2\theta + \cos\theta - 1 = 0$

한편, $\cos\theta = t$라 하면 $t^2 + t - 1 = 0$이고 $0° < \theta < 90°$에서

$0 < t < 1$이므로 $t = \dfrac{-1+\sqrt{5}}{2}$

$\therefore \cos\theta = \dfrac{-1+\sqrt{5}}{2}$

26 답 ③

(i) $1 > \cos 35° > \cos 45° = \dfrac{\sqrt{2}}{2},\ \sin 45° = \cos 45° = \dfrac{\sqrt{2}}{2}$이므로

$\quad 1 > \cos 35° > \sin 45°$

(ii) $\tan 55° > \tan 45° = 1$

(iii) $\cos 65° < \cos 45° = \sin 45°$

(i)~(iii)에 의하여

$\tan 55° > \cos 35° > \sin 45° > \cos 65°$

따라서 주어진 값 중 가장 큰 것과 가장 작은 것은 차례로

$\tan 55°,\ \cos 65°$이다.

27 답 ④

$\sin 45° = 0.7071$이므로 $\angle x = 45°$

$\tan 20° = 0.3640$이므로 $\angle y = 20°$

따라서 $\angle x - \angle y = 45° - 20° = 25°$이므로

$\cos(x-y) = \cos 25° = 0.9063$

28 답 ③

$\angle C = 180° - (90° + 46°) = 44°$이므로

$\cos 44° = \dfrac{\overline{AC}}{\overline{BC}} = \dfrac{\overline{AC}}{10} = 0.7193$

$\therefore \overline{AC} = 10 \times 0.7193 = 7.193$

29 답 $\dfrac{3}{2}$

직각삼각형 OEA에서

$\sin A = \dfrac{\overline{OE}}{\overline{OA}} = \dfrac{3}{5}$이므로

$\overline{OE} : \overline{OA} = 3 : 5$

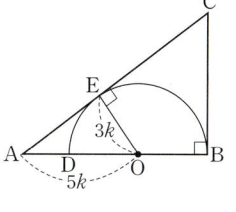

이때, 양수 k에 대하여

$\overline{OE} = 3k,\ \overline{OA} = 5k$라 하면

직각삼각형 OEA에서 피타고라스 정리에 의하여

$\overline{AE} = \sqrt{(5k)^2 - (3k)^2} = 4k$

$\therefore \tan A = \dfrac{3k}{4k} = \dfrac{3}{4}$ ────────── ⓐ

한편, $\overline{AB}=\overline{OA}+\overline{OB}=\overline{OA}+\overline{OE}=5k+3k=8k$이고

직각삼각형 ABC에서 $\tan A=\dfrac{\overline{BC}}{\overline{AB}}=\dfrac{\overline{BC}}{8k}=\dfrac{3}{4}$이므로

$\overline{BC}=\dfrac{3}{4}\times 8k=6k$

따라서 $\overline{CE}=\overline{BC}=6k$이므로

$\dfrac{\overline{CE}}{\overline{AE}}=\dfrac{6k}{4k}=\dfrac{3}{2}$ ────────── ⓑ

| 채점기준 |

ⓐ $\tan A$의 값을 구한다. [40%]

ⓑ 삼각비를 이용하여 $\dfrac{\overline{CE}}{\overline{AE}}$의 값을 구한다. [60%]

[다른 풀이]

직각삼각형 ABC에서 $\sin A=\dfrac{\overline{BC}}{\overline{AC}}=\dfrac{3}{5}$이므로 $\overline{AC}:\overline{BC}=5:3$

즉, 양수 k에 대하여 $\overline{AC}=5k$, $\overline{BC}=3k$라 하면

$\overline{CE}=\overline{BC}=3k$이므로 $\overline{AE}=\overline{AC}-\overline{EC}=5k-3k=2k$

$\therefore \dfrac{\overline{CE}}{\overline{AE}}=\dfrac{3k}{2k}=\dfrac{3}{2}$

만점 UP

$*\overline{BC}=\overline{EC}$의 증명

두 삼각형 OBC, OEC에서
$\angle B=\angle E=90°$, $\overline{OC}$는 공통,
$\overline{OB}=\overline{OE}$(반지름)이므로
$\triangle OBC\equiv\triangle OEC$(RHS 합동)
$\therefore \overline{BC}=\overline{EC}$

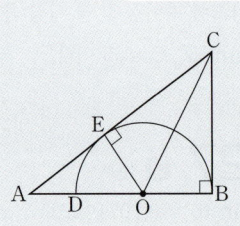

30 답 (1) $b=\dfrac{2(a-1)}{a-2}$

 (2) $a=1+\dfrac{1}{\tan\theta}$, $b=\dfrac{2}{1-\tan\theta}$

(1) 그림과 같이 직각삼각형 ABC의
내접원의 중심 O에서 세 변 AB,
BC, CA에 내린 수선의 발을 각
각 P, Q, R라 하면
$\overline{CQ}=\overline{CR}=1$이고
$\triangle APO\equiv\triangle ARO$, $\triangle BPO\equiv\triangle BQO$이므로

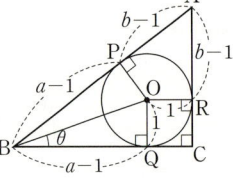

$\overline{BP}=\overline{BQ}=\overline{BC}-\overline{CQ}=a-1$

$\overline{AP}=\overline{AR}=\overline{AC}-\overline{CR}=b-1$

$\therefore \overline{AB}=\overline{BP}+\overline{AP}=(a-1)+(b-1)=a+b-2$ ⋯ ㉠

또, 직각삼각형 ABC에서 피타고라스 정리에 의하여

$\overline{AB}=\sqrt{a^2+b^2}$ ⋯ ㉡ ────────── ⓐ

즉, ㉠, ㉡에 의하여 $\sqrt{a^2+b^2}=a+b-2$

양변을 제곱하면 $a^2+b^2=a^2+b^2+4-4a-4b+2ab$

$ab-2a-2b+2=0$, $ab-2a-2b+4=2$

$(a-2)(b-2)=2$, $b-2=\dfrac{2}{a-2}$

$\therefore b=\dfrac{2}{a-2}+2=\dfrac{2(a-1)}{a-2}$ ⋯ ㉢ ────── ⓑ

(2) 직각삼각형 BQO에서 $\tan\theta=\dfrac{1}{a-1}$이므로

$a-1=\dfrac{1}{\tan\theta}$ $\therefore a=1+\dfrac{1}{\tan\theta}$ ⋯ ㉣

㉣을 ㉢에 대입하면

$b=\dfrac{\dfrac{2}{\tan\theta}}{\dfrac{1}{\tan\theta}-1}=\dfrac{2}{1-\tan\theta}$ ────────── ⓒ

| 채점기준 |

ⓐ 선분 AB의 길이를 a, b에 대한 식으로 나타낸다. [30%]

ⓑ b를 a에 대한 식으로 나타낸다. [35%]

ⓑ a, b를 각각 $\tan\theta$에 대한 식으로 나타낸다. [35%]

[다른 풀이]

(2) $\triangle ABC=\triangle OAB+\triangle OBC+\triangle OCA$이므로

$\dfrac{1}{2}ab=\dfrac{1}{2}(a+b-2)+\dfrac{1}{2}a+\dfrac{1}{2}b$

$ab-2a-2b+2=0$ $\therefore b=\dfrac{2(a-1)}{a-2}$

31 답 $\dfrac{1}{7}$

양수 k에 대하여 $\overline{BD}=\overline{DE}=\overline{EC}=k$라 하면

$\overline{CD}=2k$, $\overline{AD}=\sqrt{5}k$

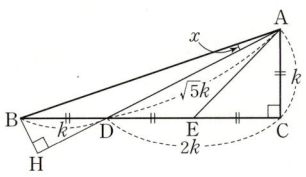

이때, 점 B에서 선분 AD의 연장선에 내린 수선의 발을 H라 하면
두 삼각형 ADC, BDH에서 $\angle C=\angle H=90°$,

$\angle ADC=\angle BDH$(맞꼭지각)이므로 $\triangle ADC\sim\triangle BDH$(AA 닮음)

즉, $\overline{BD}:\overline{DH}:\overline{BH}=\overline{AD}:\overline{DC}:\overline{AC}$에서

$k:\overline{DH}:\overline{BH}=\sqrt{5}:2:1$

$\therefore \overline{BH}=\dfrac{k}{\sqrt{5}}=\dfrac{\sqrt{5}k}{5}$, $\overline{DH}=\dfrac{2k}{\sqrt{5}}=\dfrac{2\sqrt{5}k}{5}$

따라서 $\overline{AH}=\overline{AD}+\overline{DH}=\left(\sqrt{5}+\dfrac{2\sqrt{5}}{5}\right)k=\dfrac{7\sqrt{5}k}{5}$이므로

$\tan x=\dfrac{\overline{BH}}{\overline{AH}}=\dfrac{\dfrac{\sqrt{5}k}{5}}{\dfrac{7\sqrt{5}k}{5}}=\dfrac{1}{7}$

32 답 (1) 해설 참조 (2) 해설 참조

 (3) $\dfrac{1+\sqrt{5}}{4}$

(1) 삼각형 ABC는 이등변삼각형이므로

$\angle A=36°$에서 $\angle B=\angle C=72°$

또한, 두 삼각형 ABC, BCD에서

$\angle C$는 공통이고 $\angle A=\angle CBD=36°$이므로

$\triangle ABC\sim\triangle BCD$(AA 닮음)

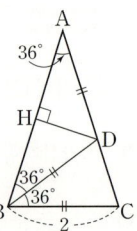

(2) △ABC∽△BCD에서 삼각형 BCD는 $\overline{BC}=\overline{BD}$인 이등변삼각
형이다. 또한, ∠ABD=∠A=36°에서 삼각형 ABD는
$\overline{BD}=\overline{AD}$인 이등변삼각형이므로
$$\overline{BC}=\overline{BD}=\overline{AD}=2$$
따라서 점 D에서 변 AB에 내린 수선의 발을 H라 하면
$\overline{AH}=\dfrac{1}{2}\overline{AB}$이고 삼각형 AHD에서
$$\cos 36°=\dfrac{\overline{AH}}{\overline{AD}}=\dfrac{\overline{AH}}{2}$$이므로 $\overline{AH}=2\cos 36°$
$$\therefore \overline{AB}=2\overline{AH}=4\cos 36°$$

(3) $\overline{AB}=\overline{AC}=x\,(x>0)$라 하면 $\overline{CD}=\overline{AC}-\overline{AD}=x-2$
한편, △ABC∽△BCD이므로 $\overline{AB}:\overline{BC}=\overline{BC}:\overline{CD}$에서
$$x:2=2:(x-2),\ x^2-2x-4=0$$
$$\therefore x=1+\sqrt{5}\,(\because x>0)$$
이때, (2)에서 $\overline{AB}=4\cos 36°$이므로
$$\cos 36°=\dfrac{\overline{AB}}{4}=\dfrac{x}{4}=\dfrac{1+\sqrt{5}}{4}$$

02 삼각비의 활용

문제편
17P

33 답 ④

∠ACD는 삼각형 ABC의 한 외각이므로
$$∠ACD=∠CBA+∠BAC=30°+15°=45°$$
따라서 삼각형 ACD는 $\overline{AD}=\overline{CD}$인 직각이등변삼각형이다.
이때, $\overline{AD}=\overline{CD}=x$ cm라 하면
직각삼각형 ABD에서
$$\tan 30°=\dfrac{\overline{AD}}{\overline{BD}}$$

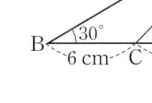

$$\dfrac{1}{\sqrt{3}}=\dfrac{x}{6+x},\ \sqrt{3}x=6+x$$
$$(\sqrt{3}-1)x=6 \qquad \therefore x=\dfrac{6}{\sqrt{3}-1}=3(\sqrt{3}+1)$$
$$\therefore \overline{AD}=3(\sqrt{3}+1)\text{ cm}$$

34 답 20

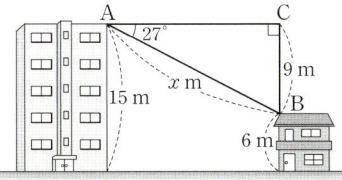

그림과 같이 점 A를 지나고 지면과 평행한 직선과 점 B를 지나고
지면과 수직인 직선이 만나는 점 C라 하면
$\overline{BC}=15-6=9\,(m)$이다.
따라서 직각삼각형 ABC에서 $x=\overline{AB}=\dfrac{\overline{BC}}{\sin 27°}=\dfrac{9}{0.45}=20$

35 답 $20\sqrt{30}$ m

$\overline{PH}=x$ m라 하면 직각삼각형
PAH에서 $\overline{AH}=\dfrac{\overline{PH}}{\tan 60°}=\dfrac{x}{\sqrt{3}}$
이고 직각삼각형 BPH에서
$$\overline{BH}=\dfrac{\overline{PH}}{\tan 30°}=\sqrt{3}x$$

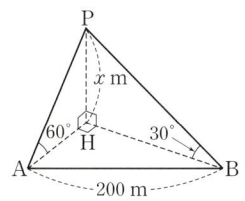

이때, 직각삼각형 ABH에서 피타고라스 정리에 의하여
$\overline{AH}^2+\overline{BH}^2=\overline{AB}^2$이므로 $\dfrac{x^2}{3}+3x^2=200^2$에서 $\dfrac{10}{3}x^2=200^2$
$$\therefore x=20\sqrt{30} \Rightarrow \overline{PH}=20\sqrt{30}\text{ m}$$

36 답 $(10-5\sqrt{3})$ cm

점 B에서 선분 OA에 내린 수선의 발을 C라
하면 직각삼각형 OCB에서
$$\overline{OC}=\overline{OB}\cos 30°=10\times\dfrac{\sqrt{3}}{2}=5\sqrt{3}\,(cm)$$
$$\therefore \overline{AC}=\overline{OA}-\overline{OC}=10-5\sqrt{3}\,(cm)$$

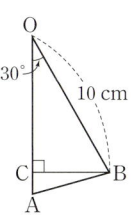

따라서 지점 A와 지점 B에서의 추의 높이의 차는
$(10-5\sqrt{3})$ cm이다.

37 답 $7+2\sqrt{3}$

두 점 A, D에서 선분 BC에 내린 수
선의 발을 각각 E, F라 하면 직각삼
각형 DFC에서

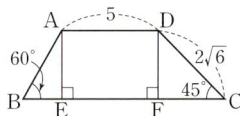

$\overline{FC}=\overline{CD}\cos 45°=2\sqrt{6}\times\dfrac{\sqrt{2}}{2}=2\sqrt{3}$이고 ∠DCF=45°이므로
삼각형 DFC는 직각이등변삼각형이다.
즉, $\overline{DF}=\overline{FC}=2\sqrt{3}$에서 $\overline{AE}=2\sqrt{3}$이므로 직각삼각형 ABE에서
$\overline{BE}=\dfrac{\overline{AE}}{\tan 60°}=\dfrac{2\sqrt{3}}{\sqrt{3}}=2$이다. 이때, $\overline{EF}=\overline{AD}=5$이므로
$$\overline{BC}=\overline{BE}+\overline{EF}+\overline{FC}=2+5+2\sqrt{3}=7+2\sqrt{3}$$

38 답 2

반원 O의 중심 O에서 두 선분 PS, QR
에 내린 수선의 발을 각각 C, D라 하면
직각삼각형 OCP에서 ∠POC=60°이
므로

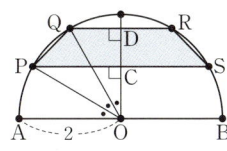

$$\overline{OC}=\overline{OP}\cos 60°=2\times\dfrac{1}{2}=1,\ \overline{PC}=\overline{OP}\sin 60°=2\times\dfrac{\sqrt{3}}{2}=\sqrt{3}$$
또, 직각삼각형 ODQ에서 ∠QOD=30°이므로
$$\overline{OD}=\overline{OQ}\cos 30°=2\times\dfrac{\sqrt{3}}{2}=\sqrt{3},$$
$$\overline{QD}=\overline{OQ}\sin 30°=2\times\dfrac{1}{2}=1$$
따라서 $\overline{CD}=\overline{OD}-\overline{OC}=\sqrt{3}-1$, $\overline{PS}=2\overline{PC}=2\sqrt{3}$,
$\overline{QR}=2\overline{QD}=2$이므로 사다리꼴 PQRS의 넓이는
$$\dfrac{1}{2}\times(\overline{QR}+\overline{PS})\times\overline{CD}=\dfrac{1}{2}\times(2+2\sqrt{3})\times(\sqrt{3}-1)=2$$

39 답 $\sqrt{3}$ cm²

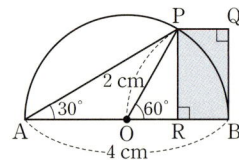

선분 AB의 중점을 O라 하면 $\angle OPA = \angle OAP = 30°$이므로
$\angle POR = 60°$
즉, 직각삼각형 POR에서
$$\overline{PR} = \overline{OP}\sin 60° = 2 \times \frac{\sqrt{3}}{2} = \sqrt{3}\ (\text{cm})$$
$$\overline{OR} = \overline{OP}\cos 60° = 2 \times \frac{1}{2} = 1(\text{cm})\text{이다.}$$
따라서 $\overline{RB} = \overline{OB} - \overline{OR} = 2 - 1 = 1(\text{cm})$이므로
$\square PRBQ = \overline{RB} \times \overline{PR} = 1 \times \sqrt{3} = \sqrt{3}\,(\text{cm}^2)$

40 답 $(3\sqrt{3}-3)$ cm²

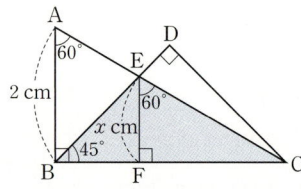

직각삼각형 ABC에서 $\overline{BC} = \overline{AB}\tan 60° = 2 \times \sqrt{3} = 2\sqrt{3}\,(\text{cm})$
이때, 점 E에서 변 BC에 내린 수선의 발을 F라 하고 $\overline{EF} = x$ cm
라 하면 직각삼각형 BFE에서 $\overline{BF} = \dfrac{\overline{EF}}{\tan 45°} = x(\text{cm})$
직각삼각형 EFC에서 $\angle FEC = \angle BAC = 60°$이므로
$\overline{FC} = \overline{EF}\tan 60° = \sqrt{3}x(\text{cm})$
즉, $\overline{BC} = \overline{BF} + \overline{FC}$에서
$2\sqrt{3} = x + \sqrt{3}x$, $(\sqrt{3}+1)x = 2\sqrt{3}$
$\therefore x = \dfrac{2\sqrt{3}}{\sqrt{3}+1} = 3 - \sqrt{3}(\text{cm})$
$\therefore \triangle EBC = \dfrac{1}{2} \times \overline{BC} \times \overline{EF} = \dfrac{1}{2} \times 2\sqrt{3} \times (3 - \sqrt{3})$
$\qquad\qquad = 3\sqrt{3} - 3(\text{cm}^2)$

[다른 풀이]
$\angle ABE = 90° - \angle CBE = 45°$이므로 $\angle ABE = \angle CBE$
즉, 선분 BE는 $\angle B$의 이등분선이므로
$\overline{AE} : \overline{CE} = \overline{AB} : \overline{BC} = 2 : 2\sqrt{3} = 1 : \sqrt{3}$에서
$\overline{AC} : \overline{CE} = (1+\sqrt{3}) : \sqrt{3}$
$\therefore \dfrac{\overline{CE}}{\overline{AC}} = \dfrac{\sqrt{3}}{1+\sqrt{3}} = \dfrac{3-\sqrt{3}}{2}$
이때, 삼각형 ABC의 넓이는 $\dfrac{1}{2} \times 2\sqrt{3} \times 2 = 2\sqrt{3}(\text{cm}^2)$이므로
$\triangle EBC = \dfrac{3-\sqrt{3}}{2} \times \triangle ABC = \dfrac{3-\sqrt{3}}{2} \times 2\sqrt{3}$
$\qquad\qquad = 3\sqrt{3} - 3(\text{cm}^2)$

41 답 $\sqrt{3}$ cm²

평행사변형 ABCD의 이웃하는 두 내각의 크기의 비가 2 : 1이므로
$\angle A = \angle C = 120°$, $\angle B = \angle D = 60°$
즉, $\angle QAD = 60°$, $\angle QDA = 30°$이므로 삼각형 QDA에서
$\angle Q = 90°$이다. 마찬가지로 $\angle P = \angle R = \angle S = 90°$이므로
사각형 PQRS는 직사각형이다.
$\overline{PS} = \overline{BS} - \overline{BP} = \overline{BC}\cos 30° - \overline{AB}\cos 30°$
$\qquad = 6 \times \dfrac{\sqrt{3}}{2} - 4 \times \dfrac{\sqrt{3}}{2} = \sqrt{3}\,(\text{cm})$
$\overline{PQ} = \overline{AQ} - \overline{AP} = \overline{AD}\cos 60° - \overline{AB}\cos 60°$
$\qquad = 6 \times \dfrac{1}{2} - 4 \times \dfrac{1}{2} = 1(\text{cm})$
$\therefore \square PQRS = \overline{PS} \times \overline{PQ} = \sqrt{3}\,(\text{cm}^2)$

42 답 18

두 점 A, D에서 변 BC에 내린
수선의 발을 각각 E, F라 하자.
이때, $\overline{BE} = x$라 하면
$\overline{FC} = \overline{BC} - (\overline{BE} + \overline{EF})$

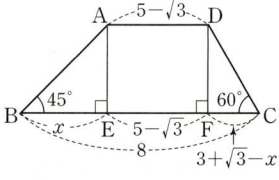

$\qquad = 8 - \{x + (5 - \sqrt{3})\}$
$\qquad = 3 + \sqrt{3} - x$
이고 직각삼각형 ABE에서 $\overline{AE} = \overline{BE}\tan 45° = x \times 1 = x$,
직각삼각형 CDF에서
$\overline{DF} = \overline{CF}\tan 60° = (3+\sqrt{3}-x) \times \sqrt{3} = 3\sqrt{3} + 3 - \sqrt{3}x$
한편, $\overline{AE} = \overline{DF}$이므로 $x = 3\sqrt{3} + 3 - \sqrt{3}x$에서
$(\sqrt{3}+1)x = 3(\sqrt{3}+1)$ $\quad \therefore x = 3$
$\therefore \square ABCD = \dfrac{1}{2} \times (\overline{BC} + \overline{AD}) \times \overline{AE}$
$\qquad\qquad = \dfrac{1}{2} \times \{8 + (5 - \sqrt{3})\} \times 3$
$\qquad\qquad = \dfrac{39 - 3\sqrt{3}}{2} = \dfrac{39}{2} - \dfrac{3}{2}\sqrt{3}$
따라서 $a = \dfrac{39}{2}$, $b = -\dfrac{3}{2}$이므로
$a + b = \dfrac{39}{2} + \left(-\dfrac{3}{2}\right) = 18$

43 답 $4\sqrt{3}$ cm²

두 점 A, E를 이으면 $\triangle AB'E \equiv \triangle ADE$(RHS 합동)이므로
$\angle B'AE = 30°$
따라서 직각삼각형 AB'E에서
$\overline{B'E} = \overline{AB'}\tan 30° = 2\sqrt{3} \times \dfrac{1}{\sqrt{3}} = 2(\text{cm})$
$\therefore \square AB'ED = 2\triangle AB'E = 2 \times \left(\dfrac{1}{2} \times \overline{AB'} \times \overline{B'E}\right)$
$\qquad\qquad = 2 \times \left(\dfrac{1}{2} \times 2\sqrt{3} \times 2\right) = 4\sqrt{3}(\text{cm}^2)$

44 답 $2+2\sqrt{3}$

점 A에서 변 BC에 내린 수선의 발을 H
라 하면 직각삼각형 ABH에서

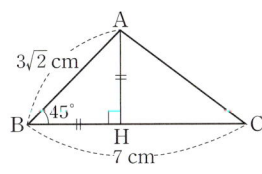

$$\overline{BH}=\overline{AB}\cos 60°=4\times\frac{1}{2}=2$$

$$\overline{AH}=\overline{AB}\sin 60°=4\times\frac{\sqrt{3}}{2}=2\sqrt{3}$$

이때, 직각삼각형 AHC에서 $\angle C=45°$이므로

$$\overline{CH}=\overline{AH}=2\sqrt{3}$$

$$\therefore \overline{BC}=\overline{BH}+\overline{CH}=2+2\sqrt{3}$$

45 답 5 cm

점 A에서 변 BC에 내린 수선의 발
을 H라 하면 직각삼각형 ABH에서

$$\overline{AH}=\overline{AB}\sin 45°$$
$$=3\sqrt{2}\times\frac{\sqrt{2}}{2}=3(\text{cm})$$

$$\overline{BH}=\overline{AB}\cos 45°=3\sqrt{2}\times\frac{\sqrt{2}}{2}=3(\text{cm})$$

따라서 $\overline{HC}=\overline{BC}-\overline{BH}=7-3=4(\text{cm})$이므로 직각삼각형 AHC
에서 피타고라스 정리에 의하여

$$\overline{AC}=\sqrt{\overline{AH}^2+\overline{CH}^2}=\sqrt{3^2+4^2}=5(\text{cm})$$

46 답 ③

점 C에서 변 AB에 내린 수선의 발을 H라
하면 직각삼각형 AHC에서

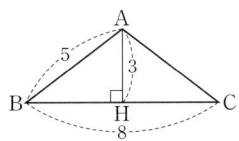

$$\overline{CH}=\overline{AC}\cos 60°=12\times\frac{1}{2}=6$$

또, 직각삼각형 HBC에서

$$\overline{BC}=\frac{\overline{CH}}{\cos 45°}=\frac{6}{\frac{\sqrt{2}}{2}}=6\sqrt{2}$$

$$\therefore x=6\sqrt{2}$$

47 답 5

점 A에서 변 BC에 내린 수선의 발을
H라 하면

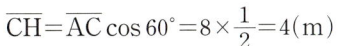

$$\overline{AH}=\overline{AB}\sin B=5\times\frac{3}{5}=3$$

이므로 직각삼각형 ABH에서 $\overline{BH}=\sqrt{5^2-3^2}=4$
따라서 $\overline{CH}=\overline{BC}-\overline{BH}=8-4=4$이므로 직각삼각형 AHC에서

$$\overline{AC}=\sqrt{4^2+3^2}=5$$

48 답 $4\sqrt{6}$ m

점 A에서 선분 BC에 내린 수선의 발을
H라 하면 직각삼각형 AHC에서

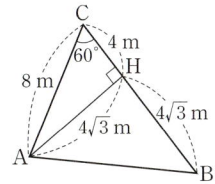

$$\overline{AH}=\overline{AC}\sin 60°=8\times\frac{\sqrt{3}}{2}=4\sqrt{3}(\text{m})$$

$$\overline{CH}=\overline{AC}\cos 60°=8\times\frac{1}{2}=4(\text{m})$$

이때, $\overline{BH}=\overline{BC}-\overline{CH}=(4+4\sqrt{3})-4=4\sqrt{3}(\text{m})$이므로 삼각형
ABH는 직각이등변삼각형이다.

$$\therefore \overline{AB}=4\sqrt{3}\times\sqrt{2}=4\sqrt{6}(\text{m})$$

49 답 $50(\sqrt{2}+\sqrt{6})$ m

점 C에서 선분 AB에 내린 수선의 발
을 H라 하면 직각삼각형 AHC에서

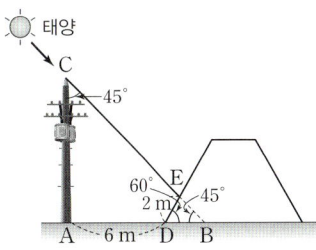

$$\overline{AH}=\overline{AC}\cos 45°=100\times\frac{\sqrt{2}}{2}$$
$$=50\sqrt{2}(\text{m})$$

이때, $\angle CAH=45°$이므로 삼각형 AHC는 직각이등변삼각형이다.

$$\therefore \overline{CH}=\overline{AH}=50\sqrt{2}\ \text{m}$$

한편, 직각삼각형 CHB에서 $\angle BCH=105°-45°=60°$이므로

$$\overline{BH}=\overline{CH}\tan 60°=50\sqrt{2}\times\sqrt{3}=50\sqrt{6}(\text{m})$$

$$\therefore \overline{AB}=\overline{AH}+\overline{BH}=50\sqrt{2}+50\sqrt{6}=50(\sqrt{2}+\sqrt{6})(\text{m})$$

50 답 $(7+\sqrt{3})$ m

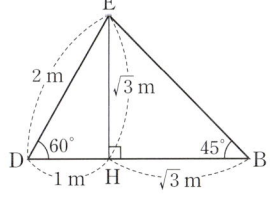

태양이 지면과 45°의 각을 이루며 비추고 있으므로 단면을 나타내면
그림과 같다.

이때, 점 E에서 선분 DB에 내린
수선의 발을 H라 하면 직각삼각형
EDH에서

$$\overline{DH}=\overline{DE}\cos 60°$$
$$=2\times\frac{1}{2}=1(\text{m})$$

$$\overline{EH}=\overline{DE}\sin 60°=2\times\frac{\sqrt{3}}{2}=\sqrt{3}(\text{m})$$

이고 직각삼각형 EHB에서

$$\overline{BH}=\frac{\overline{EH}}{\tan 45°}=\frac{\sqrt{3}}{1}=\sqrt{3}(\text{m})$$이다.

$$\therefore \overline{AC}=\overline{AB}=\overline{AD}+\overline{DH}+\overline{BH}=6+1+\sqrt{3}=7+\sqrt{3}(\text{m})$$
따라서 전봇대의 높이는 $(7+\sqrt{3})$ m이다.

51 답 ④

직각삼각형 ABH에서 $\angle BAH=55°$
이므로 $\overline{BH}=\overline{AH}\tan 55°$
직각삼각형 AHC에서 $\angle HAC=40°$
이므로 $\overline{CH}=\overline{AH}\tan 40°$
이때, $\overline{BC}=\overline{BH}+\overline{CH}=6$이므로 $\overline{AH}\tan 55°+\overline{AH}\tan 40°=6$

$$\therefore \overline{AH}=\frac{6}{\tan 55°+\tan 40°}$$

52 답 ④

$\overline{OH}=h$라 하면 직각삼각형 OBH에서

$\angle BOH=18°$이므로 $\dfrac{\overline{BH}}{\overline{OH}}=\dfrac{x}{h}=\tan 18°$

$\therefore x=h\tan 18° \cdots$ ㉠

또한, 직각삼각형 OAH에서

$\angle AOH=25°$이므로

$\dfrac{\overline{AH}}{\overline{OH}}=\dfrac{100+h\tan 18°}{h}=\tan 25°$

$h\tan 25°=100+h\tan 18°$

$h(\tan 25°-\tan 18°)=100$

$\therefore h=\dfrac{100}{\tan 25°-\tan 18°}$

따라서 ㉠에 의하여

$x=h\tan 18°=\dfrac{100\tan 18°}{\tan 25°-\tan 18°}$

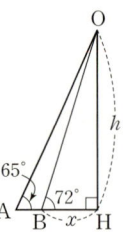

53 답 $5(\sqrt{3}+1)$ m

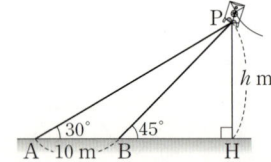

점 P에서 선분 AB의 연장선에 내린 수선의 발을 H라 하고
$\overline{PH}=h$ m라 하면 $\angle APH=60°$, $\angle BPH=45°$이므로 직각삼각형 PAH에서 $\overline{AH}=h\tan 60°=\sqrt{3}h$이고 직각삼각형 PBH에서 $\overline{BH}=h\tan 45°=h$이다.

따라서 $\overline{AB}=\overline{AH}-\overline{BH}=\sqrt{3}h-h=(\sqrt{3}-1)h=10$이므로

$h=\dfrac{10}{\sqrt{3}-1}=5(\sqrt{3}+1)$

$\therefore \overline{PH}=5(\sqrt{3}+1)$ m

54 답 $(3+\sqrt{3})$ cm²

꼭짓점 A에서 선분 BC의 연장선에 내린 수선의 발을 H라 하고
$\overline{AH}=h$ cm라 하면 $\angle BAH=45°$, $\angle CAH=30°$이므로 직각삼각형 ABH에서 $\overline{BH}=h\tan 45°=h$ cm, 직각삼각형 ACH에서

$\overline{CH}=h\tan 30°=\dfrac{\sqrt{3}}{3}h$ cm이다.

이때, $\overline{BC}=\overline{BH}-\overline{CH}$에서 $2=h-\dfrac{\sqrt{3}}{3}h$, $\dfrac{3-\sqrt{3}}{3}h=2$

$\therefore h=\dfrac{6}{3-\sqrt{3}}=3+\sqrt{3}$

따라서 삼각형 ABC의 넓이는

$\dfrac{1}{2}\times\overline{BC}\times h=\dfrac{1}{2}\times 2\times(3+\sqrt{3})=3+\sqrt{3}$ (cm²)

55 답 4

$\angle A=180°-2\times 75°=30°$이므로

$\triangle ABC=\dfrac{1}{2}\times\overline{AB}\times\overline{AC}\times\sin 30°=\dfrac{1}{2}\times a\times a\times\dfrac{1}{2}=\dfrac{a^2}{4}$

이때, 삼각형 ABC의 넓이가 a이므로 $\dfrac{a^2}{4}=a$에서

$a^2=4a$, $a^2-4a=0$, $a(a-4)=0$

$\therefore a=4 (\because a>0)$

56 답 $\dfrac{20\sqrt{3}}{3}$ cm

$\triangle ABC=\triangle ABD+\triangle ADC$에서

$\dfrac{1}{2}\times\overline{AB}\times\overline{AC}\times\sin 60°$

$=\dfrac{1}{2}\times\overline{AB}\times\overline{AD}\times\sin 30°+\dfrac{1}{2}\times\overline{AD}\times\overline{AC}\times\sin 30°$

$\dfrac{1}{2}\times 15\times 12\times\dfrac{\sqrt{3}}{2}=\dfrac{1}{2}\times 15\times\overline{AD}\times\dfrac{1}{2}+\dfrac{1}{2}\times\overline{AD}\times 12\times\dfrac{1}{2}$

$45\sqrt{3}=\dfrac{15}{4}\overline{AD}+3\overline{AD}$

$\dfrac{27}{4}\overline{AD}=45\sqrt{3}$

$\therefore \overline{AD}=\dfrac{20\sqrt{3}}{3}$ cm

57 답 ④

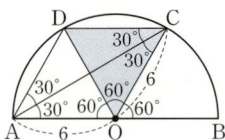

선분 AB의 중점을 O라 하면 삼각형 AOC에서 $\overline{AO}=\overline{CO}$이므로

$\angle ACO=\angle CAO=30°$

$\therefore \angle AOC=180°-2\times 30°=120°$

또, 삼각형 AOD에서 $\overline{AO}=\overline{DO}$이므로 $\angle ADO=60°$

$\therefore \angle AOD=180°-2\times 60°=60°$

한편, $\angle DOC=\angle AOC-\angle AOD=120°-60°=60°$에서

$\angle ADO=\angle DOC$이므로 $\overline{AD}/\!/\overline{OC}$이고,

$\angle DAO+\angle AOC=180°$이다.

따라서 사각형 AOCD는 마름모이므로

$\triangle ACD=\triangle DOC=\dfrac{1}{2}\times 6\times 6\times\sin 60°=9\sqrt{3}$

58 답 $30\sqrt{3}$ cm²

$\overline{AC}/\!/\overline{DE}$이므로 두 삼각형 ACD, ACE의 넓이는 같다.

$\therefore \square ABCD=\triangle ABC+\triangle ACD=\triangle ABC+\triangle ACE=\triangle ABE$

$=\dfrac{1}{2}\times\overline{AB}\times\overline{BE}\times\sin(180°-120°)$

$=\dfrac{1}{2}\times 12\times 10\times\dfrac{\sqrt{3}}{2}=30\sqrt{3}$ (cm²)

59 답 $2+2\sqrt{2}$

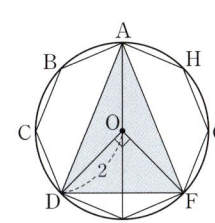

$\overline{OA}=\overline{OD}=\overline{OF}=2$이고 $\overline{AD}=\overline{AF}$

이므로

$\triangle OAD \equiv \triangle OAF$ (SSS 합동)

이때, $\angle AOD = \angle AOF = 135°$이고

$\angle DOF = 90°$이므로

$\triangle OAD = \triangle OAF$

$\quad = \dfrac{1}{2} \times 2 \times 2 \times \sin(180°-135°)$

$\quad = \sqrt{2}$

$\triangle ODF = \dfrac{1}{2} \times 2 \times 2 = 2$

$\therefore \triangle ADF = \triangle OAD + \triangle ODF + \triangle OAF$

$\qquad\qquad = 2 + 2\sqrt{2}$

60 답 $6\sqrt{10} \ \mathrm{cm^2}$

$\angle A = x$라 하면 $\tan A = \tan x = 3$이므로 그림과 같

은 직각삼각형을 생각하면 빗변의 길이는

$\sqrt{3^2+1^2} = \sqrt{10}$이므로 $\sin A = \dfrac{3}{\sqrt{10}}$

$\therefore \triangle ABC = \dfrac{1}{2} \times \overline{AB} \times \overline{AC} \times \sin A$

$\qquad\qquad = \dfrac{1}{2} \times 4 \times 10 \times \dfrac{3}{\sqrt{10}}$

$\qquad\qquad = 6\sqrt{10} \ (\mathrm{cm^2})$

[다른 풀이]

점 C에서 변 AB에 내린 수선의 발을 H라 하고 $\overline{AH}=x$ cm라 하

면 직각삼각형 AHC에서 $\overline{CH} = \overline{AH}\tan A = 3x$ cm이므로

$\overline{AC} = \sqrt{\overline{AH}^2 + \overline{CH}^2} = \sqrt{x^2+(3x)^2} = \sqrt{10}\,x = 10$

따라서 $x = \sqrt{10}$이고 $\overline{CH} = 3x = 3\sqrt{10}$ cm이므로

$\triangle ABC = \dfrac{1}{2} \times \overline{AB} \times \overline{CH}$

$\qquad\qquad = \dfrac{1}{2} \times 4 \times 3\sqrt{10} = 6\sqrt{10} \ (\mathrm{cm^2})$

61 답 ①

$\overline{AB}=x$, $\overline{BC}=y$라 하면

$\triangle ABC = \dfrac{1}{2}xy\sin B$

이때, $\overline{A'B} = \dfrac{80}{100}x = \dfrac{4}{5}x$, $\overline{BC'} = \dfrac{120}{100}y = \dfrac{6}{5}y$이므로

$\triangle A'BC' = \dfrac{1}{2} \times \dfrac{4}{5}x \times \dfrac{6}{5}y \times \sin B$

$\qquad\qquad = \dfrac{24}{25} \times \dfrac{1}{2}xy\sin B$

$\qquad\qquad = \dfrac{24}{25}\triangle ABC = \dfrac{96}{100}\triangle ABC$

따라서 삼각형 A'BC'의 넓이는 삼각형 ABC의 넓이보다 4 % 줄

어든다.

62 답 $\dfrac{1}{3}$

$\triangle ABC = \dfrac{1}{2} \times \overline{AB} \times \overline{AC} \times \sin A$

$\qquad\quad = \dfrac{1}{2} \times \overline{BA} \times \overline{BC} \times \sin B$

$\qquad\quad = \dfrac{1}{2} \times \overline{CB} \times \overline{CA} \times \sin C$

이때, 세 삼각형 APR, BQP, CRQ의 넓이는 각각

$\triangle APR = \dfrac{1}{2} \times \overline{AP} \times \overline{AR} \times \sin A$

$\qquad\quad = \dfrac{1}{2} \times \dfrac{1}{3}\overline{AB} \times \dfrac{2}{3}\overline{AC} \times \sin A$

$\qquad\quad = \dfrac{2}{9} \times \left(\dfrac{1}{2} \times \overline{AB} \times \overline{AC} \times \sin A\right) = \dfrac{2}{9}\triangle ABC$

$\triangle BQP = \dfrac{1}{2} \times \overline{BP} \times \overline{BQ} \times \sin B$

$\qquad\quad = \dfrac{1}{2} \times \dfrac{2}{3}\overline{BA} \times \dfrac{1}{3}\overline{BC} \times \sin B$

$\qquad\quad = \dfrac{2}{9} \times \left(\dfrac{1}{2} \times \overline{BA} \times \overline{BC} \times \sin B\right) = \dfrac{2}{9}\triangle ABC$

$\triangle CRQ = \dfrac{1}{2} \times \overline{CQ} \times \overline{CR} \times \sin C$

$\qquad\quad = \dfrac{1}{2} \times \dfrac{2}{3}\overline{CB} \times \dfrac{1}{3}\overline{CA} \times \sin C$

$\qquad\quad = \dfrac{2}{9} \times \left(\dfrac{1}{2} \times \overline{CB} \times \overline{CA} \times \sin C\right) = \dfrac{2}{9}\triangle ABC$

이므로

$\triangle PQR = \triangle ABC - (\triangle APR + \triangle BQP + \triangle CRQ)$

$\qquad\quad = \left(1 - \dfrac{6}{9}\right) \times \triangle ABC = \dfrac{1}{3}\triangle ABC$

$\therefore \dfrac{\triangle PQR}{\triangle ABC} = \dfrac{1}{3}$

63 답 $\dfrac{3\sqrt{13}}{13}$

$y = -x^2 + 4x + 5 = -(x+1)(x-5)$

이므로 주어진 이차함수의 그래프가 x

축과 만나는 두 점 A, B의 좌표는 각각

$(-1, 0)$, $(5, 0)$이고 y축과 만나는

점 C의 좌표는 $(0, 5)$이다.

$\therefore \triangle ABC = \dfrac{1}{2} \times \overline{AB} \times \overline{OC}$

$\qquad\qquad = \dfrac{1}{2} \times \{5-(-1)\} \times 5 = 15 \ \cdots \ \text{㉠}$

한편, $\overline{AC} = \sqrt{\{0-(-1)\}^2 + (5-0)^2} = \sqrt{26}$이고

$\overline{BC} = \sqrt{(5-0)^2 + (0-5)^2} = 5\sqrt{2}$이므로

$\triangle ABC = \dfrac{1}{2} \times \overline{AC} \times \overline{BC} \times \sin C$

$\qquad\qquad = \dfrac{1}{2} \times \sqrt{26} \times 5\sqrt{2} \times \sin C$

$\qquad\qquad = 5\sqrt{13}\sin C \ \cdots \ \text{㉡}$

㉠=㉡이므로 $15 = 5\sqrt{13}\sin C$

$\therefore \sin C = \dfrac{15}{5\sqrt{13}} = \dfrac{3\sqrt{13}}{13}$

64 답 $\dfrac{\sqrt{2}}{2}ab$

$\angle B=\angle D=65°$이므로 삼각형 ABC에서

$\angle ACB=180°-(70°+65°)=45°$

$\therefore \Box ABCD=2\triangle ABC=2\times\left(\dfrac{1}{2}\times a\times b\times\sin 45°\right)=\dfrac{\sqrt{2}}{2}ab$

65 답 $30\sqrt{2}\ \mathrm{cm}^2$

$\overline{AB}=\overline{CD}=10\ \mathrm{cm}$이고 $\angle D=45°$이므로

$\triangle AMD=\dfrac{1}{2}\Box ABCD=\dfrac{1}{2}\times(\overline{AD}\times\overline{CD}\times\sin 45°)$

$\qquad\quad=\dfrac{1}{2}\times\left(12\times 10\times\dfrac{\sqrt{2}}{2}\right)=30\sqrt{2}\ (\mathrm{cm}^2)$

66 답 ③

두 점 A, C를 이으면

$\Box ABCD=\triangle ABC+\triangle ACD$

$\qquad=\left(\dfrac{1}{2}\times\overline{AB}\times\overline{BC}\times\sin 45°\right)$

$\qquad\qquad +\left\{\dfrac{1}{2}\times\overline{AD}\times\overline{DC}\times\sin(180°-120°)\right\}$

$\qquad=\left(\dfrac{1}{2}\times 8\times 10\times\dfrac{\sqrt{2}}{2}\right)+\left(\dfrac{1}{2}\times 4\times 4\times\dfrac{\sqrt{3}}{2}\right)$

$\qquad=20\sqrt{2}+4\sqrt{3}$

67 답 $\dfrac{4}{\sin\theta}$

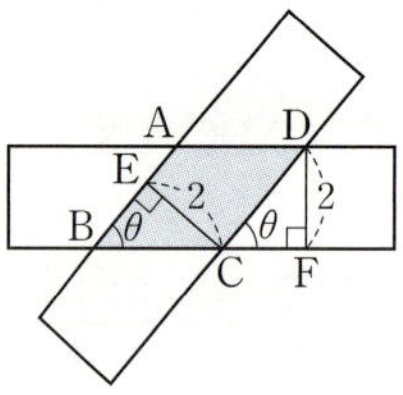

그림의 점 C에서 선분 AB에 내린 수선의 발을 E, 점 D에서 선분 BC의 연장선에 내린 수선의 발을 F라 하면 직각삼각형 BCE에서 $\overline{BC}=\dfrac{\overline{CE}}{\sin\theta}=\dfrac{2}{\sin\theta}$이고

직각삼각형 DCF에서 $\overline{CD}=\dfrac{\overline{DF}}{\sin\theta}=\dfrac{2}{\sin\theta}$

이때, 사각형 ABCD는 평행사변형이므로 $\overline{AB}=\overline{CD}=\dfrac{2}{\sin\theta}$

따라서 두 개의 띠가 겹쳐진 부분의 넓이는

$\Box ABCD=\overline{AB}\times\overline{BC}\times\sin\theta=\dfrac{2}{\sin\theta}\times\dfrac{2}{\sin\theta}\times\sin\theta=\dfrac{4}{\sin\theta}$

68 답 $30\sqrt{3}$

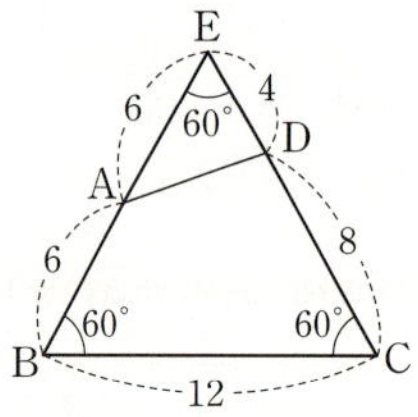

그림과 같이 두 선분 AB, CD의 연장선이 만나는 점을 E라 하면 삼각형 EBC는 한 변의 길이가 12인 정삼각형이다.

이때, $\overline{AE}=\overline{EB}-\overline{AB}=12-6=6$,

$\overline{DE}=\overline{EC}-\overline{DC}=12-8=4$이므로

$\triangle EAD=\dfrac{1}{2}\times\overline{EA}\times\overline{ED}\times\sin 60°=\dfrac{1}{2}\times 6\times 4\times\dfrac{\sqrt{3}}{2}=6\sqrt{3}$

$\triangle EBC=\dfrac{1}{2}\times\overline{EB}\times\overline{EC}\times\sin 60°=\dfrac{1}{2}\times 12\times 12\times\dfrac{\sqrt{3}}{2}=36\sqrt{3}$

$\therefore \Box ABCD=\triangle EBC-\triangle EAD=36\sqrt{3}-6\sqrt{3}=30\sqrt{3}$

69 답 (1) $\dfrac{\sqrt{2}}{2}$ (2) $\dfrac{\sqrt{2}+\sqrt{6}}{4}$

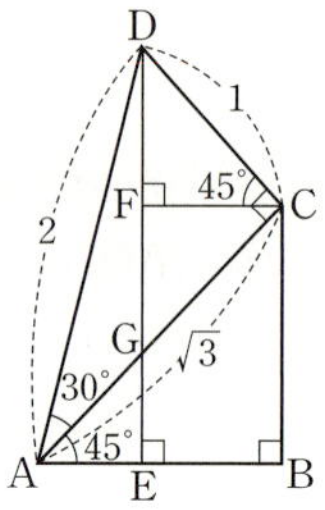

(1) 직각삼각형 ACD에서

$\overline{CD}=\overline{AD}\sin 30°=2\times\dfrac{1}{2}=1$

$\overline{AC}=\overline{AD}\cos 30°=2\times\dfrac{\sqrt{3}}{2}=\sqrt{3}$

이때, $\overline{CF}/\!/\overline{AB}$에서

$\angle FCA=\angle CAB=45°$(엇각)이므로

$\angle FCD=90°-\angle FCA=45°$

따라서 직각삼각형 DFC에서

$\overline{DF}=\overline{CD}\sin 45°=1\times\dfrac{\sqrt{2}}{2}=\dfrac{\sqrt{2}}{2}$ ⸻ ⓐ

(2) 직각삼각형 ABC에서

$\overline{BC}=\overline{AC}\sin 45°=\sqrt{3}\times\dfrac{\sqrt{2}}{2}=\dfrac{\sqrt{6}}{2}$

즉, $\overline{FE}=\overline{BC}=\dfrac{\sqrt{6}}{2}$이고 직각삼각형 AED에서

$\angle ADE=15°$이므로

$\cos 15°=\dfrac{\overline{DE}}{\overline{AD}}=\dfrac{\overline{DF}+\overline{FE}}{2}$

$\qquad=\dfrac{\dfrac{\sqrt{2}}{2}+\dfrac{\sqrt{6}}{2}}{2}=\dfrac{\sqrt{2}+\sqrt{6}}{4}$ ⸻ ⓑ

| 채점기준 |
ⓐ 선분 DF의 길이를 구한다. [50%]
ⓑ $\cos 15°$의 값을 구한다. [50%]

70 답 $\sqrt{3}$

$\triangle ABD=\dfrac{1}{2}\times\overline{AB}\times\overline{BD}\times\sin 30°$

$\qquad=\dfrac{1}{2}\times 4\times\overline{BD}\times\dfrac{1}{2}$

$\qquad=\overline{BD}$

$\triangle DBC=\dfrac{1}{2}\times\overline{BD}\times\overline{BC}\times\sin(180°-120°)$

$\qquad=\dfrac{1}{2}\times\overline{BD}\times 4\sqrt{3}\times\dfrac{\sqrt{3}}{2}$

$\qquad=3\overline{BD}$ ⸻ ⓐ

$\triangle ABC=\dfrac{1}{2}\times\overline{AB}\times\overline{BC}\times\sin(180°-150°)$

$\qquad=\dfrac{1}{2}\times 4\times 4\sqrt{3}\times\dfrac{1}{2}$

$\qquad=4\sqrt{3}$ ⸻ ⓑ

이때, $\triangle ABC=\triangle ABD+\triangle DBC$이므로

$4\sqrt{3}=\overline{BD}+3\overline{BD}$, $4\overline{BD}=4\sqrt{3}$

$\therefore \overline{BD}=\sqrt{3}$ ⸻ ⓒ

| 채점기준 |
ⓐ 두 삼각형 ABD, DBC의 넓이를 각각 $\overline{BD}$에 대한 식으로 나타낸다. [40%]
ⓑ 삼각형 ABC의 넓이를 구한다. [30%]
ⓒ 두 삼각형 ABD, DBC의 넓이의 합이 삼각형 ABC의 넓이임을 이용하여 선분 BD의 길이를 구한다. [30%]

71 답 ③

직각삼각형 BCE에서

$\overline{CE} = \overline{BC} \tan \theta = 1 \times \tan \theta = \tan \theta$

$\therefore \overline{EF} = \overline{CE} = \tan \theta$

한편, $\angle BEC = \angle BEF = 90° - \theta$이므로

$\angle DEF = 180° - (\angle BEC + \angle BEF)$

$\qquad = 180° - \{(90° - \theta) + (90° - \theta)\} = 2\theta$

따라서 직각삼각형 DFE에서 $\overline{DE} = \overline{EF} \cos 2\theta = \tan \theta \cos 2\theta$

72 답 $\dfrac{5}{13}$

$\overline{AB} = \overline{BC}$이고 $\triangle ABE \equiv \triangle BCF$이므로 $\overline{AE} = \overline{CF}$이다.

따라서 $\overline{ED} = \overline{DF}$이므로 $\triangle BDE = \dfrac{1}{2} \square BFDE$이다.

한편, $\triangle ABE = \triangle BCF = \square BFDE$이므로 $\triangle ABE = 2\triangle BDE$

에서 $\overline{AE} = 2\overline{DE}$

이때, 정사각형 ABCD의 한 변의 길이를 $3a$라 하면

$\overline{AE} = 2a$, $\overline{DE} = \overline{DF} = a$, $\overline{BE} = \overline{BF} = \sqrt{(3a)^2 + (2a)^2} = \sqrt{13}a$

이므로 $\triangle ABE = \dfrac{1}{2} \times 3a \times 2a = 3a^2$이고

$\square BFDE = \triangle BFE + \triangle DEF$

$\qquad = \dfrac{1}{2} \times \sqrt{13}a \times \sqrt{13}a \times \sin \theta + \dfrac{1}{2} \times a \times a$

$\qquad = \dfrac{13}{2}a^2 \sin \theta + \dfrac{1}{2}a^2$

이때, $\triangle ABE = \square BFDE$이므로 $3a^2 = \dfrac{13}{2}a^2 \sin \theta + \dfrac{1}{2}a^2$에서

$\dfrac{5}{2}a^2 = \dfrac{13}{2}a^2 \sin \theta$

$\therefore \sin \theta = \dfrac{5}{13}$

대단원 만점 문제

V. 삼각비
문제편 28P

01 답 ①

$\angle x + \angle y = 90°$이므로 $\angle B = 90° - \angle x = \angle y$,

$\angle C = 90° - \angle y = \angle x$

이때, 직각삼각형 ABC에서 피타고라스 정리에 의하여

$\overline{BC} = \sqrt{6^2 + 8^2} = 10$이므로 $\tan x = \tan C = \dfrac{\overline{AB}}{\overline{AC}} = \dfrac{6}{8} = \dfrac{3}{4}$,

$\sin y = \sin B = \dfrac{\overline{AC}}{\overline{BC}} = \dfrac{8}{10} = \dfrac{4}{5}$

$\therefore \tan x \times \sin y = \dfrac{3}{4} \times \dfrac{4}{5} = \dfrac{3}{5}$

02 답 ④

선분 CD는 사분원의 접선이므로 $\overline{OB} \perp \overline{CD}$이다. 즉, 삼각형 OCB

는 $\angle B = 90°$인 직각삼각형이다.

이때, 직각삼각형 OCB에서 $\overline{OB} = 1$이므로

$\tan \theta = \dfrac{\overline{BC}}{\overline{OB}} = \overline{BC}$

03 답 20

$5° \leq x° \leq 50°$에서 $10° \leq 2x° \leq 100°$

$\therefore 0° \leq 2x° - 10° \leq 90°$

따라서 $\sin(2x° - 10°) = \dfrac{1}{2} = \sin 30°$이므로 $2x - 10 = 30$

$2x = 40$

$\therefore x = 20$

04 답 $\dfrac{2\sqrt{13}}{13}$

$\triangle ABH \backsim \triangle CAH$(AA 닮음)이고 닮음비는 $\overline{AB} : \overline{CA}$이다.

이때, 두 삼각형 ABH와 CAH의 넓이의 비가 $4 : 9$이므로

$\overline{AB}^2 : \overline{CA}^2 = 4 : 9$에서 $\overline{AB} : \overline{CA} = 2 : 3$

즉, 양수 k에 대하여 $\overline{AB} = 2k$, $\overline{CA} = 3k$라 하면 직각삼각형

ABC에서 피타고라스 정리에 의하여

$\overline{BC} = \sqrt{(2k)^2 + (3k)^2} = \sqrt{13}k$

따라서 직각삼각형 ABC에서

$\sin C = \dfrac{\overline{AB}}{\overline{BC}} = \dfrac{2k}{\sqrt{13}k} = \dfrac{2\sqrt{13}}{13}$

05 답 ⑤

$\triangle ABC = \dfrac{1}{2} \times \overline{BC} \times \overline{AC} \times \sin(180° - 150°)$

$\qquad = \dfrac{1}{2} \times 8 \times \overline{AC} \times \dfrac{1}{2} = 2\overline{AC} = 10\sqrt{3}$

$\therefore \overline{AC} = 5\sqrt{3} \text{ cm}$

06 답 ④

지점 C에서 큰 건물을 정면으로 바라본

지점을 E라 하면

$\overline{CE} = \overline{AB} = 30 \text{ m}$이므로 직각삼각형

CBE에서

$\overline{BE} = \overline{CE} \tan 45° = 30 \times 1 = 30\,(\text{m})$이

고 직각삼각형 CED에서

$\overline{DE} = \overline{CE} \tan 30° = 30 \times \dfrac{\sqrt{3}}{3} = 10\sqrt{3}\,(\text{m})$

$\therefore \overline{BD} = \overline{BE} + \overline{DE} = 30 + 10\sqrt{3}$

$\qquad = 10(3 + \sqrt{3})\,(\text{m})$

07 답 ②

그림과 같이 산꼭대기를 점 P, 점 P에서 선분 AB의 연장선에 내린 수선의 발을 H라 하면 직각삼각형 PAH에서

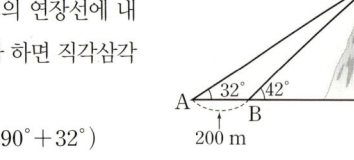

$\angle APH = 180° - (90° + 32°)$
$= 58°$

이므로 $\overline{AH} = \overline{PH} \tan 58°$이고 직각삼각형 PBH에서

$\angle BPH = 180° - (90° + 42°) = 48°$이므로 $\overline{BH} = \overline{PH} \tan 48°$이다.

이때, $\overline{AB} = \overline{AH} - \overline{BH}$에서 $200 = \overline{PH} \tan 58° - \overline{PH} \tan 48°$

$\therefore \overline{PH} = \dfrac{200}{\tan 58° - \tan 48°}$ m

따라서 산의 높이는 $\dfrac{200}{\tan 58° - \tan 48°}$ m이다.

08 답 $(9 - 3\sqrt{3})$ cm²

그림과 같이 점 P에서 변 OD에 내린 수선의 발을 H라 하고 $\overline{PH} = x$ cm라 하면

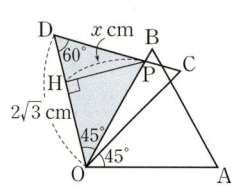

삼각형 OPH는 직각이등변삼각형이므로 $\overline{OH} = \overline{PH} = x$ cm

$\therefore \overline{DH} = \overline{OD} - \overline{OH} = 2\sqrt{3} - x$ (cm)

이때, 직각삼각형 DHP에서 $\overline{PH} = \overline{DH} \tan 60°$이므로

$x = (2\sqrt{3} - x) \times \sqrt{3}, (\sqrt{3} + 1)x = 6$

$\therefore x = \dfrac{6}{\sqrt{3} + 1} = 3\sqrt{3} - 3 \Rightarrow \overline{PH} = 3\sqrt{3} - 3$

$\therefore \triangle OPD = \dfrac{1}{2} \times \overline{OD} \times \overline{PH}$

$= \dfrac{1}{2} \times 2\sqrt{3} \times (3\sqrt{3} - 3)$

$= 9 - 3\sqrt{3}$ (cm²)

Ⅵ 원의 성질

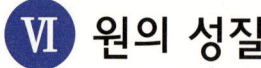

03 원과 직선

문제편
32P

01 답 ⑤

원의 중심에서 현에 내린 수선은 그 현을 수직이등분하므로 직각삼각형 OHB에서 피타고라스 정리에 의하여

$\overline{HB} = \dfrac{x}{2} = \sqrt{5^2 - 3^2} = 4$ (cm) $\therefore x = 8$

02 답 5

원의 중심 O에서 현에 내린 수선은 현을 수직이등분하므로 $\overline{DB} = \overline{AD} = 4$ cm

한편, $\overline{OC} = \overline{OB} = x$ cm이므로

$\overline{OD} = (x - 2)$ cm

즉, 직각삼각형 ODB에서 피타고라스 정리에 의하여

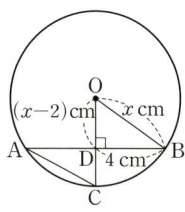

$x^2 = (x - 2)^2 + 4^2, x^2 = x^2 - 4x + 4 + 16$

$4x = 20$ $\therefore x = 5$

03 답 ③

현의 수직이등분선은 원의 중심을 지나고 원의 중심에서 같은 거리에 있는 두 현의 길이는 같으므로 $\overline{AB} + \overline{CD} = 2\overline{AB} = 4\overline{AM}$

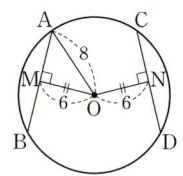

이때, $\overline{AM} = x$라 하면 직각삼각형 AMO에서 피타고라스 정리에 의하여

$x^2 + 6^2 = 8^2, x^2 = 28$ $\therefore x = 2\sqrt{7}$ ($\because x > 0$)

$\therefore \overline{AB} + \overline{CD} = 4\overline{AM} = 8\sqrt{7}$

04 답 71°

원의 중심에서 같은 거리에 있는 두 현의 길이는 같으므로 삼각형 ABC는 $\overline{AB} = \overline{AC}$인 이등변삼각형이다.

$\therefore \angle B = \dfrac{1}{2} \times (180° - 38°) = 71°$

05 답 2

그림과 같이 선분 AD의 중점을 H, 큰 원의 반지름의 길이를 R, 작은 원의 반지름의 길이를 r, 선분 OH의 길이를 h라 하면

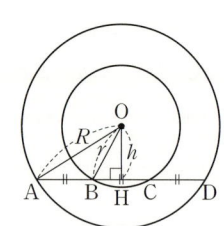

$\overline{AH} = \dfrac{1}{2}\overline{AD} = \dfrac{1}{2}(\overline{AB} + \overline{BC} + \overline{CD}) = 6$

이므로 직각삼각형 OAH에서 $R^2 = h^2 + 6^2$

$\therefore h^2 = R^2 - 36$ ⋯ ㉠

한편, $\overline{BH}=\dfrac{1}{2}\overline{BC}=2$이므로 직각삼각형 OBH에서 $r^2=h^2+2^2$

$\therefore h^2=r^2-4 \cdots \Box$

㉠, ㉡에서 $R^2-36=r^2-4$, $R^2-r^2=32$

$(R+r)(R-r)=32$

이때, $R+r=16$이므로 $16(R-r)=32$

$\therefore R-r=2$

따라서 두 원의 반지름의 길이의 차는 2이다.

06 달 64

(i) 두 현이 원의 중심을 기준으로 서로 다른 쪽에 있는 경우

그림과 같이 두 현을 AB, CD라 하고
원의 중심 O에서 두 현에 내린 수선의
발을 각각 M, N이라 하면 수선은 현의
길이를 수직이등분하므로

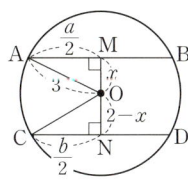

$\overline{AM}=\overline{BM}=\dfrac{a}{2}$, $\overline{CN}=\overline{DN}=\dfrac{b}{2}$

이때, $\overline{OM}=x$라 하면 $\overline{ON}=\overline{MN}-\overline{OM}=2-x$이므로 직각
삼각형 OMA에서 피타고라스 정리에 의하여

$\left(\dfrac{a}{2}\right)^2=3^2-x^2$

$\dfrac{a^2}{4}=9-x^2$

$\therefore a^2=36-4x^2 \cdots \Box$

또, 직각삼각형 OCN에서 피타고라스 정리에 의하여

$\left(\dfrac{b}{2}\right)^2=3^2-(2-x)^2$

$\dfrac{b^2}{4}=9-4+4x-x^2$

$\therefore b^2=20+16x-4x^2 \cdots \Box$

㉠+㉡을 하면

$a^2+b^2=(36-4x^2)+(20+16x-4x^2)$

$=-8x^2+16x+56$

$=-8(x^2-2x-7)$

$=-8(x-1)^2+64\le64$

따라서 이 경우 a^2+b^2의 최댓값은 $x=1$일 때, 64이다.

(ii) 두 현이 원의 중심을 기준으로 서로 같은 쪽에 있는 경우

그림과 같이 원의 중심에서 멀리 있는 현
을 가까이 있는 현에 대하여 반대 방향에
같은 간격으로 현을 그으면 그 현의 길이
는 원의 중심에서 멀리 있는 현의 길이보
다 항상 길고, 이 경우 (i)의 경우와 같다.

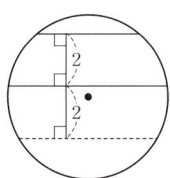

따라서 두 현이 원의 중심에서 같은 쪽에 있을 때보다 서로 다른
쪽에 있을 때, a^2+b^2의 값이 더 크다.

(i), (ii)에 의하여 a^2+b^2의 최댓값은 64이다.

07 달 $24+8\sqrt{5}$

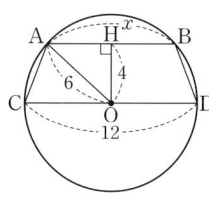

선분 OA는 원 O의 반지름이므로

$\overline{OA}=\dfrac{1}{2}\overline{CD}=6$이고 원의 중심에서 현
에 내린 수선은 그 현을 수직이등분하므
로 $\overline{AB}=x$라 하면 $\overline{AH}=\dfrac{1}{2}\overline{AB}=\dfrac{1}{2}x$

이때, 삼각형 AOH는 직각삼각형이므로 피타고라스 정리에 의하여

$\overline{AO}^2=\overline{AH}^2+\overline{OH}^2$에서 $6^2=\left(\dfrac{1}{2}x\right)^2+4^2$

$\dfrac{1}{4}x^2=20$, $x^2=80$ $\therefore x=4\sqrt{5} \Rightarrow \overline{AB}=4\sqrt{5}$

$\therefore \Box\text{ACDB}=\dfrac{1}{2}\times(\overline{AB}+\overline{CD})\times\overline{OH}$

$=\dfrac{1}{2}\times(4\sqrt{5}+12)\times4=24+8\sqrt{5}$

08 달 6 cm

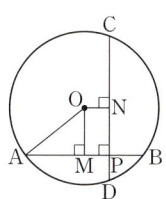

원의 중심을 O라 하고 점 O에서 두 현 AB,
CD에 내린 수선의 발을 각각 M, N이라 하면
원의 중심에서 현에 내린 수선은 현의 길이를
이등분하므로

$\overline{AM}=\dfrac{1}{2}\overline{AB}=4(\text{cm})$, $\overline{CN}=\overline{DN}$

$\therefore \overline{CP}-\overline{DP}=(\overline{CN}+\overline{NP})-(\overline{DN}-\overline{NP})=2\overline{NP}$

한편, 직각삼각형 OAM에서 피타고라스 정리에 의하여

$\overline{OM}=\sqrt{\overline{OA}^2-\overline{AM}^2}=\sqrt{5^2-4^2}=3(\text{cm})$이므로

$\overline{CP}-\overline{DP}=2\overline{NP}=2\overline{OM}=6(\text{cm})$

09 달 ④

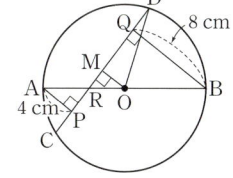

그림과 같이 선분 AB와 선분 CD의 교
점을 R, 원 O의 중심 O에서 선분 CD
에 내린 수선의 발을 M이라 하자.

△APR∽△BQR(AA 닮음)이므로

$\overline{AR}:\overline{BR}=\overline{AP}:\overline{BQ}=1:2$

$\therefore \overline{BR}=2\overline{AR}$

이때, $\overline{AB}=\overline{AR}+\overline{BR}=3\overline{AR}=15(\text{cm})$이므로

$\overline{AR}=5\text{ cm}$, $\overline{BR}=10\text{ cm}$이고

$\overline{OR}=\overline{OA}-\overline{AR}=\dfrac{15}{2}-5=\dfrac{5}{2}(\text{cm})$

한편, 삼각형 APR는 각 변의 길이가 3 cm, 4 cm, 5 cm인 직각삼
각형이고 △APR∽△OMR(AA 닮음)이므로

$\overline{AP}:\overline{OM}=\overline{AR}:\overline{OR}$에서

$4:\overline{OM}=5:\dfrac{5}{2}=2:1$ $\therefore \overline{OM}=2\text{ cm}$

따라서 직각삼각형 ODM에서 피타고라스 정리에 의하여

$\overline{DM}=\sqrt{\overline{OD}^2-\overline{OM}^2}=\sqrt{\left(\dfrac{15}{2}\right)^2-2^2}=\dfrac{\sqrt{209}}{2}(\text{cm})$이므로

$\overline{CD}=2\overline{DM}=\sqrt{209}(\text{cm})$

10 답 ①

반원 O의 반지름의 길이를 r cm라 하자.

한 원에서 현의 길이가 같으면 중심각의 크기도 같으므로 그림과 같이 $\overline{C'B}=2$ cm가 되도록 점 C의 위치를 점 C′으로 옮기면 $\overline{DC'}=7$ cm이다.

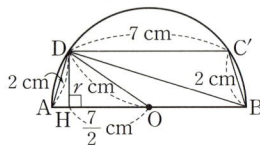

점 D에서 선분 AB에 내린 수선의 발을 H라 하면

$\overline{OH}=\dfrac{1}{2}\overline{DC'}=\dfrac{7}{2}$(cm)이므로 $\overline{AH}=\left(r-\dfrac{7}{2}\right)$ cm

한편, 두 직각삼각형 HOD, AHD에서 피타고라스 정리에 의하여

$\overline{DH}^2=\overline{OD}^2-\overline{OH}^2=\overline{AD}^2-\overline{AH}^2$

$r^2-\left(\dfrac{7}{2}\right)^2=2^2-\left(r-\dfrac{7}{2}\right)^2,\ 2r^2-7r-4=0$

$(r-4)(2r+1)=0$

$\therefore r=4\ (\because r>0)$

이때, 선분 AB는 반원 O의 지름이므로 삼각형 ABD는 직각삼각형이다.

$\therefore \overline{BD}=\sqrt{\overline{AB}^2-\overline{AD}^2}=\sqrt{8^2-2^2}=2\sqrt{15}$(cm)

11 답 3 cm

원 O는 삼각형 ABC의 내접원이므로 $\overline{AF}=\overline{AE}$, $\overline{BF}=\overline{BD}$, $\overline{CD}=\overline{CE}$이다.

이때, $\overline{AF}=\overline{AE}=x$ cm라 하면

$\overline{BD}=\overline{BF}=(8-x)$ cm, $\overline{CD}=\overline{CE}=(9-x)$ cm이므로

$\overline{BC}=\overline{BD}+\overline{CD}$에서 $11=(8-x)+(9-x)$

$2x=6$ $\therefore x=3$

$\therefore \overline{AF}=3$ cm

12 답 16 cm

삼각형 ABC와 원 O의 세 접점을 각각 L, M, N이라 하고 선분 PQ와 원 O의 접점을 R라 하자.

원 밖의 한 점에서 그은 두 접선의 길이는 같으므로

$\overline{AL}=\overline{AN}$, $\overline{BL}=\overline{BM}$, $\overline{CM}=\overline{CN}$

이때, $\overline{BL}=\overline{BM}=x$ cm라 하면

$\overline{AN}=\overline{AL}=(15-x)$ cm, $\overline{CN}=\overline{CM}=(13-x)$ cm

이므로 $\overline{AC}=\overline{AN}+\overline{CN}$에서 $12=(15-x)+(13-x)$

$2x=16$ $\therefore x=8$

$\therefore \overline{BL}=\overline{BM}=8$ cm

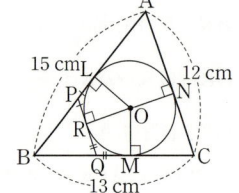

한편, $\overline{PL}=\overline{PR}$, $\overline{QM}=\overline{QR}$이므로

(삼각형 BQP의 둘레의 길이)$=\overline{BP}+\overline{PQ}+\overline{BQ}$

$=\overline{BP}+(\overline{PR}+\overline{QR})+\overline{BQ}$

$=\overline{BP}+(\overline{PL}+\overline{QM})+\overline{BQ}$

$=\overline{BL}+\overline{BM}=16$(cm)

13 답 $\dfrac{3\sqrt{2}}{2}$ cm²

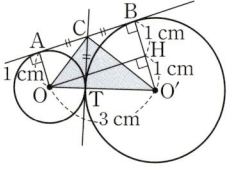

두 원 O, O'의 접점을 T라 하고 점 T에서 그은 두 원의 공통접선이 선분 AB와 만나는 점을 C라 하면 선분 AB가 원의 접선이므로

$\overline{AC}=\overline{CT}$, $\overline{BC}=\overline{CT}$

즉, $\overline{AC}=\overline{BC}$이므로 점 C는 선분 AB의 중점이다.

따라서 점 M과 점 C는 같은 점이다.

이때, $\triangle OAM\equiv\triangle OTM$, $\triangle O'BM\equiv\triangle O'TM$(SSS 합동)이므로

$\triangle MOO'=\dfrac{1}{2}\times$(사다리꼴 AOO'B의 넓이)

한편, 점 O에서 선분 O'B에 내린 수선의 발을 H라 하면

직각삼각형 OO'H에서 $\overline{O'H}=1$ cm, $\overline{OO'}=3$ cm이므로

$\overline{OH}=\sqrt{3^2-1^2}=2\sqrt{2}$(cm)

$\therefore$ (사다리꼴 AOO'B의 넓이)$=\dfrac{1}{2}\times(1+2)\times2\sqrt{2}=3\sqrt{2}$(cm²)

$\therefore \triangle MOO'=\dfrac{1}{2}\times$(사다리꼴 AOO'B의 넓이)

$=\dfrac{1}{2}\times3\sqrt{2}=\dfrac{3\sqrt{2}}{2}$(cm²)

14 답 30 cm

선분 AT는 원 O의 접선이므로 삼각형 AOT는 $\angle ATO=90°$인 직각삼각형이다. $\therefore \overline{AT}=\sqrt{17^2-8^2}=15$(cm)

또한, $\overline{AT}=\overline{AT'}$, $\overline{CT}=\overline{CD}$, $\overline{BD}=\overline{BT'}$이므로

(삼각형 ABC의 둘레의 길이)$=\overline{AB}+\overline{BC}+\overline{AC}$

$=\overline{AB}+(\overline{BD}+\overline{CD})+\overline{AC}$

$=(\overline{AB}+\overline{BT'})+(\overline{CT}+\overline{AC})$

$=\overline{AT'}+\overline{AT}=2\overline{AT}=30$(cm)

15 답 ⑤

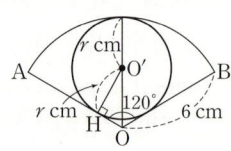

원 O'의 반지름의 길이를 r cm라 하자.

원 O'과 선분 OA의 접점을 H라 하면 선분 O'H와 선분 OA는 서로 수직이므로 삼각형 OO'H는 직각삼각형이다.

이때, $\overline{OO'}=(6-r)$ cm, $\angle O'OH=60°$이므로

$(6-r):r=2:\sqrt{3},\ 2r=6\sqrt{3}-\sqrt{3}r,\ (2+\sqrt{3})r=6\sqrt{3}$

$\therefore r=\dfrac{6\sqrt{3}}{2+\sqrt{3}}=6\sqrt{3}(2-\sqrt{3})=6(2\sqrt{3}-3)$

따라서 원 O'의 반지름의 길이는 $6(2\sqrt{3}-3)$ cm이다.

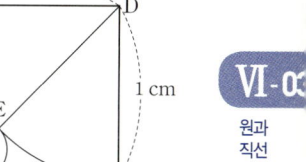
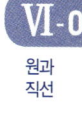

[다른 풀이]

직각삼각형 OO'H에서 $\overline{OO'}=(6-r)$ cm, $\overline{O'H}=r$ cm,

∠O'OH=60°이므로

$\overline{O'H}=\overline{OO'}\sin 60°$에서 $r=(6-r)\times\dfrac{\sqrt{3}}{2}$, $(2+\sqrt{3})r=6\sqrt{3}$

∴ $r=6(2\sqrt{3}-3)$

16 답 $\sqrt{7}$ cm

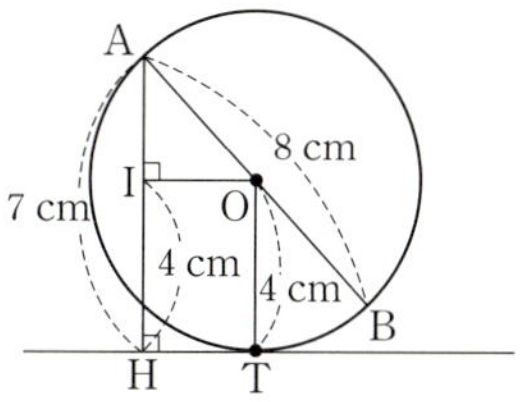

원 O의 중심 O에서 선분 AH에 내
린 수선의 발을 I라 하면

$\overline{AB}=8$ cm에서 $\overline{OT}=4$ cm

이므로 $\overline{IH}=4$ cm

∴ $\overline{AI}=7-4=3$(cm)

직각삼각형 OAI에서 $\overline{OA}=4$ cm이므로

$\overline{OI}=\sqrt{4^2-3^2}=\sqrt{7}$(cm)

∴ $\overline{HT}=\overline{OI}=\sqrt{7}$ cm

17 답 $8\sqrt{2}$ cm

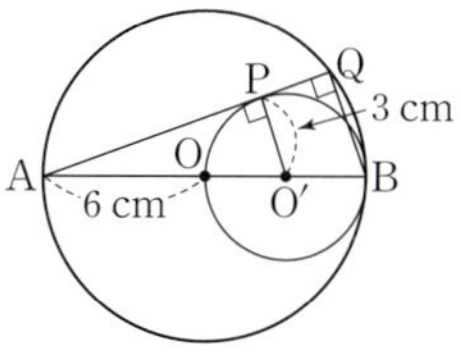

원의 접선은 접점을 지나는 반지름에
수직이므로 삼각형 AO'P는 직각삼각
형이다.

따라서 피타고라스 정리에 의하여

$\overline{AP}^2=\overline{AO'}^2-\overline{O'P}^2=9^2-3^2=72$

∴ $\overline{AP}=6\sqrt{2}$ cm

한편, 삼각형 ABQ는 ∠AQB=90°인 직각삼각형이므로

△AO'P∽△ABQ(AA 닮음)

즉, $\overline{AP}:\overline{AQ}=\overline{AO'}:\overline{AB}$에서

$6\sqrt{2}:\overline{AQ}=9:12$, $9\overline{AQ}=72\sqrt{2}$

∴ $\overline{AQ}=8\sqrt{2}$ cm

18 답 ②

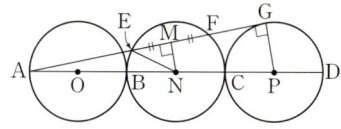

점 N에서 선분 AG에 내린 수선의 발을 M이라 하면

△ANM∽△APG(AA 닮음)이므로

$\overline{AN}:\overline{MN}=\overline{AP}:\overline{GP}$에서 $15:\overline{MN}=25:5$, $25\overline{MN}=75$

∴ $\overline{MN}=3$ cm

이때, 직각삼각형 ENM에서

$\overline{EM}=\sqrt{\overline{EN}^2-\overline{MN}^2}=\sqrt{5^2-3^2}=4$(cm)이므로

$\overline{EF}=2\overline{EM}=2\times4=8$(cm)

19 답 $(3-2\sqrt{2})$ cm

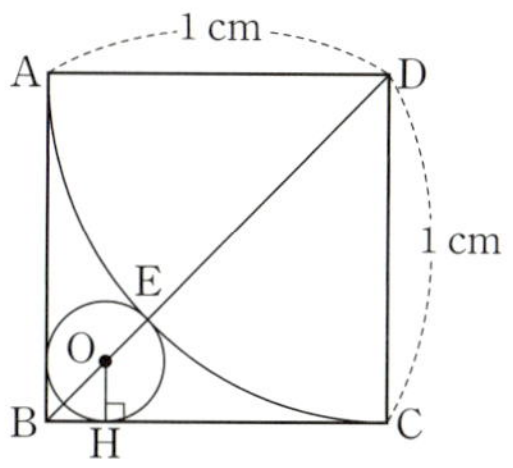

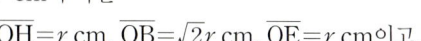

원 O와 변 BC의 접점을 H라 하면

$\overline{BC}\perp\overline{OH}$, ∠OBH=45°이므로
삼각형 OBH와 삼각형 DBC는 직
각이등변삼각형이다.

이때, 원 O의 반지름의 길이를
r cm라 하면

$\overline{OH}=r$ cm, $\overline{OB}=\sqrt{2}r$ cm, $\overline{OE}=r$ cm이고,

$\overline{ED}=1$ cm, $\overline{BD}=\sqrt{2}$ cm이므로

$\overline{BO}+\overline{OE}+\overline{ED}=\overline{BD}$에서

$\sqrt{2}r+r+1=\sqrt{2}$, $r(\sqrt{2}+1)=\sqrt{2}-1$

∴ $r=\dfrac{\sqrt{2}-1}{\sqrt{2}+1}=(\sqrt{2}-1)^2=3-2\sqrt{2}$

따라서 원 O의 반지름의 길이는 $(3-2\sqrt{2})$ cm이다.

20 답 3

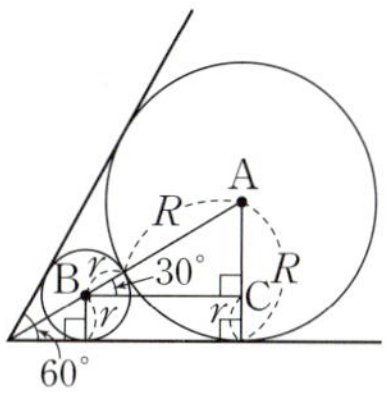

그림과 같이 세 점 A, B, C를 정하면

$\overline{AB}=R+r$, $\overline{AC}=R-r$이고

∠ABC=30°이므로 삼각형 ABC는 세
변의 길이의 비가 $1:\sqrt{3}:2$인 직각삼각
형이다.

즉, $\overline{AB}:\overline{AC}=2:1$에서 $(R+r):(R-r)=2:1$

$R+r=2R-2r$, $R=3r$

∴ $\dfrac{R}{r}=3$

＊특수한 직각삼각형의 세 변의 길이의 비

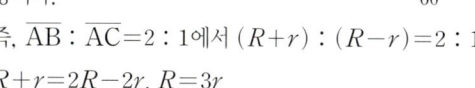

(1) 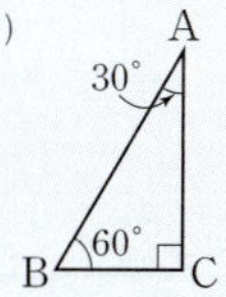
$\overline{AB}:\overline{BC}:\overline{CA}$
$=2:1:\sqrt{3}$

(2) 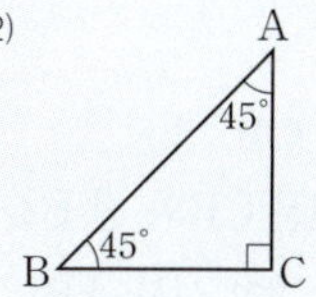
$\overline{AB}:\overline{BC}:\overline{CA}$
$=\sqrt{2}:1:1$

21 답 $b=\sqrt{ac}$

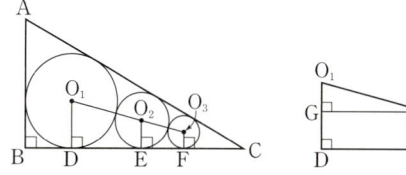

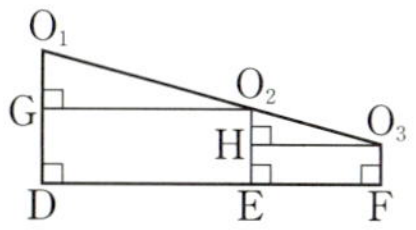

세 원의 중심에서 변 BC에 내린 수선의 발을 각각 D, E, F라 하고
점 O_2에서 선분 O_1D, 점 O_3에서 선분 O_2E에 내린 수선의 발을 각
각 G, H라 하면

$\overline{O_1O_2}=a+b$, $\overline{O_2O_3}=b+c$, $\overline{O_1G}=a-b$, $\overline{O_2H}=b-c$

한편, $\triangle O_1O_2G \backsim \triangle O_2O_3H$(AA 닮음)이므로
$\overline{O_1O_2} : \overline{O_2O_3} = \overline{O_1G} : \overline{O_2H}$에서
$(a+b) : (b+c) = (a-b) : (b-c)$
$(a+b)(b-c) = (a-b)(b+c)$
$2b^2 = 2ac$ $\quad \therefore b = \sqrt{ac}(\because b > 0)$

22 답 ②

삼각형 ABC의 방접원 O'이 삼각형 ABC의 변 또는 그 연장선과 접하는 점을 각각 D, E, F, 내접원 O가 삼각형 ABC의 변과 접하는 점을 각각 G, H, I라 하면

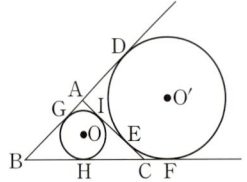

$\overline{AD} = \overline{AE}$, $\overline{CF} = \overline{CE}$이므로
$$\begin{aligned}\overline{BD} + \overline{BF} &= (\overline{AB} + \overline{AD}) + (\overline{BC} + \overline{CF}) \\ &= \overline{AB} + \overline{AE} + \overline{BC} + \overline{CE} \\ &= \overline{AB} + \overline{BC} + (\overline{AE} + \overline{CE}) \\ &= \overline{AB} + \overline{BC} + \overline{CA} \\ &= 5 + 8 + 7 = 20(\text{cm})\end{aligned}$$
즉, $\overline{BD} = \overline{BF} = 10$ cm이므로
$\overline{AE} = \overline{AD} = \overline{BD} - \overline{AB} = 10 - 5 = 5(\text{cm})$
이때, $\overline{BG} = \overline{BH} = x$ cm라 하면
$\overline{AI} = \overline{AG} = (5-x)$ cm, $\overline{CI} = \overline{CH} = (8-x)$ cm에서
$\overline{CA} = \overline{AI} + \overline{CI} = (5-x) + (8-x) = 7$, $2x = 6$
$\therefore x = 3$
따라서 $\overline{AI} = \overline{AG} = \overline{AB} - \overline{BG} = 5 - 3 = 2(\text{cm})$이므로
$\overline{IE} = \overline{AE} - \overline{AI} = 5 - 2 = 3(\text{cm})$

23 답 1 cm

그림과 같이 선분 CE와 점 B를 중심으로 하고 반지름이 선분 AB인 사분원의 접점을 P, 점 E에서 선분 BC에 내린 수선의 발을 F라 하자.

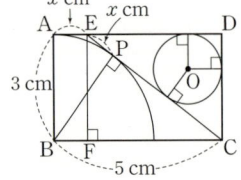

직각삼각형 BCP에서 피타고라스 정리에 의하여
$\overline{CP} = \sqrt{5^2 - 3^2} = 4(\text{cm})$
이때, $\overline{EP} = x$ cm라 하면 $\overline{AE} = x$ cm이므로
$\overline{CF} = (5-x)$ cm, $\overline{CE} = (4+x)$ cm
직각삼각형 CEF에서 피타고라스 정리에 의하여
$(x+4)^2 = 3^2 + (5-x)^2$, $18x = 18$ $\quad \therefore x = 1$
따라서 $\overline{CE} = 5$ cm, $\overline{DE} = \overline{CF} = 4$ cm이고 원 O의 반지름의 길이를 r cm라 하면 삼각형 CDE의 넓이에 의하여
$\dfrac{1}{2} \times 4 \times 3 = \dfrac{1}{2} \times (3+4+5) \times r$에서 $12r = 12$ $\quad \therefore r = 1$
따라서 원 O의 반지름의 길이는 1 cm이다.

24 답 ④

사각형 AECD는 원에 외접하는 사각형이므로 $\overline{AE} = x$ cm라 하면
$\overline{AD} + \overline{EC} = \overline{AE} + \overline{CD}$에서 $9 + \overline{EC} = x + 6$
$\therefore \overline{EC} = (x-3)$ cm
따라서 $\overline{BE} = \overline{BC} - \overline{EC} = 9 - (x-3) = 12 - x(\text{cm})$이므로
직각삼각형 ABE에서 피타고라스 정리에 의하여
$(12-x)^2 + 6^2 = x^2$, $144 - 24x + x^2 + 36 = x^2$
$24x = 180$ $\quad \therefore x = \dfrac{180}{24} = \dfrac{15}{2} \Rightarrow \overline{AE} = \dfrac{15}{2}$ cm

[다른 풀이]

원 O와 세 선분 AD, CE, AE의 접점을 각각 P, Q, R라 하고
$\overline{EQ} = \overline{ER} = x$ cm라 하면 $\overline{CQ} = 3$ cm이므로
$\overline{BE} = \overline{BC} - \overline{EQ} - \overline{CQ} = 9 - x - 3 = 6 - x(\text{cm})$
또, $\overline{PD} = 3$ cm이므로 $\overline{AP} = \overline{AD} - \overline{PD} = 9 - 3 = 6(\text{cm})$에서
$\overline{AR} = \overline{AP} = 6$ cm $\quad \therefore \overline{AE} = \overline{AR} + \overline{ER} = 6 + x(\text{cm})$
따라서 직각삼각형 ABE에서 피타고라스 정리에 의하여
$(6+x)^2 = 6^2 + (6-x)^2$, $36 + 12x + x^2 = 36 + 36 - 12x + x^2$
$24x = 36$ $\quad \therefore x = \dfrac{3}{2} \Rightarrow \overline{AE} = 6 + x = 6 + \dfrac{3}{2} = \dfrac{15}{2}(\text{cm})$

25 답 2 cm

$\overline{AP} = x$ cm, $\overline{DP} = y$ cm라 하면
$\overline{AB} + \overline{CD} = \overline{AD} + \overline{BC}$이므로
$2(x+y+6+4) = 30$
$\therefore x + y = 5 \cdots \bigcirc$

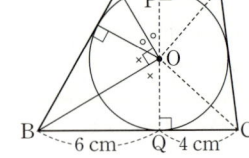

한편, 그림에서 삼각형 OAB는
$\angle AOB = 90°$인 직각삼각형이므로 $\triangle OAP \backsim \triangle BOQ$(AA 닮음)
즉, $\overline{OP} : \overline{AP} = \overline{BQ} : \overline{OQ}$에서
$\overline{OP} : x = 6 : \overline{OP}$ $\quad \therefore 6x = \overline{OP}^2$
삼각형 OCD에서 같은 방법으로 하면 $4y = \overline{OP}^2$ $\quad \therefore 6x = 4y \cdots \bigcirc$
$\bigcirc$, $\bigcirc$을 연립하여 풀면 $x = 2$, $y = 3$이므로 $\overline{AP} = x = 2$ cm

26 답 $\dfrac{4\sqrt{3}}{3}$

육각형 ABCDEF가 원 O에 외접하므로
$\overline{AB} + \overline{CD} + \overline{EF} = \overline{BC} + \overline{DE} + \overline{AF}$에서
$a + a + b = a + b + b$ $\quad \therefore a = b$

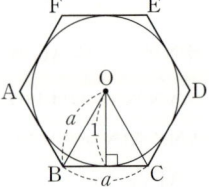

따라서 육각형 ABCDEF는 반지름의 길이가 1인 원에 외접하는 정육각형이다.
즉, 삼각형 OBC는 한 변의 길이가 a인 정삼각형이고, 높이가 1이므로
$\dfrac{\sqrt{3}}{2}a = 1$ $\quad \therefore a = \dfrac{2}{\sqrt{3}} = \dfrac{2\sqrt{3}}{3}$
$\therefore a + b = 2a = \dfrac{4\sqrt{3}}{3}$

27 답 ④

중간 크기의 원의 반지름의 길이를 r cm 라 하면 그림의 직각이등변삼각형에서

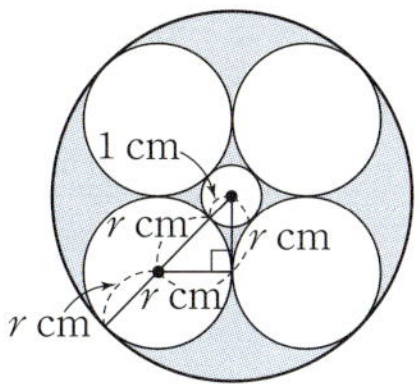

$1+r=\sqrt{2}r$, $r(\sqrt{2}-1)=1$

$\therefore r=\dfrac{1}{\sqrt{2}-1}=\sqrt{2}+1$

따라서 중간 크기의 원의 반지름의 길이는 $(\sqrt{2}+1)$ cm이다.

이때, 가장 큰 원의 반지름의 길이는

$2r+1=3+2\sqrt{2}$(cm)이므로

(색칠한 부분의 넓이)$=(3+2\sqrt{2})^2\pi-\{4\times(\sqrt{2}+1)^2\pi+\pi\}$

$=(17+12\sqrt{2})\pi-(13+8\sqrt{2})\pi$

$=(4+4\sqrt{2})\pi$

$=4\pi(\sqrt{2}+1)(\mathrm{cm}^2)$

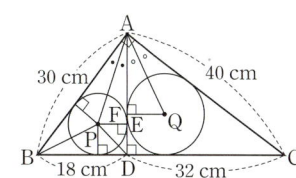

28 답 2

그림과 같이 반지름의 길이가 6 cm, 3 cm, r cm인 원의 중심을 각각 O, T, R라 하면 직각삼각형 TOR에서 피타고라스 정리에 의하여

$3^2+(6-r)^2=(3+r)^2$

$18r=36$

$\therefore r=2$

29 답 24 cm²

삼각형 ABC의 세 변 AB, BC, AC와 내접원의 접점을 각각 D, E, F라 하자.
이때, $\overline{BD}=x$ cm라 하면

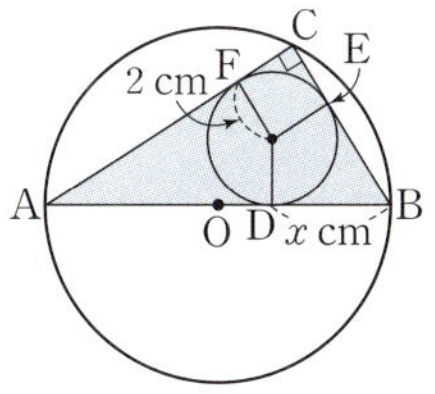

$\overline{AD}=(10-x)$ cm,

$\overline{BC}=(x+2)$ cm이고,

$\overline{AC}=2+(10-x)=12-x$(cm)

따라서 직각삼각형 ABC에서 피타고라스 정리에 의하여

$(x+2)^2+(12-x)^2=10^2$ ──────── ⓐ

$x^2-10x+24=0$, $(x-4)(x-6)=0$

$\therefore x=4$ 또는 $x=6$

(i) $x=4$일 때, $\overline{BC}=6$ cm, $\overline{AC}=8$ cm

(ii) $x=6$일 때, $\overline{BC}=8$ cm, $\overline{AC}=6$ cm ──── ⓑ

$\therefore \triangle ABC=\dfrac{1}{2}\times\overline{AC}\times\overline{BC}=\dfrac{1}{2}\times8\times6=24(\mathrm{cm}^2)$ ──── ⓒ

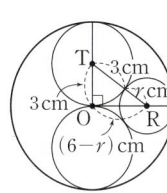

│ 채점기준 │

ⓐ $\overline{BD}=x$ cm라 하고 x에 대한 식을 세운다. [50%]

ⓑ 두 선분 BC, AC의 길이를 각각 구한다. [30%]

ⓒ 삼각형 ABC의 넓이를 구한다. [20%]

30 답 (1) $r_1=6$, $r_2=8$
(2) $\overline{AP}=6\sqrt{10}$ cm, $\overline{AQ}=8\sqrt{5}$ cm
(3) 120 cm²

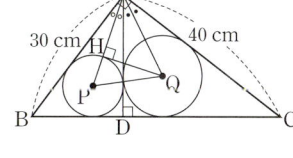

(1) $\overline{BC}=\sqrt{30^2+40^2}=50$(cm)이고
△ABC∽△DBA∽△DAC(AA 닮음)이므로 각 직각삼각형의 세 변의 길이의 비는 3 : 4 : 5이다.

$\therefore \overline{AD}=24$ cm, $\overline{BD}=18$ cm, $\overline{DC}=32$ cm

이때, $\triangle ABD=\dfrac{1}{2}\times\overline{BD}\times\overline{AD}=\dfrac{1}{2}\times18\times24=216(\mathrm{cm}^2)$이고

삼각형 ABD의 내접원의 반지름의 길이가 r_1 cm이므로

$\triangle ABD=\dfrac{1}{2}\times r_1\times(30+18+24)=216(\mathrm{cm}^2)$ $\therefore r_1=6$

한편, 삼각형 ADC의 내접원의 반지름의 길이가 r_2 cm이고, 삼각형 ABD와 삼각형 ADC의 닮음비가 $\overline{AB}:\overline{CA}=3:4$이므로

$r_1:r_2=3:4$ $\therefore r_2=8$ ────────── ⓐ

(2) $\overline{PE}=\overline{DE}=r_1=6$ cm이므로 $\overline{AE}=\overline{AD}-\overline{DE}=18$(cm)

즉, 직각삼각형 APE에서 $\overline{AP}=\sqrt{18^2+6^2}=6\sqrt{10}$(cm)

같은 방법으로 $\overline{FQ}=\overline{FD}=8$ cm, $\overline{AF}=16$ cm이므로

$\overline{AQ}=\sqrt{16^2+8^2}=8\sqrt{5}$(cm) ────────── ⓑ

(3) 선분 AP는 ∠BAD의 이등분선이므로

∠BAP=∠DAP

또한, 선분 AQ는 ∠CAD의 이등분선이므로

∠CAQ=∠DAQ $\therefore \angle PAQ=\dfrac{1}{2}\angle BAC=45^\circ$

이때, 점 Q에서 선분 AP에 내린 수선의 발을 H라 하면

$\overline{QH}=\dfrac{1}{\sqrt{2}}\overline{AQ}=\dfrac{1}{\sqrt{2}}\times8\sqrt{5}=4\sqrt{10}$(cm)

$\therefore \triangle APQ=\dfrac{1}{2}\times\overline{AP}\times\overline{QH}$

$=\dfrac{1}{2}\times6\sqrt{10}\times4\sqrt{10}=120(\mathrm{cm}^2)$ ────── ⓒ

│ 채점기준 │

ⓐ r_1, r_2의 값을 각각 구한다. [35%]

ⓑ 두 선분 AP, AQ의 길이를 각각 구한다. [30%]

ⓒ 삼각형 APQ의 넓이를 구한다. [35%]

[다른 풀이]

(3) 삼각형 APQ에서 $\overline{AP}=6\sqrt{10}$ cm, $\overline{AQ}=8\sqrt{5}$ cm,

∠PAQ=45°이므로

$\triangle APQ=\dfrac{1}{2}\times\overline{AP}\times\overline{AQ}\times\sin(\angle PAQ)$

$=\dfrac{1}{2}\times6\sqrt{10}\times8\sqrt{5}\times\sin45^\circ=120(\mathrm{cm}^2)$

31 답 $2\sqrt{5}$ cm

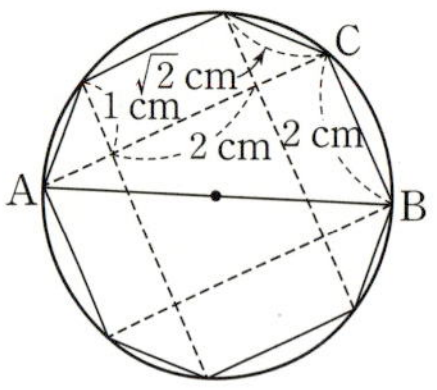

한 원에서 호의 길이가 같으면 현의 길이도 같으므로 그림과 같이 현의 위치를 바꾸어 생각하자.

이때, 지름 AB의 길이는 직각삼각형 ABC의 빗변의 길이와 같고

$\overline{AC}=1+2+1=4$(cm), $\overline{BC}=2$ cm이므로

$\overline{AB}=\sqrt{4^2+2^2}=2\sqrt{5}$(cm)

따라서 이 원의 지름의 길이는 $2\sqrt{5}$ cm이다.

32 답 6 cm

그림에서 $\overline{BC}\parallel\overline{DE}$이므로

△ABC∽△ADE(AA 닮음)

즉, $\overline{AB}:\overline{BC}=\overline{AD}:\overline{DE}=3:2$에서

$\overline{AD}:\overline{DG}=3:1$

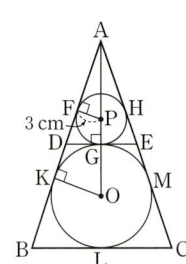

이때, 양수 t에 대하여

$\overline{AD}=3t$ cm, $\overline{DG}=t$ cm라 하면

$\overline{DG}=\overline{DF}=\overline{DK}=t$ cm이므로

$\overline{AF}=\overline{AD}-\overline{DF}=3t-t=2t$(cm)

$\overline{AK}=\overline{AD}+\overline{DK}=3t+t=4t$(cm)

이때, △APF∽△AOK(AA 닮음)이므로

$\overline{PF}:\overline{OK}=\overline{AF}:\overline{AK}=2t:4t=1:2$

∴ $\overline{OK}=2\overline{PF}=2\times3=6$(cm)

따라서 원 O의 반지름의 길이는 6 cm이다.

04 원주각

문제편 41P

33 답 55°

원주각의 크기는 중심각의 크기의 $\dfrac{1}{2}$배이므로

$\angle AOB=2\angle APB=2\times35°=70°$

이때, 삼각형 OAB는 $\overline{OA}=\overline{OB}$인 이등변삼각형이므로

$\angle OBA=\dfrac{1}{2}\times(180°-70°)=55°$

34 답 ②

$\angle AOB=2\angle ACB=2\times75°=150°$이고,

두 선분 PA, PB는 원 O의 접선이므로

$\angle PAO=\angle PBO=90°$이다. 따라서 사각형 AOBP에서

$\angle P=360°-(\angle PAO+\angle PBO+\angle AOB)$

$=360°-(90°+90°+150°)=30°$

35 답 ①

$\angle BOC=2\angle BAC=2\times30°=60°$이고,

$\overline{OB}=\overline{OC}$이므로 삼각형 OBC는 정삼각형이다.

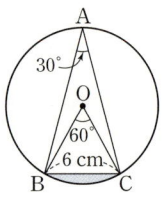

∴ (구하는 넓이)=(부채꼴 OBC)−△OBC

$=\pi\times6^2\times\dfrac{60}{360}-\dfrac{\sqrt{3}}{4}\times6^2$

$=6\pi-9\sqrt{3}$(cm^2)

36 답 ①

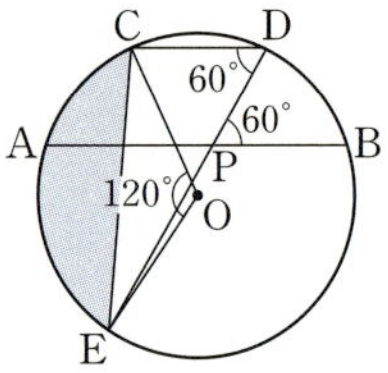

$\widehat{AC}=\widehat{BD}$이므로 $\overline{AB}\parallel\overline{CD}$

즉, $\angle CDE=\angle BPD=60°$(엇각)이므로

$\angle COE=2\angle CDE=2\times60°=120°$

따라서 색칠한 부분의 넓이는

(부채꼴 OCE의 넓이)−△OCE

$=\pi\times1^2\times\dfrac{120}{360}-\dfrac{1}{2}\times1\times1\times\sin(180°-120°)$

$=\dfrac{\pi}{3}-\dfrac{\sqrt{3}}{4}$(cm^2)

37 답 50°

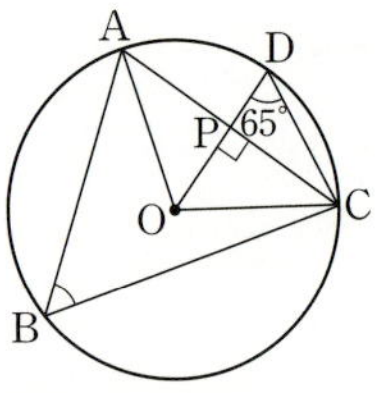

먼저 선분 OA, 선분 OC를 긋자.

삼각형 OCD는 $\overline{OC}=\overline{OD}$인 이등변삼각형이므로 $\angle COD=180°-2\times65°=50°$

한편, 선분 OD가 선분 AC의 수직이등분선이므로 $\angle AOP=\angle COP=50°$

∴ $\angle AOC=\angle AOP+\angle COP=100°$

따라서 원주각의 크기는 중심각의 크기의 $\dfrac{1}{2}$배이므로

$\angle B=\dfrac{1}{2}\angle AOC=\dfrac{1}{2}\times100°=50°$

38 답 61°

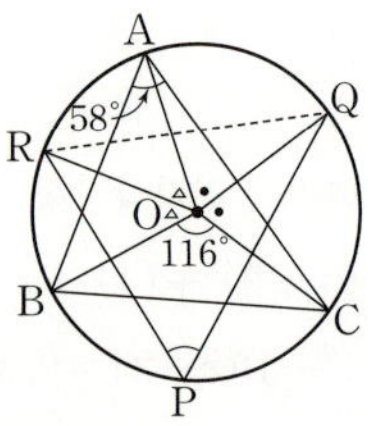

$\angle BOC$와 $\angle BAC$는 각각 호 BC에 대한 중심각과 원주각이므로

$\angle BOC=2\angle BAC=2\times58°=116°$

따라서 호 BAC에 대한 중심각의 크기는

$360°-\angle BOC=360°-116°=244°$이다.

이때, 두 점 Q, R가 각각 호 CA, 호 AB의 중점이므로

$\angle BOR=\angle AOR$, $\angle AOQ=\angle COQ$

∴ $\angle ROQ=\dfrac{1}{2}\times$(호 BAC에 대한 중심각의 크기)

$=\dfrac{1}{2}\times244°=122°$

이때, 원주각의 크기는 중심각의 크기의 $\dfrac{1}{2}$배이므로

$\angle RPQ=\dfrac{1}{2}\angle ROQ=\dfrac{1}{2}\times122°=61°$

39 답 65°

한 호에 대한 원주각의 크기는 모두 같으므로 호 BC에 대하여

∠BDC=∠BAC=30°

이때, 두 선분 AC, BD의 교점을 P라 하면 ∠x는 삼각형 PCD의

한 외각이므로 ∠x=∠PCD+∠PDC=35°+30°=65°

40 답 ④

반원에 대한 원주각의 크기는 90°이므로
삼각형 ABD는 ∠ADB=90°인 직각삼
각형이다.

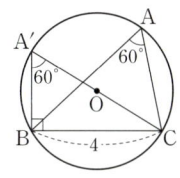

한편, 호 CD에 대하여

∠CAD=$\frac{1}{2}$∠COD=$\frac{1}{2}$×30°=15°

이고 ∠ADP=90°이므로 삼각형 ADP에서

∠CPD=180°−(∠PAD+∠ADP)

　　　=180°−(15°+90°)=75°

41 답 $\frac{4\sqrt{3}}{3}$

점 C에서 원의 중심 O를 지나는 선분을 그어
원과 만나는 점을 A′라 하면

∠BA′C=∠BAC=60°이고,

∠A′BC=90°이다.

이때, 원 O의 반지름의 길이를 r라 하면 직각삼각형 A′BC에서

$\sin 60°=\frac{\overline{BC}}{\overline{A'C}}$이므로 $\frac{\sqrt{3}}{2}=\frac{4}{2r}$, $2\sqrt{3}r=8$

∴ $r=\frac{8}{2\sqrt{3}}=\frac{4\sqrt{3}}{3}$

따라서 원 O의 반지름의 길이는 $\frac{4\sqrt{3}}{3}$이다.

[다른 풀이]

∠BOC=2∠BAC=2×60°=120°이므로 원의 중심 O에서
선분 BC에 내린 수선의 발을 H라 하면

∠BOH=$\frac{1}{2}$∠BOC=$\frac{1}{2}$×120°=60°, $\overline{BH}=\frac{1}{2}\overline{BC}=\frac{1}{2}$×4=2

따라서 직각삼각형 OBH에서

$\overline{OB}=\frac{\overline{BH}}{\sin 60°}=\frac{2}{\frac{\sqrt{3}}{2}}=\frac{4\sqrt{3}}{3}$이므로 원 O의 반지름의 길이는

$\frac{4\sqrt{3}}{3}$이다.

42 답 70°

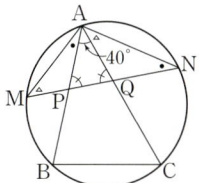

$\overparen{AM}=\overparen{BM}$이므로 ∠ANM=∠BAM

$\overparen{AN}=\overparen{CN}$이므로 ∠AMN=∠CAN

따라서 ∠APQ=∠AQP이므로

∠APQ=$\frac{1}{2}$×(180°−40°)=70°

43 답 23°

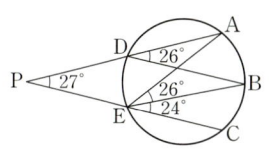

선분 AE를 그으면 호 AB에 대하여 ∠ADB=∠AEB이므로

∠AEC=∠AEB+∠BEC

　　　=∠ADB+∠BEC

　　　=26°+24°

　　　=50°

이때, 호 DE에 대하여 ∠DAE=∠DBE이고

∠AEC는 삼각형 APE의 한 외각이므로

∠DBE=∠DAE=∠AEC−∠P

　　　=50°−27°

　　　=23°

44 답 50°

사각형 AEDP에서

∠AED+∠P+∠EAP+∠EDP

=360°

이때, ∠BAC=∠BDC이므로

∠EAP=∠EDP이고,

∠AED=∠BEC=70°(맞꼭지각)이다.

따라서 2∠EAP=260°에서

∠EAP=130°이므로

∠BAC=180°−∠EAP

　　　=180°−130°

　　　=50°

[다른 풀이]

∠ABD=∠a, ∠BAC=∠b라 하면

∠ACD=∠ABD=∠a, ∠BDC=∠BAC=∠b

한편, 삼각형 ACP에서 삼각형의 외각의 성질에 의하여

∠P+∠ACP=∠BAC에서

30°+∠a=∠b … ㉠

마찬가지로 삼각형 ABE에서

∠ABE+∠BAE=∠BEC

∴ ∠a+∠b=70° … ㉡

㉠을 ㉡에 대입하면

∠a+(30°+∠a)=70°, 2∠a=40°

∴ ∠a=20°

∠a=20°를 ㉠에 대입하면

∠b=30°+20°=50°

∴ ∠BAC=∠b=50°

45 답 $\dfrac{\sqrt{2}+\sqrt{6}}{2}$ cm

그림과 같이 지름 $\overline{AB'}$을 그으면
$\angle ACB'=90°$이므로 삼각형 $AB'C$
에서

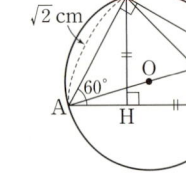

$\begin{aligned}\overline{AC}&=\overline{AB'}\times\sin45°\\&=2\times\dfrac{\sqrt{2}}{2}=\sqrt{2}\,(\text{cm})\end{aligned}$

이때, 점 C에서 선분 AB에 내린 수선의 발을 H라 하면

$\begin{aligned}\overline{AB}&=\overline{AH}+\overline{BH}=\overline{AH}+\overline{CH}\\&=\overline{AC}\times\cos60°+\overline{AC}\times\sin60°\\&=\sqrt{2}\times\dfrac{1}{2}+\sqrt{2}\times\dfrac{\sqrt{3}}{2}\\&=\dfrac{\sqrt{2}+\sqrt{6}}{2}\,(\text{cm})\end{aligned}$

46 답 48°

$\overset{\frown}{AB}=4\overset{\frown}{CD}$에서 $\angle DBC=\dfrac{1}{4}\angle x$

이때, $\angle ADB=\angle x$는 삼각형 DBE의 한 외각이므로

$\dfrac{1}{4}\angle x+36°=\angle x,\ \dfrac{3}{4}\angle x=36°$

$\therefore \angle x=48°$

47 답 ③

한 원에서 같은 길이의 호에 대한 원주각
의 크기는 같으므로

$\angle ABP=\angle ACP=65°$

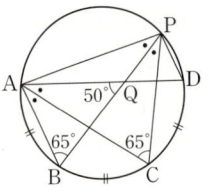

또한, $\overset{\frown}{AB}=\overset{\frown}{BC}=\overset{\frown}{CD}$에서

$\angle BAC=\angle CAD=\angle APB=\angle BPC$

$\therefore \angle APC=\angle BAD=2\angle BAC$

한편, 삼각형 ABQ에서 $\angle BAQ=180°-(65°+50°)=65°$

$\therefore \angle APC=\angle BAQ=65°$

48 답 ②

내심은 삼각형의 내각의 이등분선의 교점
이므로

$\angle ACE=\angle BCE,\ \angle ABD=\angle CBD$

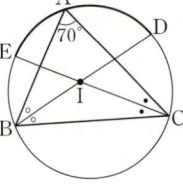

즉, 호 DAE에 대한 원주각의 크기는

$\begin{aligned}\angle ACE+\angle ABD&=\dfrac{1}{2}(\angle B+\angle C)\\&=\dfrac{1}{2}(180°-\angle A)=\dfrac{1}{2}\times110°=55°\end{aligned}$

따라서 호 DAE의 중심각의 크기가 $55°\times2=110°$이므로

호 DAE의 길이는 $2\pi\times9\times\dfrac{110}{360}=\dfrac{11}{2}\pi\,(\text{cm})$

49 답 100°

$\overset{\frown}{AC}:\overset{\frown}{BC}=5:4$이므로

$\angle CBA=90°\times\dfrac{5}{9}=50°$

또한, 삼각형 ABC에서 선분 AB는 원의 지름이므로 $\angle ACB=90°$

이때, $\overset{\frown}{AD}=\overset{\frown}{DE}=\overset{\frown}{EB}$이므로

$\angle BCE=\dfrac{1}{3}\angle ACB=30°$

따라서 삼각형 CPB에서 삼각형의 외각의 성질에 의하여

$\begin{aligned}\angle APE&=180°-\angle APC=180°-(\angle CBA+\angle BCE)\\&=180°-(50°+30°)=100°\end{aligned}$

50 답 3 cm

원 O의 반지름의 길이를 r cm, 점
A를 지나고 현 CD에 평행한 직선
이 원과 만나는 점을 E라 하면

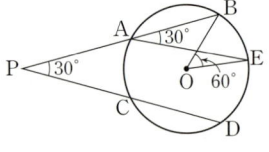

$\overset{\frown}{AC}=\overset{\frown}{DE}=\pi$ cm

$\therefore \overset{\frown}{BE}=\overset{\frown}{BD}-\overset{\frown}{DE}=2\pi-\pi=\pi\,(\text{cm})$

한편, $\angle BAE=\angle BPD=30°$(동위각)이므로

$\angle BOE=2\times30°=60°$

즉, $\overset{\frown}{BE}=2\pi r\times\dfrac{60}{360}=\pi$이므로 $r=3$

따라서 원 O의 반지름의 길이는 3 cm이다.

51 답 115°

선분 AB가 원의 지름이므로 $\angle ACB=90°$이고,

$\angle CAB=25°$이므로 직각삼각형 ABC에서

$\angle B=180°-(90°+25°)=65°$

또한, 사각형 ABCD는 원에 내접하므로

$\angle B+\angle D=180°$

$\therefore \angle D=180°-\angle B=180°-65°=115°$

52 답 100°

선분 PQ를 그으면

$\angle PQC=\angle A=80°$이므로

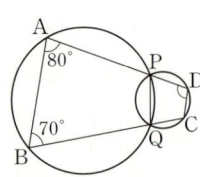

$\begin{aligned}\angle D&=180°-\angle PQC\\&=180°-80°=100°\end{aligned}$

53 답 ③

선분 CE를 그으면

$\angle CED=\dfrac{1}{2}\angle COD=30°$

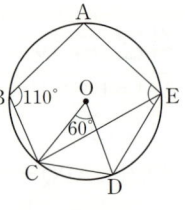

또한, 사각형 ABCE는 원에 내접하는 사
각형이므로 $\angle B+\angle AEC=180°$에서

$\angle AEC=180°-110°=70°$

$\therefore \angle E=\angle AEC+\angle CED=70°+30°=100°$

54 답 ③

∠BDC, ∠BEC는 호 BC에 대한 원주각이므로 ∠BDC=∠BEC
에서 ∠FDA=∠FEA
한편, 사각형 AEFD는 원에 내접하므로
∠FDA+∠FEA=180°   ∴ ∠FDA=∠FEA=90°
이때, ∠BFC는 삼각형 BDF의 한 외각이므로
∠BFC=∠FBD+∠FDB=25°+90°=115°

55 답 $\dfrac{3\sqrt{2}}{2}$ cm²

호 AB에 대한 중심각의 크기가 90°이므로
원주각의 크기는 ∠ADB=45°이다.
이때, 사각형 ADBC는 원에 내접하므로
∠ADB+∠ACB=180°에서
∠ACB=180°-45°=135°

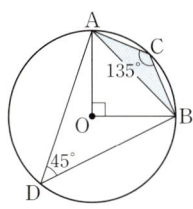

∴ △ABC=$\dfrac{1}{2}$×$\overline{AC}$×$\overline{BC}$×sin(180°-135°)

$=\dfrac{1}{2}×2×3×\dfrac{\sqrt{2}}{2}$

$=\dfrac{3\sqrt{2}}{2}$(cm²)

56 답 ②

두 삼각형 ACE와 BCD에서 $\overline{AC}=\overline{BC}$, $\overline{CE}=\overline{CD}$,
∠ACE=∠BCD이므로
△ACE≡△BCD(SAS 합동)
∴ ∠CAE=∠CBD, ∠AEC=∠BDC
ㄱ. 사각형 ABCH에서 ∠HBC=∠HAC이므로 호 CH에 대한
   원주각의 크기가 같다. 따라서 사각형 ABCH는 원에 내접한다.
   (참)
ㄴ. 사각형 DHCE에서 ∠HDC=∠HEC이므로 호 CH에 대한
   원주각의 크기가 같다. 따라서 사각형 DHCE는 원에 내접한다.
   (참)
ㄷ. 삼각형 BCD에서 $\overline{BC}≠\overline{CD}$이므로 ∠CBD≠∠CDB
   즉, ∠CAE≠∠CDB이므로 ∠BAE≠∠BDE
   따라서 같은 호에 대한 원주각의 크기가 다르므로 사각형
   ABED는 원에 내접하지 않는다. (거짓)
ㄹ. 사각형 ABCH와 사각형 DHCE가 각각 원에 내접하므로
   ∠BHC=∠BAC=60°, ∠CHE=∠CDE=60°
   ∴ ∠FHG=60°+60°=120°
   또한, ∠ACD=60°이므로 사각형 CGHF에서
   ∠FHG+∠FCG=120°+60°=180°
   따라서 대각의 크기의 합이 180°이므로 사각형 CGHF는 원에
   내접한다. (참)
따라서 원에 내접하는 사각형은 ㄱ, ㄴ, ㄹ이다.

57 답 70°

삼각형 ABD에서 ∠D=180°-(80°+30°)=70°
이때, 네 점 A, B, C, D가 한 원 위에 있으므로
∠C=∠D=70°

58 답 ⑤

선분 AP가 원의 지름이므로 삼각형 APB는 ∠B=90°인 직각삼각
형이고 직선 PT는 원의 접선이므로 ∠A=∠BPT=60°에서
$\overline{AB}=\overline{AP}\cos 60°=12×\dfrac{1}{2}=6$(cm)

∴ △APB=$\dfrac{1}{2}$×$\overline{AB}$×$\overline{AP}$×sin 60°

$=\dfrac{1}{2}×6×12×\dfrac{\sqrt{3}}{2}$

$=18\sqrt{3}$(cm²)

59 답 ②

접선과 현이 이루는 각의 관계에 의하여
∠BAC=∠CBT
따라서 삼각형 ABC는 $\overline{AC}=\overline{BC}$인 이등
변삼각형이므로

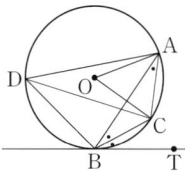

∠BDC=∠ADC, ∠ADC=$\dfrac{1}{2}$∠ADB

∴ ∠AOC=2∠ADC=2×$\dfrac{1}{2}$∠ADB=55°

[다른 풀이]

접선과 현이 이루는 각의 관계에 의하여 ∠ADB=∠ABT
또한, 호 AC에 대하여 ∠AOC=2∠ABC
이때, ∠ABC=$\dfrac{1}{2}$∠ABT=$\dfrac{1}{2}$∠ADB이므로

∠AOC=2∠ABC=2×$\dfrac{1}{2}$∠ADB=55°

60 답 $2∠y-∠x=90°$

접선과 현이 이루는 각의 크기는 그 각의
내부에 있는 호에 대한 원주각의 크기와
같으므로 ∠ABC=∠ACT=∠y
한편, 삼각형 ABC에서 선분 AB는 원
O의 지름이므로 ∠ACB=90°

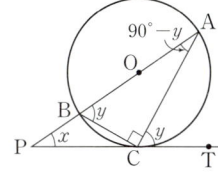

∴ ∠A=180°-(∠ABC+∠ACB)

$=90°-∠y$

또한, 삼각형의 한 외각의 크기는 그와 이웃하지 않는 두 내각의 크
기의 합과 같으므로 삼각형 APC에서
∠P+∠PAC=∠ACT
$∠x+(90°-∠y)=∠y$
∴ $2∠y-∠x=90°$

61 답 60°

$\angle BCT = \angle x$라 하면 삼각형 BPC에
서 $\overline{PC} = \overline{BC}$이므로 $\angle CPB = \angle CBP$
이때, $\angle BCT$는 삼각형 BPC의 한 외
각이므로

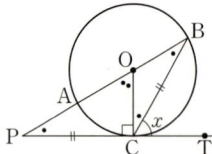

$$\angle CPB = \frac{1}{2}\angle BCT = \frac{1}{2}\angle x$$

또, 선분 OC를 그으면 $\angle COP$는 삼각형 OCB의 한 외각이므로

$$\angle COP = \angle OBC + \angle OCB = 2 \times \frac{1}{2}\angle x = \angle x$$

한편, $\overline{OC} \perp \overline{PC}$이므로 직각삼각형 OPC에서

$$\angle CPO + \angle COP = 90°$$

$$\frac{1}{2}\angle x + \angle x = 90°$$

$$\therefore \angle x = 60° \Rightarrow \angle BCT = 60°$$

[다른 풀이]

$\angle BCT = \angle x$라 하면 $\overline{PC} = \overline{BC}$이므
로 $\angle BPC = \angle PBC$이고
삼각형 BPC에서
$\angle BPC + \angle PBC = \angle BCT$이므로

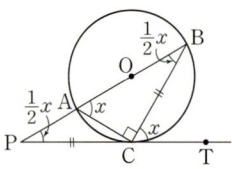

$$2\angle BPC = \angle x$$

$$\therefore \angle BPC = \angle PBC = \frac{1}{2}\angle x$$

한편, 선분 AC를 그으면 선분 AB가 지름이므로 $\angle ACB = 90°$이
고 접선과 현이 이루는 각의 크기는 그 각의 내부에 있는 호에 대한
원주각의 크기와 같으므로 $\angle BAC = \angle x$
따라서 삼각형 ABC에서

$$\angle x + \frac{1}{2}\angle x + 90° = 180°$$

$$\therefore \angle x = 60° \Rightarrow \angle BCT = 60°$$

62 답 ⑤

접선과 현이 이루는 각의 크기는 그 각의 내부에 있는 호에 대한 원
주각의 크기와 같으므로 $\angle CBD = \angle BCD = \angle A = \angle x$라 하면
삼각형 BCD에서 $\angle D = 180° - 2\angle x$
또, 삼각형 ABC에서

$$\angle ABC = \angle ACB = \frac{1}{2} \times (180° - \angle x) = 90° - \frac{1}{2}\angle x$$

이때, $\angle ABC = \angle ACB = 2\angle D$이므로

$$90° - \frac{1}{2}\angle x = 2 \times (180° - 2\angle x)$$

$$180° - \angle x = 4 \times 180° - 8\angle x$$

$$7\angle x = 3 \times 180°$$

$$\therefore \angle x = \frac{3}{7} \times 180° = \left(\frac{540}{7}\right)°$$

따라서 $\angle A$의 크기는 $\left(\frac{540}{7}\right)°$이다.

63 답 62°

원 밖의 한 점에서 원에 그은 두 접선의 길이는 같으므로
$$\overline{BD} = \overline{BE}$$
즉, 삼각형 BED는 이등변삼각형이므로

$$\angle BDE = \angle BED = \frac{1}{2} \times (180° - 56°) = 62°$$

한편, 접선과 현이 이루는 각의 크기는 그 각의 내부에 있는 호에 대
한 원주각의 크기와 같으므로 $\angle DFE = \angle BED = 62°$

64 답 30°

선분 HT가 접선이므로 접선과 현이 이루
는 각의 성질에 의하여 $\angle ACH = \angle B$
또한, 선분 AB가 지름이므로
$$\angle ACB = 90°$$

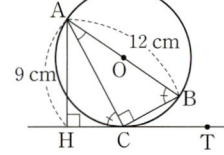

따라서 $\triangle AHC \backsim \triangle ACB$(AA 닮음)이므로
$$\angle BAC = \angle CAH$$
이때, $\overline{AC} = x$ cm라 하면
$\overline{AH} : \overline{AC} = \overline{AC} : \overline{AB}$에서 $9 : x = x : 12$
$x^2 = 108 \quad \therefore x = 6\sqrt{3} \ (\because x > 0)$
$$\therefore \overline{AC} = 6\sqrt{3} \text{ cm}$$

따라서 직각삼각형 ACB에서 $\cos(\angle BAC) = \dfrac{\overline{AC}}{\overline{AB}} = \dfrac{6\sqrt{3}}{12} = \dfrac{\sqrt{3}}{2}$
이므로 $\angle BAC = 30°$

65 답 $2\sqrt{3}$ cm

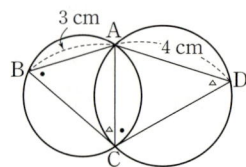

접선과 현이 이루는 각의 크기는 그 각의 내부에 있는 호에 대한 원
주각의 크기와 같으므로 $\angle ACB = \angle D$, $\angle ACD = \angle B$
$$\therefore \triangle ABC \backsim \triangle ACD \text{ (AA 닮음)}$$
즉, $\overline{AB} : \overline{AC} = \overline{AC} : \overline{AD}$에서 $3 : \overline{AC} = \overline{AC} : 4$, $\overline{AC}^2 = 12$
$$\therefore \overline{AC} = 2\sqrt{3} \text{ cm}(\because \overline{AC} > 0)$$

66 답 35°

반원에 대한 원주각의 크기는 90°이므로
$\angle CPB = 90°$, $\angle AQB = 90°$
한편, 접선과 현이 이루는 각의 크기는
그 각의 내부에 있는 호에 대한 원주각
의 크기와 같으므로 $\angle QPB = \angle PCB$

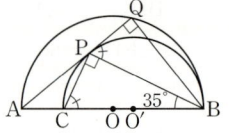

한편, $\angle PCB + \angle PBC = 90°$, $\angle QPB + \angle PBQ = 90°$이므로
$$\angle PBQ = \angle PBC = 35°$$

67 답 ⑤

$\angle APB=90°$, $\overline{QB}=\overline{QP}$

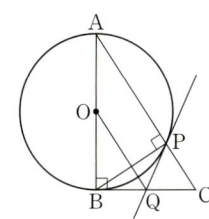

ㄱ. $\angle BAP=\angle PBQ=\angle BPQ$
   $\angle ABP=\angle PCQ=\angle CPQ$
   $\therefore \angle BQP=\angle CPQ+\angle PCQ=2\angle CPQ$ (참)
ㄴ. $\angle PCQ=\angle CPQ$이므로 $\overline{PQ}=\overline{CQ}$
   또한, $\overline{BQ}=\overline{PQ}$이므로 $\overline{BQ}=\overline{CQ}$ (참)
ㄷ. $\overline{BQ}=\overline{CQ}$, $\overline{OB}=\overline{OA}$이므로 중점연결 정리에 의하여
   $\overline{OQ}$ // $\overline{AC}$ (참)

따라서 옳은 것은 ㄱ, ㄴ, ㄷ이다.

68 답 16 cm

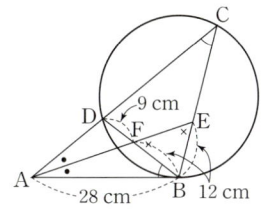

두 삼각형 AFB와 AEC에서 $\angle FAB=\angle EAC$이고
접선과 현이 이루는 각의 관계에 의하여
$\angle ABF=\angle ACE$ ··· ㉠
따라서 $\triangle AFB \backsim \triangle AEC$(AA 닮음)이므로
$\angle BFE=\angle FAB+\angle ABF=\angle EAC+\angle ACE=\angle BEF$
$\therefore \overline{BE}=\overline{BF}=12$ cm
한편, 선분 AF는 $\angle A$의 이등분선이므로
$\overline{AD}:\overline{AB}=\overline{DF}:\overline{BF}=9:12=3:4$
$\therefore \overline{AB}=\dfrac{4}{3}\overline{AD}=\dfrac{4}{3}\times(12+9)=28(cm)(\because \overline{AD}=\overline{BD})$
한편, $\overline{AD}=\overline{BD}$이므로 $\angle DAB=\angle DBA$이고 ㉠에 의하여
$\angle BAC=\angle BCA$
$\therefore \overline{AB}=\overline{BC}=28$ cm
$\therefore \overline{CE}=\overline{BC}-\overline{BE}=28-12=16(cm)$

[다른 풀이]
접선과 현이 이루는 각의 성질에 의하여 $\angle ABD=\angle ACB$이므로
$\triangle ABD \backsim \triangle ACB$(AA 닮음) ··· ㉡
또한, $\overline{AB}=\overline{BC}=28$ cm이고, 선분 AE는 $\angle A$의 이등분선이므로
$\overline{BF}:\overline{DF}=\overline{AB}:\overline{AD}=\overline{AC}:\overline{AB}(\because ㉡)=\overline{CE}:\overline{BE}=4:3$
$\therefore \overline{CE}=\dfrac{4}{7}\overline{BC}=\dfrac{4}{7}\times28=16(cm)$

69 답 175°

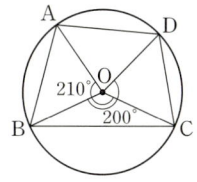

원의 중심을 O라 하면 호 ABC의 길이는
원주의 $\dfrac{7}{12}$이므로 호 ABC에 대한 중심
각의 크기는
$\angle AOC=360°\times\dfrac{7}{12}=210°$
$\therefore \angle D=\dfrac{1}{2}\angle AOC=105°$
이때, $\angle B+\angle D=180°$이므로 $\angle B=180°-\angle D=75°$ ⋯⋯⋯ ⓐ
한편, 호 BCD의 길이는 원주의 $\dfrac{5}{9}$이므로 호 BCD에 대한 중심각의
크기는
$\angle BOD=360°\times\dfrac{5}{9}=200°$ $\therefore \angle A=\dfrac{1}{2}\angle BOD=100°$ ⋯⋯⋯ ⓑ
$\therefore \angle A+\angle B=100°+75°=175°$ ⋯⋯⋯ ⓒ

채점기준	
ⓐ $\angle B$의 크기를 구한다.	[40%]
ⓑ $\angle A$의 크기를 구한다.	[40%]
ⓒ $\angle A+\angle B$의 크기를 구한다.	[20%]

70 답 40°

$\angle BDC=65°$이므로 선분 OC를 그으면
$\angle BOC=2\times65°=130°$ ⋯⋯⋯ ⓐ
$\therefore \angle AOC=180°-130°=50°$ ⋯⋯⋯ ⓑ
한편, $\overline{OC}\perp\overline{AC}$이므로 직각삼각형 OCA에서
$\angle A=90°-50°=40°$ ⋯⋯⋯ ⓒ

채점기준	
ⓐ 호 BC에 대한 중심각의 크기를 구한다.	[30%]
ⓑ $\angle AOC$의 크기를 구한다.	[30%]
ⓒ $\angle A$의 크기를 구한다.	[40%]

71 답 40

그림과 같이 원의 둘레를 20등분하
였으므로 두 점 A_n, A_{n+10}은 원의
중심 O에 대하여 대칭이다.
따라서 삼각형
$A_1 A_n A_{n+10}(n=2, 3, \cdots, 10)$은
지름 $A_n A_{n+10}$을 빗변으로 하는 직
각삼각형이므로 피타고라스 정리에 의하여
$\overline{A_1 A_n}^2 + \overline{A_1 A_{n+10}}^2 = \overline{A_n A_{n+10}}^2 = 2^2 = 4$
$\therefore \overline{A_1 A_2}^2 + \overline{A_1 A_{12}}^2 = \overline{A_1 A_3}^2 + \overline{A_1 A_{13}}^2 = \cdots = \overline{A_1 A_{10}}^2 + \overline{A_1 A_{20}}^2 = 4$
이때, $\overline{A_1 A_{11}}^2 = 4$이므로
$\overline{A_1 A_2}^2 + \overline{A_1 A_3}^2 + \overline{A_1 A_4}^2 + \cdots + \overline{A_1 A_{20}}^2$
$=(\overline{A_1 A_2}^2 + \overline{A_1 A_{12}}^2) + (\overline{A_1 A_3}^2 + \overline{A_1 A_{13}}^2)$
$\qquad + \cdots + (\overline{A_1 A_{10}}^2 + \overline{A_1 A_{20}}^2) + \overline{A_1 A_{11}}^2$
$=10\times4=40$

72 답 6

$\overline{BE}=a$라 하면 $\angle ABD=\angle ACD$, $\angle BAC=\angle BDC$이므로
$\triangle ABE\backsim\triangle DCE$(AA 닮음)
따라서 $\overline{AB}:\overline{BE}=\overline{CD}:\overline{CE}$에서
$1:a=3:\overline{CE}$ $\therefore \overline{CE}=3a$
또한, $\angle ACB=\angle ADB$, $\angle CAD=\angle CBD$이므로
$\triangle BCE\backsim\triangle ADE$(AA 닮음)
따라서 $\overline{BC}:\overline{CE}=\overline{AD}:\overline{DE}$에서
$2:3a=4:\overline{DE}$ $\therefore \overline{DE}=6a$
$\therefore \dfrac{\overline{DE}}{\overline{BE}}=\dfrac{6a}{a}=6$

대단원 만점 문제

VI. 원의 성질
문제편 52P

01 답 ③

현의 수직이등분선은 원의 중심을 지나
므로 원의 중심을 O라 하고, 반지름의
길이를 r라 하면 $\overline{OA}=r$, $\overline{OM}=r-6$,
$\overline{AM}=12$이므로 직각삼각형 AOM에
서 피타고라스 정리에 의하여
$(r-6)^2+12^2=r^2$, $12r=180$
$\therefore r=15$

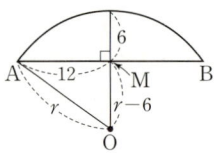

02 답 4 cm

그림과 같이 접점을 E, F, G, H라 하면
$\overline{AH}=\overline{AP}=\overline{AE}=\overline{AB}-\overline{BE}$
  $=\overline{AB}-\overline{BF}$
$\overline{DH}=\overline{DG}=\overline{CD}-\overline{CG}=\overline{CD}-\overline{CP}$
  $=\overline{CD}-\overline{CF}$
$\therefore \overline{AD}=\overline{AH}+\overline{DH}$
  $=(\overline{AB}-\overline{BF})+(\overline{CD}-\overline{CF})$
  $=\overline{AB}-(\overline{BF}+\overline{CF})+\overline{CD}$
  $=\overline{AB}-\overline{BC}+\overline{CD}$
  $=5-4+3=4(cm)$

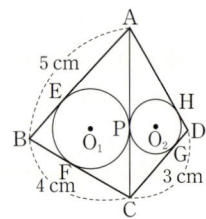

03 답 72 cm²

사각형 ABCD는 원에 외접하므로 접선
의 성질에 의하여
$\angle BQO=\angle APO=90°$
따라서 사각형 ABQP는 직사각형이므
로 $\overline{AB}=\overline{PQ}=2\overline{OQ}=8(cm)$
이때, 원에 외접하는 사각형은 두 쌍의 대변의 길이의 합이 같으므로
$\overline{AD}+\overline{BC}=\overline{AB}+\overline{CD}$, $\overline{AD}+12=8+10$ $\therefore \overline{AD}=6$ cm
$\therefore \square ABCD=\dfrac{1}{2}\times(\overline{AD}+\overline{BC})\times\overline{AB}=\dfrac{1}{2}\times(6+12)\times8$
     $=72(cm^2)$

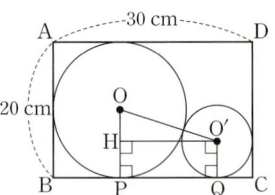

04 답 $(40-20\sqrt{3})$ cm

원 O의 지름의 길이는 직사각형의
세로의 길이와 같으므로 원 O의
반지름의 길이는 10 cm이다.
이때, 원 O'의 반지름의 길이를
r cm라 하고 두 원의 중심 O, O'
에서 변 BC에 내린 수선의 발을 각각 P, Q라 하면
$\overline{PQ}=\overline{BC}-\overline{BP}-\overline{CQ}=30-10-r=20-r(cm)$
또한, 점 O'에서 선분 OP에 내린 수선의 발을 H라 하면
$\overline{O'H}=\overline{PQ}=20-r(cm)$, $\overline{OH}=\overline{OP}-\overline{O'Q}=10-r(cm)$
이때, $\overline{OO'}=10+r(cm)$이고 삼각형 OHO'는 직각삼각형이므로
$\overline{OO'}^2=\overline{OH}^2+\overline{O'H}^2$에서
$(10+r)^2=(10-r)^2+(20-r)^2$, $r^2-80r+400=0$
$\therefore r=40-20\sqrt{3}$ ($\because 0<r<10$)
따라서 원 O'의 반지름의 길이는 $(40-20\sqrt{3})$ cm이다.

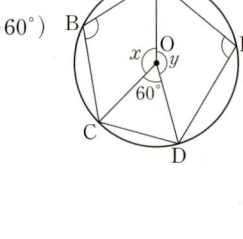

05 답 ⑤

$\angle AOC=\angle x$, $\angle AOD=\angle y$라 하면
$\angle B=\dfrac{1}{2}(\angle y+60°)$, $\angle E=\dfrac{1}{2}(\angle x+60°)$
한편, $\angle x+\angle y+60°=360°$에서
$\angle x+\angle y=300°$
$\therefore \angle B+\angle E=\dfrac{1}{2}(\angle x+\angle y+120°)$
     $=\dfrac{1}{2}\times420°=210°$

[다른 풀이]

선분 CE를 그으면
$\angle CED=\dfrac{1}{2}\angle COD=30°$
이때, 사각형 ABCE는 원 O에 내접하므
로 $\angle B+\angle AEC=180°$
$\therefore \angle B+\angle E=\angle B+(\angle AEC+\angle CED)$
     $=(\angle B+\angle AEC)+\angle CED$
     $=180°+30°=210°$

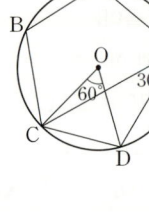

06 답 45°

∠B=∠x라 하면 삼각형 BCP에서

∠QCP=∠x+40° ··· ㉠

또, 삼각형 BQA에서

∠PAQ=∠x+50° ··· ㉡

이때, 사각형 ABCD는 원에 내접하므로 ∠BAD+∠BCD=180°

따라서 ∠QCP+∠PAQ=180°이므로 ㉠, ㉡을 대입하면

2∠x+90°=180°

∴ ∠x=45°

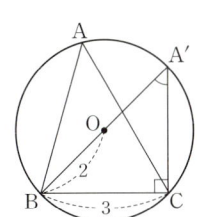

07 답 $\dfrac{\sqrt{7}}{4}$

점 B를 지나는 지름의 다른 한 끝 점을 A′이라 하면 ∠A′CB=90°이므로

$\overline{\text{A}'\text{C}}=\sqrt{4^2-3^2}=\sqrt{7}$

한편, 같은 호에 대한 원주각의 크기는 같으므로 ∠A=∠A′

$\therefore \cos A=\cos A'=\dfrac{\overline{\text{A}'\text{C}}}{\overline{\text{A}'\text{B}}}=\dfrac{\sqrt{7}}{4}$

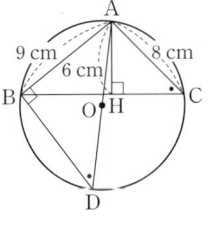

08 답 6 cm

점 A를 지나는 지름의 한 끝 점을 D라 하면 ∠ABD=90°

또한, 호 AB에 대한 원주각에서

∠ACH=∠ADB

∴ △ABD∽△AHC(AA 닮음)

따라서 $\overline{\text{AB}}:\overline{\text{AD}}=\overline{\text{AH}}:\overline{\text{AC}}$에서

$9:\overline{\text{AD}}=6:8$ ∴ $\overline{\text{AD}}=12$ cm

따라서 원 O의 반지름의 길이는 $\dfrac{1}{2}\overline{\text{AD}}=\dfrac{1}{2}\times 12=6$(cm)이다.

Ⅶ 통계

05 대푯값과 산포도

문제편 56P

01 답 1

4개 학급의 수학 평균 성적의 평균을 m_1점이라 하면

$m_1=\dfrac{63+67+66+64}{4}=\dfrac{260}{4}=65$

또, 140명 전체의 수학 성적의 평균을 m_2점이라 하면

$m_2=\dfrac{9099}{140}$

따라서 4개 학급의 수학 평균 성적의 평균과 140명 전체의 수학 성적의 평균의 차 k는

$k=|m_1-m_2|=\left|65-\dfrac{9099}{140}\right|=\dfrac{1}{140}$

$\therefore 140k=140\times\dfrac{1}{140}=1$

02 답 $M=\dfrac{1}{3}(m_a+m_b+m_c)$

각 분단의 학생 수는 모두 10명씩이므로

$M=\dfrac{10m_a+10m_b+10m_c}{10+10+10}=\dfrac{10(m_a+m_b+m_c)}{30}$

$=\dfrac{1}{3}(m_a+m_b+m_c)$

03 답 58 mm

7월 18일부터 7월 22일까지의 5일간의 강수량을 각각 x_1 mm, x_2 mm, x_3 mm, x_4 mm, x_5 mm라 하면 5일간의 강수량의 평균이 52.4 mm이므로 $\dfrac{x_1+x_2+x_3+x_4+x_5}{5}=52.4$

$\therefore x_1+x_2+x_3+x_4+x_5=262$ ··· ㉠

또, 7월 19일부터 7월 22일까지의 4일간의 강수량의 평균이 51 mm이므로 $\dfrac{x_2+x_3+x_4+x_5}{4}=51$

$\therefore x_2+x_3+x_4+x_5=204$ ··· ㉡

㉠-㉡을 하면 $x_1=262-204=58$

따라서 7월 18일의 강수량은 58 mm이다.

04 답 ⑤

4회에 걸쳐 본 수학 시험 성적의 총합은 4×90=360(점)이고 5회까지의 수학 시험 성적의 평균이 91점 이상이 되어야 하므로 5회 때의 수학 시험 성적을 x점이라 하면

$\dfrac{360+x}{5}\geq 91$에서 360+x≥455 $\therefore x\geq 95$

따라서 찬휘의 5회 때의 수학 시험 성적은 최소 95점이 되어야 한다.

05 답 **180 g**

A 품종 사과 한 상자의 무게는 $30 \times 200 = 6000(g)$

B 품종 사과 한 상자의 무게는 $20 \times 150 = 3000(g)$

따라서 A, B 두 품종의 사과 전체의 무게의 평균은

$$\frac{6000+3000}{30+20}=\frac{9000}{50}=180(g)$$

06 답 ④

(A반 학생들의 몸무게의 총합) $= ax(kg)$

(B반 학생들의 몸무게의 총합) $= by(kg)$

(C반 학생들의 몸무게의 총합) $= cz(kg)$

따라서 A, B, C 세 반 학생들의 몸무게의 전체 평균은

$$\frac{(A, B, C \text{ 세 반 학생들의 몸무게의 총합})}{(A, B, C \text{ 세 반 전체 학생 수})}=\frac{ax+by+cz}{a+b+c}(kg)$$

07 답 ⑤

세 변량 a, b, c의 평균이 M이므로 $M=\dfrac{a+b+c}{3}$

따라서 세 변량 $3a+1$, $3b+1$, $3c+1$의 평균은

$$\frac{(3a+1)+(3b+1)+(3c+1)}{3}=\frac{3(a+b+c)+3}{3}$$
$$=3\times\frac{a+b+c}{3}+1=3M+1$$

＊ 변화된 변량의 평균 구하기

n개의 변량 a_1, a_2, a_3, $\cdots$, a_n의 평균을 M이라 하면

$M=\dfrac{a_1+a_2+a_3+\cdots+a_n}{n}$ 이므로 두 상수 k, l에 대하여 n개의 변량

ka_1+l, ka_2+l, ka_3+l, $\cdots$, ka_n+l의 평균은

$\dfrac{(ka_1+l)+(ka_2+l)+(ka_3+l)+\cdots+(ka_n+l)}{n}$

$=\dfrac{k(a_1+a_2+a_3+\cdots+a_n)+nl}{n}=kM+l$

08 답 ②

6명의 국어 점수를 작은 값부터 크기순으로 나열할 때, 3번째와 4번째 학생의 국어 점수의 평균 78점이 중앙값이므로 4번째 학생의 국어 점수는 80점이다.

이때, 국어 점수가 82점인 학생이 들어오면 7명의 학생 중 4번째 학생의 국어 점수가 중앙값이므로 구하는 중앙값은 80점이다.

09 답 **4.5**

$$(\text{평균})=\frac{0\times4+1\times6+2\times4+3\times1+4\times2+5\times3}{20}$$
$$=\frac{40}{20}=2(\text{회}) \qquad \therefore a=2$$

또한, 자료를 작은 값부터 크기순으로 나열할 때, 10번째와 11번째 자료의 값의 평균이 중앙값이므로

$$(\text{중앙값})=\frac{1+2}{2}=1.5(\text{회}) \qquad \therefore b=1.5$$

한편, 1회의 도수가 6으로 가장 크므로

$(\text{최빈값})=1\text{회} \qquad \therefore c=1$

$\therefore a+b+c=2+1.5+1=4.5$

10 답 **10**

$$(\text{평균})=\frac{7+10+a+11+3+16+b}{7}=10$$

$$\therefore a+b=23 \cdots \text{㉠}$$

이때, 최빈값이 10이므로 $a=10$ 또는 $b=10$이다.

즉, ㉠에 의하여 $a=10$, $b=13$ 또는 $a=13$, $b=10$이다.

따라서 주어진 자료를 작은 값부터 크기순으로 나열하면

3, 7, 10, 10, 11, 13, 16이므로 중앙값은 4번째 자료인 10이다.

11 답 **67점**

5명의 학생 A, B, C, D, E의 시험 점수의 평균을 m점이라 하면 학생 F의 시험 점수는 $m+4+11=m+15(\text{점})$이다.

이때, 학생 F를 포함한 6명의 시험 점수의 평균을 M점이라 하면

$$M=\frac{5m+(m+15)}{6}=m+\frac{5}{2} \cdots \text{㉠}$$

또한, 학생 F를 포함한 6명의 시험 점수의 평균은 5명의 학생의 시험 점수의 평균보다 4 % 증가하였으므로

$$M=m+\frac{4}{100}m=\frac{26}{25}m \cdots \text{㉡}$$

㉠$=$㉡이므로 $m+\dfrac{5}{2}=\dfrac{26}{25}m$, $\dfrac{1}{25}m=\dfrac{5}{2}$ $\qquad \therefore m=62.5$

한편, 시험 점수가 낮은 순서대로 6명의 학생 A, B, C, D, E, F를 차례로 나열하면 B, E, A, D, C, F이므로 구하는 중앙값은 두 학생 A, D의 시험 점수의 평균이다.

따라서 두 학생 A, D의 시험 점수는 각각 $m+4=66.5(\text{점})$, $m+5=67.5(\text{점})$이므로 중앙값은 $\dfrac{66.5+67.5}{2}=67(\text{점})$이다.

12 답 ④

5개의 변량 8, x, 11, y, 17의 평균이 12이므로

$$\frac{8+x+11+y+17}{5}=12\text{에서 } x+y+36=60$$

$$\therefore x+y=24 \cdots \text{㉠}$$

또한, 표준편차가 $2\sqrt{3}$이므로

$$\frac{(-4)^2+(x-12)^2+(-1)^2+(y-12)^2+5^2}{5}=(2\sqrt{3})^2 \cdots \text{㉡}$$

에서

$$\frac{(x-12)^2+(y-12)^2+42}{5}=12$$

$$(x-12)^2+(y-12)^2+42=60$$

$$\therefore (x-12)^2+(y-12)^2=18 \cdots \text{㉢}$$

㉠에서 $y=24-x$이므로 ㉢에 대입하면

$$(x-12)^2+(24-x-12)^2=18\text{에서 } 2(x-12)^2=18$$

$$(x-12)^2=9, \ x-12=\pm3$$

$$\therefore x=9 \text{ 또는 } x=15$$

(i) $x=9$일 때, ㉠에 의하여 $y=15$

(ii) $x=15$일 때, ㉠에 의하여 $y=9$

(i), (ii)에 의하여 $xy=15\times9=135$

[다른 풀이]

㉡을 정리하면 $x^2+y^2-24(x+y)+270=0$

$(x+y)^2-2xy-24(x+y)+270=0$

$\therefore 2xy=(x+y)^2-24(x+y)+270$

㉠을 대입하면 $2xy=24^2-24\times24+270$, $2xy=270$

$\therefore xy=135$

13 답 ③

3개의 변량 a, b, c의 평균이 M이므로

$M=\dfrac{a+b+c}{3}$ $\quad\therefore a+b+c=3M\cdots$ ㉠

또, 3개의 변량 a, b, c의 분산이 S^2이므로

$S^2=\dfrac{(a-M)^2+(b-M)^2+(c-M)^2}{3}$

$=\dfrac{a^2+b^2+c^2-2M(a+b+c)+3M^2}{3}$

$=\dfrac{a^2+b^2+c^2-6M^2+3M^2}{3}(\because$ ㉠$)$

$=\dfrac{a^2+b^2+c^2}{3}-M^2$

14 답 ④

5개의 변량 a, b, c, d, e의 평균이 7이므로

$\dfrac{a+b+c+d+e}{5}=7$ $\quad\therefore a+b+c+d+e=35\cdots$ ㉠

또, 5개의 변량 a, b, c, d, e의 표준편차가 3이므로

$\dfrac{(a-7)^2+(b-7)^2+(c-7)^2+(d-7)^2+(e-7)^2}{5}=3^2$에서

$(a-7)^2+(b-7)^2+(c-7)^2+(d-7)^2+(e-7)^2=45$

$a^2+b^2+c^2+d^2+e^2-14(a+b+c+d+e)+245=45$

$a^2+b^2+c^2+d^2+e^2-14\times35+245=45(\because$ ㉠$)$

$\therefore a^2+b^2+c^2+d^2+e^2=290$

따라서 5개의 변량 a^2, b^2, c^2, d^2, e^2의 평균은

$\dfrac{a^2+b^2+c^2+d^2+e^2}{5}=\dfrac{290}{5}=58$

15 답 ①

연속하는 세 홀수를 $x-2$, x, $x+2(x\geq3$인 홀수)라 하면

$($평균$)=\dfrac{(x-2)+x+(x+2)}{3}=x$이므로

$($분산$)=\dfrac{\{(x-2)-x\}^2+(x-x)^2+\{(x+2)-x\}^2}{3}$

$=\dfrac{4+0+4}{3}=\dfrac{8}{3}$

따라서 구하는 표준편차는 $\sqrt{\dfrac{8}{3}}=\dfrac{2\sqrt6}{3}$

16 답 -3

편차의 합은 0이므로 $-4+(-3)+a+b+5=0$에서

$a+b=2\cdots$ ㉠

이때, 분산이 12이므로 $\dfrac{(-4)^2+(-3)^2+a^2+b^2+5^2}{5}=12$에서

$a^2+b^2+50=60$ $\quad\therefore a^2+b^2=10\cdots$ ㉡

㉡에서 $(a+b)^2-2ab=10$이므로 ㉠을 대입하면

$2^2-2ab=10$, $2ab=-6$ $\quad\therefore ab=-3$

17 답 40

5개의 변량 3, x, 4, 5, y의 평균이 4, 분산이 2이므로

$($평균$)=\dfrac{3+x+4+5+y}{5}=4$에서 $x+y+12=20$

$\therefore x+y=8\cdots$ ㉠

$($분산$)=\dfrac{(-1)^2+(x-4)^2+0^2+1^2+(y-4)^2}{5}=2$에서

$x^2+y^2-8(x+y)+34=10$

$\therefore x^2+y^2=8(x+y)-24=8\times8-24(\because$ ㉠$)=40$

18 답 5

$x_1+x_2+\cdots+x_{10}=10$, $x_1^2+x_2^2+\cdots+x_{10}^2=170$이므로

$($평균$)=\dfrac{x_1+x_2+\cdots+x_{10}}{10}=\dfrac{10}{10}=1$ $\quad\therefore a=1$

$($분산$)=\dfrac{(x_1-1)^2+(x_2-1)^2+\cdots+(x_{10}-1)^2}{10}$

$=\dfrac{x_1^2+x_2^2+\cdots+x_{10}^2-2(x_1+x_2+\cdots+x_{10})+10\times1}{10}$

$=\dfrac{170-2\times10+10}{10}=16$

이므로 표준편차는 $\sqrt{16}=4$ $\quad\therefore b=4$

$\therefore a+b=5$

19 답 15

세 수 a, b, c의 평균이 4이고 표준편차가 $\sqrt2$이므로

$\dfrac{a+b+c}{3}=4$에서 $a+b+c=12\cdots$ ㉠

$\dfrac{(a-4)^2+(b-4)^2+(c-4)^2}{3}=(\sqrt2)^2$에서

$\dfrac{a^2+b^2+c^2-8(a+b+c)+3\times16}{3}=2$

$a^2+b^2+c^2-8\times12+48=6(\because$ ㉠$)$

$\therefore a^2+b^2+c^2=54\cdots$ ㉡

이때, $ab+bc+ca=\dfrac{1}{2}\{(a+b+c)^2-(a^2+b^2+c^2)\}$이므로

㉠, ㉡에 의하여

$ab+bc+ca=\dfrac{1}{2}(12^2-54)=45$

따라서 세 수 ab, bc, ca의 평균은 $\dfrac{ab+bc+ca}{3}=\dfrac{45}{3}=15$

20 답 $\sqrt{3}$

한 모서리의 길이가 각각 a, b, c인 세 주사위의 모든 모서리의 총합은

$12(a+b+c)=72$ $\therefore a+b+c=6 \cdots \bigcirc$

즉, a, b, c의 평균은 $\dfrac{a+b+c}{3}=\dfrac{6}{3}=2$이다.

또, 한 모서리의 길이가 각각 a, b, c인 세 주사위의 겉넓이의 총합은

$6(a^2+b^2+c^2)=126$ $\therefore a^2+b^2+c^2=21 \cdots \bigcirc\!\!\bigcirc$

즉, a, b, c의 분산은 $\bigcirc$, $\bigcirc\!\!\bigcirc$에 의하여

$\dfrac{(a-2)^2+(b-2)^2+(c-2)^2}{3}$

$=\dfrac{a^2+b^2+c^2-4(a+b+c)+12}{3}=\dfrac{21-4\times6+12}{3}=3$

따라서 a, b, c의 표준편차는 $\sqrt{3}$이다.

21 답 ②

찢어진 부분의 편차를 x라 하면 편차의 총합은 0이므로

$2+(-3)+x+(-3)+3=0$ $\therefore x=1$

따라서 분산은 $\dfrac{2^2+(-3)^2+1^2+(-3)^2+3^2}{5}=\dfrac{32}{5}$이므로

표준편차는 $\sqrt{\dfrac{32}{5}}=\sqrt{6.4}$

22 답 ①

잘못 쓴 자료를 제외한 나머지 자료를 x_1, x_2, x_3이라 하면 잘못 쓴 2개의 자료를 포함한 5개의 자료의 평균이 3이고 분산이 40이므로

$\dfrac{x_1{}^2+x_2{}^2+x_3{}^2+8^2+2^2}{5}-3^2=40$

$\therefore x_1{}^2+x_2{}^2+x_3{}^2=177$

이때, 잘못 쓴 2개의 자료의 합과 올바로 쓴 2개의 자료의 합이 10으로 같으므로 올바로 쓴 자료의 평균은 잘못 쓴 자료의 평균 3과 같다.

따라서 올바로 쓴 자료의 분산은

$\dfrac{x_1{}^2+x_2{}^2+x_3{}^2+3^2+7^2}{5}-3^2=\dfrac{177+58}{5}-9=38$

23 답 ③

세 수 a, b, c의 평균이 M, 분산이 S^2이므로

$M=\dfrac{a+b+c}{3}$, $S^2=\dfrac{(a-M)^2+(b-M)^2+(c-M)^2}{3}$

이때, 세 수 $a+2$, $b+2$, $c+2$의 평균을 M', 분산을 S'^2이라 하면

$M'=\dfrac{(a+2)+(b+2)+(c+2)}{3}=\dfrac{(a+b+c)+6}{3}=M+2$

$S'^2=\dfrac{(a+2-M-2)^2+(b+2-M-2)^2+(c+2-M-2)^2}{3}$

$=\dfrac{(a-M)^2+(b-M)^2+(c-M)^2}{3}=S^2$

> **만점** UP
>
> ★ **변형된 변량의 평균과 분산, 표준편차**
>
> n개의 변량 x_1, x_2, x_3, $\cdots$, x_n의 평균이 m, 분산이 V, 표준편차가 σ일 때, n개의 변량 ax_1+b, ax_2+b, ax_3+b, $\cdots$, ax_n+b의 평균과 분산, 표준편차는 각각 $am+b$, a^2V, $|a|\sigma$이다.

24 답 ③

5개의 변량 a, b, c, d, e의 평균과 분산이 각각 m, S^2이므로

$\dfrac{a+b+c+d+e}{5}=m$에서

$a+b+c+d+e=5m \cdots \bigcirc$

$\dfrac{(a-m)^2+(b-m)^2+(c-m)^2+(d-m)^2+(e-m)^2}{5}=S^2$

에서

$(a-m)^2+(b-m)^2+(c-m)^2+(d-m)^2+(e-m)^2=5S^2\cdots\bigcirc\!\!\bigcirc$

이때, 5개의 변량 $2a+3$, $2b+3$, $2c+3$, $2d+3$, $2e+3$의 평균은 $\bigcirc$에 의하여

$\dfrac{(2a+3)+(2b+3)+(2c+3)+(2d+3)+(2e+3)}{5}$

$=\dfrac{2(a+b+c+d+e)+3\times5}{5}=\dfrac{2\times5m+15}{5}=2m+3$

이고 분산은 $\bigcirc\!\!\bigcirc$에 의하여

$\dfrac{\{(2a+3)-(2m+3)\}^2+\{(2b+3)-(2m+3)\}^2+\cdots+\{(2e+3)-(2m+3)\}^2}{5}$

$=\dfrac{4\{(a-m)^2+(b-m)^2+(c-m)^2+(d-m)^2+(e-m)^2}{5}$

$=\dfrac{4\times5S^2}{5}=4S^2$

25 답 ⑤

자료 A의 평균 M과 분산 S^2은 각각

$M=\dfrac{1+3+5+\cdots+99}{50}$

$S^2=\dfrac{(1-M)^2+(3-M)^2+\cdots+(99-M)^2}{50}$

이때, 자료 B의 각 변량은 자료 A의 각 변량에 1씩 더한 것과 같으므로 자료 B의 평균과 분산은 각각

(평균)$=\dfrac{(1+1)+(3+1)+(5+1)+\cdots+(99+1)}{50}$

$=\dfrac{1+3+5+\cdots+99}{50}+\dfrac{1\times50}{50}=M+1$

(분산)$=\dfrac{\{2-(M+1)\}^2+\{4-(M+1)\}^2+\cdots+\{100-(M+1)\}^2}{50}$

$=\dfrac{(1-M)^2+(3-M)^2+\cdots+(99-M)^2}{50}=S^2$

26 답 ①

학생들의 수학 점수를 x_1, x_2, $\cdots$, x_n이라 하면 구하는 것은 변량 x_1+5, x_2+5, $\cdots$, x_n+5의 평균과 표준편차이다.

이때, x_1, x_2, $\cdots$, x_n의 평균과 표준편차가 각각 50점, 5점이므로 변량 x_1+5, x_2+5, $\cdots$, x_n+5의 평균과 표준편차를 각각 m점, σ점이라 하면

$m=1\times50+5=55$, $\sigma=|1|\times5=5$

따라서 평균과 표준편차의 합은

$m+\sigma=55+5=60$

27 답 ②

남학생 3명의 수학 점수의 평균이 6점이고, 여학생 2명의 수학 점수의 평균도 6점이므로 전체 5명의 학생의 수학 점수의 평균은 6점이다.

이때, 남학생 3명의 수학 점수를 각각 x_1, x_2, x_3이라 하면 분산이 6이므로 $\dfrac{(x_1-6)^2+(x_2-6)^2+(x_3-6)^2}{3}=6$

$\therefore (x_1-6)^2+(x_2-6)^2+(x_3-6)^2=18 \cdots \bigcirc$

또, 여학생 2명의 수학 점수를 각각 y_1, y_2라 하면 분산이 1이므로

$\dfrac{(y_1-6)^2+(y_2-6)^2}{2}=1$

$\therefore (y_1-6)^2+(y_2-6)^2=2 \cdots \bigcirc\!\bigcirc$

따라서 전체 5명의 학생의 수학 점수의 분산은 ㉠, ㉡에 의하여

$\dfrac{(x_1-6)^2+(x_2-6)^2+(x_3-6)^2+(y_1-6)^2+(y_2-6)^2}{5}$

$=\dfrac{18+2}{5}=4$

이므로 구하는 표준편차는 $\sqrt{4}=2$(점)이다.

28 답 ④

전문가 6명의 점수를 각각 x_1, x_2, x_3, x_4, x_5, x_6이라 하면 전문가 6명의 점수의 평균이 15이고 분산이 10이므로

$\dfrac{x_1+x_2+x_3+x_4+x_5+x_6}{6}=15$에서

$x_1+x_2+x_3+x_4+x_5+x_6=90 \cdots \bigcirc$

$\dfrac{(x_1-15)^2+(x_2-15)^2+\cdots+(x_6-15)^2}{6}=10$에서

$(x_1-15)^2+(x_2-15)^2+\cdots+(x_6-15)^2=60 \cdots \bigcirc\!\bigcirc$

또, 일반인 4명의 점수를 각각 y_1, y_2, y_3, y_4라 하면 일반인 4명의 점수의 평균이 15이고 분산이 20이므로

$\dfrac{y_1+y_2+y_3+y_4}{4}=15$에서 $y_1+y_2+y_3+y_4=60 \cdots \bigcirc\!\bigcirc\!\bigcirc$

$\dfrac{(y_1-15)^2+(y_2-15)^2+(y_3-15)^2+(y_4-15)^2}{4}=20$에서

$(y_1-15)^2+(y_2-15)^2+(y_3-15)^2+(y_4-15)^2=80 \cdots$ ㉣

㉠, ㉢에 의하여 전문가와 일반인 10명의 전체 평균은

$\dfrac{(x_1+x_2+x_3+x_4+x_5+x_6)+(y_1+y_2+y_3+y_4)}{10}$

$=\dfrac{90+60}{10}=15$(점)

이므로 ㉡, ㉣에 의하여 전문가와 일반인 10명의 전체 분산은

$\dfrac{(x_1-15)^2+\cdots+(x_6-15)^2+(y_1-15)^2+\cdots+(y_4-15)^2}{10}$

$=\dfrac{60+80}{10}=14$

29 답 17

6개의 수를 x_1, x_2, $\cdots$, x_6이라 하면 이 6개의 수의 평균과 분산이 각각 6, 9이므로

$\dfrac{x_1+x_2+\cdots+x_6}{6}=6$ $\therefore x_1+x_2+\cdots+x_6=36 \cdots \bigcirc$

$\dfrac{x_1{}^2+x_2{}^2+\cdots+x_6{}^2}{6}-6^2=9$

$\therefore x_1{}^2+x_2{}^2+\cdots+x_6{}^2=270 \cdots \bigcirc\!\bigcirc$

또, 나머지 4개의 수를 y_1, y_2, y_3, y_4라 하면 평균과 분산이 각각 11, 14이므로

$\dfrac{y_1+y_2+y_3+y_4}{4}=11$ $\therefore y_1+y_2+y_3+y_4=44 \cdots \bigcirc\!\bigcirc\!\bigcirc$

$\dfrac{y_1{}^2+y_2{}^2+y_3{}^2+y_4{}^2}{4}-11^2=14$ $\therefore y_1{}^2+y_2{}^2+y_3{}^2+y_4{}^2=540 \cdots$ ㉣

따라서 ㉠, ㉢에 의하여 10개의 수의 평균은

$\dfrac{(x_1+x_2+\cdots+x_6)+(y_1+y_2+y_3+y_4)}{10}=\dfrac{36+44}{10}=8$이므로

㉡, ㉣에 의하여 구하는 분산은

$\dfrac{(x_1{}^2+x_2{}^2+\cdots+x_6{}^2)+(y_1{}^2+y_2{}^2+y_3{}^2+y_4{}^2)}{10}-8^2$

$=\dfrac{270+540}{10}-64=17$

만점 UP

＊분산의 변형 공식

n개의 변량 x_1, x_2, $\cdots$, x_n의 평균을 m, 분산을 V라 하면

$$V=\dfrac{(x_1-m)^2+(x_2-m)^2+\cdots+(x_n-m)^2}{n}$$

$$=\dfrac{x_1{}^2+x_2{}^2+\cdots+x_n{}^2}{n}-m^2$$

30 답 ③

ㄱ. 표준편차가 작을수록 자료가 평균 주변에 모여 있다. (참)

ㄴ. 평균과 표준편차만 가지고는 자료의 범위를 예측할 수 없다. (거짓)

ㄷ. 각 자료들의 값을 모두 일정하게 늘이거나 줄여도 표준편차에는 변함이 없다. (거짓)

ㄹ. (표준편차)=$\sqrt{\text{(분산)}}$이므로 표준편차를 제곱하여 분산을 구할 수 있다. (참)

따라서 옳은 것은 ㄱ, ㄹ이다.

31 답 A

학생 A의 점수의 평균은 $\dfrac{5+8+7+8}{4}=7$(점)이므로

표준편차는 $\sqrt{\dfrac{(-2)^2+1^2+0^2+1^2}{4}}=\sqrt{1.5}$(점)

또, 학생 B의 점수의 평균은 $\dfrac{6+9+8+6}{4}=7$(점)이므로

표준편차는 $\sqrt{\dfrac{(-1)^2+2^2+1^2+(-2)^2}{4}}=\sqrt{2.5}$(점)

따라서 표준편차가 더 작은 학생 A의 점수가 더 고르다.

32 답 ①

A, B, C, D, E를 각각 5점, 4점, 3점, 2점, 1점으로 환산하여 표를 나타내면 다음과 같다.

회 이름	1	2	3	4	5	합계	평균
참	3	4	3	3	3	16	3.2
아름	2	3	2	3	2	12	2.4
다운	2	3	3	4	4	16	3.2
우리	4	5	5	5	4	23	4.6
강산	4	3	2	2	1	12	2.4

이때, 수행평가의 결과가 가장 고르게 나타나려면 평균과 차이가 작은 수가 많이 모여 있어야 한다.

표에서 '참'의 평균은 3.2로 5개의 평균 중 가운데 위치하지만 네 개의 수가 3이고 차이가 1점인 수가 하나뿐이므로 수행평가의 결과가 가장 고르게 나타난다.

[다른 풀이]

'참'의 분산은
$$\frac{(-0.2)^2+0.8^2+(-0.2)^2+(-0.2)^2+(-0.2)^2}{5}=\frac{4}{25}$$이므로

표준편차는 $\sqrt{\dfrac{4}{25}}=\dfrac{2}{5}$

'아름'의 분산은
$$\frac{(-0.4)^2+0.6^2+(-0.4)^2+0.6^2+(-0.4)^2}{5}=\frac{6}{25}$$이므로

표준편차는 $\sqrt{\dfrac{6}{25}}=\dfrac{\sqrt{6}}{5}$

'다운'의 분산은
$$\frac{(-1.2)^2+(-0.2)^2+(-0.2)^2+0.8^2+0.8^2}{5}=\frac{14}{25}$$이므로

표준편차는 $\sqrt{\dfrac{14}{25}}=\dfrac{\sqrt{14}}{5}$

'우리'의 분산은
$$\frac{(-0.6)^2+0.4^2+0.4^2+0.4^2+(-0.6)^2}{5}=\frac{6}{25}$$이므로

표준편차는 $\sqrt{\dfrac{6}{25}}=\dfrac{\sqrt{6}}{5}$

'강산'의 분산은
$$\frac{1.6^2+0.6^2+(-0.4)^2+(-0.4)^2+(-1.4)^2}{5}=\frac{26}{25}$$이므로

표준편차는 $\sqrt{\dfrac{26}{25}}=\dfrac{\sqrt{26}}{5}$

따라서 수행평과의 결과가 가장 고른 학생은 표준편차가 가장 작은 '참'이다.

33 답 48점

1학년 20명의 평균을 x점이라 하면 2학년 30명의 평균은 $(x+10)$점이고 3학년 50명의 평균은 $(x+10)+20=x+30$(점)이다.

이때, 3학년의 평균이 1학년의 평균의 2배이므로
$$x+30=2x \qquad \therefore x=30$$

즉, 1학년의 평균은 30점, 2학년의 평균은 40점, 3학년의 평균은 60점이다. ⟶ ⓐ

따라서 이 학교 전체 학생의 평균은
$$\frac{30\times20+40\times30+60\times50}{20+30+50}=\frac{4800}{100}=48(점)$$ ⟶ ⓑ

채점기준	
ⓐ 각 학년의 평균을 각각 구한다.	[60%]
ⓑ 학교 전체 학생의 평균을 구한다.	[40%]

34 답 2

10개의 사각형의 넓이를 각각 x_1, x_2, $\cdots$, x_{10}이라 하면 이 10개의 사각형의 넓이의 평균과 표준편차가 각각 6, 4이므로
$$\frac{x_1+x_2+\cdots+x_{10}}{10}=6 \cdots ㉠$$
$$\frac{(x_1-6)^2+(x_2-6)^2+\cdots+(x_{10}-6)^2}{10}=4^2=16 \cdots ㉡$$ ⟶ ⓐ

이때, 새로 만들어진 20개의 사각형의 넓이는 각각 $\dfrac{1}{2}x_1$, $\dfrac{1}{2}x_1$, $\dfrac{1}{2}x_2$, $\dfrac{1}{2}x_2$, $\cdots$, $\dfrac{1}{2}x_{10}$, $\dfrac{1}{2}x_{10}$이므로 ㉠, ㉡에 의하여 이 20개의 사각형의 넓이의 평균과 분산은 각각

$$(평균)=\frac{1}{20}\left(\frac{1}{2}x_1+\frac{1}{2}x_1+\frac{1}{2}x_2+\frac{1}{2}x_2+\cdots+\frac{1}{2}x_{10}+\frac{1}{2}x_{10}\right)$$
$$=\frac{1}{20}(x_1+x_2+\cdots+x_{10})=\frac{1}{2}\times\frac{x_1+x_2+\cdots+x_{10}}{10}$$
$$=\frac{1}{2}\times6=3$$

$$(분산)=\frac{1}{20}\left\{\left(\frac{1}{2}x_1-3\right)^2+\left(\frac{1}{2}x_1-3\right)^2+\left(\frac{1}{2}x_2-3\right)^2\right.$$
$$\left.+\left(\frac{1}{2}x_2-3\right)^2+\cdots+\left(\frac{1}{2}x_{10}-3\right)^2+\left(\frac{1}{2}x_{10}-3\right)^2\right\}$$
$$=\frac{1}{20}\left\{2\left(\frac{1}{2}x_1-3\right)^2+2\left(\frac{1}{2}x_2-3\right)^2+\cdots+2\left(\frac{1}{2}x_{10}-3\right)^2\right\}$$
$$=\frac{1}{10}\left\{\left(\frac{1}{2}x_1-3\right)^2+\left(\frac{1}{2}x_2-3\right)^2+\cdots+\left(\frac{1}{2}x_{10}-3\right)^2\right\}$$
$$=\frac{1}{10}\left\{\frac{1}{4}(x_1-6)^2+\frac{1}{4}(x_2-6)^2+\cdots+\frac{1}{4}(x_{10}-6)^2\right\}$$
$$=\frac{1}{4}\times\frac{(x_1-6)^2+(x_2-6)^2+\cdots+(x_{10}-6)^2}{10}$$
$$=\frac{1}{4}\times16=4$$ ⟶ ⓑ

따라서 새로 만들어진 20개의 사각형의 넓이의 표준편차는 $\sqrt{4}=2$이다. ⟶ ⓒ

채점기준	
ⓐ 처음 10개의 사각형의 넓이의 평균과 분산을 각각 나타낸다.	[40%]
ⓑ 새로 만들어진 20개의 사각형의 넓이의 분산을 구한다.	[40%]
ⓒ 새로 만들어진 20개의 사각형의 넓이의 표준편차를 구한다.	[20%]

35 답 36

자료 A의 중앙값이 17이므로 $a=17$

(i) $b-1 \leq 17$, 즉 $b \leq 18$일 때, 문제의 조건에서 $a < b$이므로
$b=18$
따라서 두 자료 A, B의 전체 자료를 작은 수부터 크기순으로 나열하면 10, 12, 15, 17, 17, 18, 20, 20, 21이고 중앙값은 17이므로 중앙값이 18이라는 것에 모순이다.

(ii) $b-1 > 17$, 즉 $18 < b \leq 20$일 때, 두 자료 A, B의 전체 자료를 크기순으로 나열하면 10, 12, 15, 17, $b-1$, b, 20, 20, 21이므로 전체 자료의 중앙값이 18이 되려면 $b-1=18$ ∴ $b=19$

(i), (ii)에 의하여 조건을 만족시키는 b의 값은 19이다.

∴ $a+b=17+19=36$

36 답 ①

점 $P_i(i=1, 2, 3, 4, 5)$의 x좌표를 a_i, 점 Q_i의 x좌표를 b_i라 하면 $\overline{OP_i} : \overline{OQ_i} = 1 : 2$이므로 두 점 P_i, Q_i의 x좌표의 비도 1 : 2이다.

즉, $a_i : b_i = 1 : 2$에서 $b_i = 2a_i$

따라서 a_i의 평균과 표준편차를 각각 m_a, s_a라 하고 b_i의 평균과 표준편차를 각각 m_b, s_b라 하면 $m_b = 2m_a$, $s_b = 2s_a$이다.

이때, a_i의 평균이 $m_a = 10$, 표준편차가 $s_a = \dfrac{5}{2}$이므로

$m_b = 2 \times 10 = 20$, $s_b = 2 \times \dfrac{5}{2} = 5$

∴ $m_b \times s_b = 20 \times 5 = 100$

---

06 상관관계

문제편 66P

37 답 (1) 해설 참조 (2) 3명 (3) 4명

(1) 산점도를 그리면 그림과 같다.
(2) 수학 점수와 국어 점수가 같은 학생은 산점도에서 대각선 위의 점을 나타내는 학생으로 3명이다.
(3) 국어 점수가 수학 점수보다 좋은 학생은 대각선 위쪽의 점을 나타내는 학생으로 4명이다.

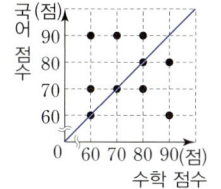

38 답 ④

두 과목의 점수가 같은 학생은 대각선 위에 있는 점이므로
$(50, 50)$, $(60, 60)$, $(70, 70)$, $(80, 80)$, $(90, 90)$, $(100, 100)$의 6명이다.

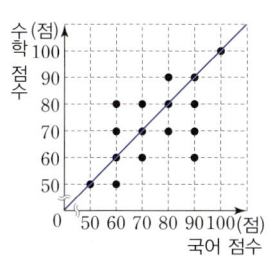

39 답 ②

4명의 학생 A, C, D, E는 과학 점수와 수학 점수가 비슷하지만 학생 B는 과학 점수가 수학 점수보다 훨씬 낮다. 따라서 과학 점수와 수학 점수의 차이가 가장 큰 학생은 B이다.

40 답 ②

산점도에서 대각선 위쪽에 있는 학생의 수학 점수가 국어 점수보다 높으므로 구하는 학생 수는 5명이다.

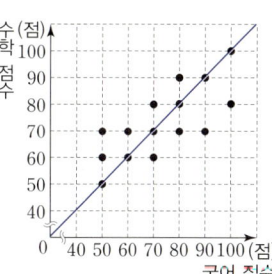

41 답 ②

산점도에서 대각선 위쪽에 있는 학생이 오른쪽 눈의 시력보다 왼쪽 눈의 시력이 좋으므로 구하는 학생 수는 4명이다.

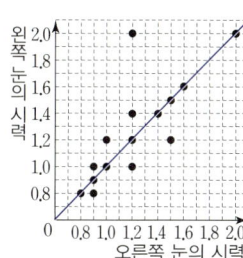

42 답 ③

국어 점수가 80점 이상인 학생은 산점도에서 색칠한 부분에 있는 점이다.

즉, $(4, 100)$, $(6, 80)$, $(8, 80)$, $(8, 90)$, $(12, 80)$, $(14, 80)$, $(14, 90)$으로 7명이다.

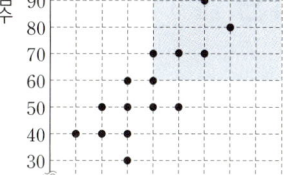

43 답 ④

국어 점수와 영어 점수가 모두 60점 이상인 학생은 산점도에서 색칠한 부분에 있는 점이다.

즉, $(60, 60)$, $(60, 70)$, $(70, 70)$, $(80, 70)$, $(80, 90)$, $(90, 80)$으로 6명이다.

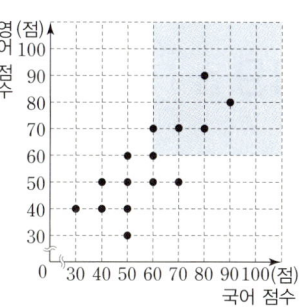

44 답 ②

산점도에서 색칠한 부분에 있
는 학생이 키가 160 cm 이상
이고 앉은키가 90 cm 이상인
학생이므로 구하는 학생 수는
6명이다.

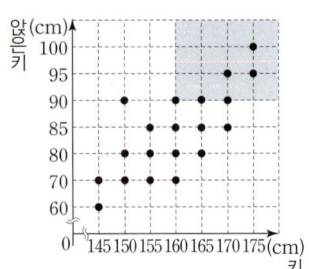

$$\therefore \frac{6}{20} \times 100 = 30(\%)$$

45 답 ③

산점도에서 대각선 아래쪽에 있는
학생의 수학 점수가 영어 점수보다
높으므로 구하는 학생 수는 2명이
다.

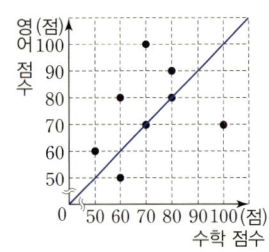

$$\therefore \frac{2}{8} \times 100 = 25(\%)$$

46 답 ③

산점도에서 색칠한 부분에 있는 학
생이 몸무게가 55 kg 이하이고 키
가 160 cm 이하이다. 따라서 색
칠한 부분에 있는 학생들의 몸무게
의 평균은

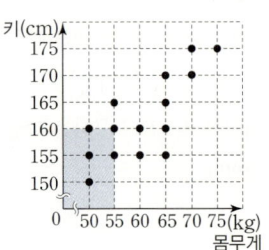

$$\frac{50 \times 3 + 55 \times 2}{5} = 52(\text{kg})$$

47 답 ④

주어진 산점도에서 키에 비해 가장 뚱뚱한
학생은 대각선의 아래쪽에 위치한 점 중 대
각선에서 가장 멀리 떨어져 있는 점 D이다.

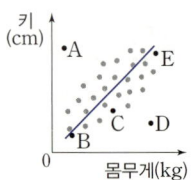

48 답 ⑤

① A보다 키가 큰 사람이 있다. (거짓)
② B는 키가 작고 몸무게는 무거운 편이다. (거짓)
③ B는 A보다 키가 작다. (거짓)
④ A는 B에 비하여 마른 편이다. (거짓)
⑤ A는 몸무게에 비하여 키가 큰 편이다. (참)

49 답 ①

몸무게가 키에 비하여 적게 나가는 학생이
비교적 날씬한 학생이다. 즉, 산점도에서 대
각선의 위쪽에 위치한 점 중 대각선에서 가
장 멀리 떨어져 있는 '가' 학생이 다른 학생
에 비해 비교적 날씬하다.

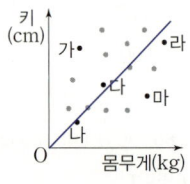

50 답 ②

ㄱ. 산점도에서 학생 A가 가장 오른쪽에 위치하므로 4명의 학생 중
　수학 성적이 가장 우수한 학생은 A이다. (참)
ㄴ. 학생 B는 수학 성적에 비해 과학 성적이 우수한 편이다. (참)
ㄷ. 학생 D는 학생 B에 비해 과학 성적이 저조하다. (거짓)
ㄹ. 학생 C는 수학 성적과 과학 성적이 모두 낮다. (참)
따라서 옳은 것은 ㄱ, ㄴ, ㄹ이다.

51 답 ①

② 몸무게에 비해 키가 가장 큰 학생은 B이다. (거짓)
③ 몸무게가 가장 가벼운 학생은 B이다. (거짓)
④ 키에 비해 몸무게가 무거운 학생은 C이다. (거짓)
⑤ 키와 몸무게가 비교적 알맞은 학생은 A와 D이다. (거짓)

52 답 ②

수학 성적이 우수한 사람이 과학 성적도 대체로 우수함을 나타내는
산점도는 양의 상관관계에 있으므로 구하는 산점도는 ②이다.

53 답 ③

오른쪽 위로 향하는 산점도가 양의 상관관계에 있으므로 ②, ③이 양
의 상관관계에 있다. 한편, 점들이 직선 주위에 가까이 몰려 있을 수
록 상관관계가 강하므로 주어진 산점도 중 가장 강한 양의 상관관계
에 있는 것은 ③이다.

54 답 ③

주어진 산점도는 음의 상관관계가 있다.
① 몸무게와 키 ― 양의 상관관계
② 지능지수와 머리카락의 길이 ― 상관관계가 없다
③ 지면으로부터의 높이와 기온 ― 음의 상관관계
④ 키와 가슴둘레 ― 양의 상관관계
⑤ 여름철 기온과 음료수 판매량 ― 양의 상관관계

55 답 (1) 6명　(2) 25 %　(3) 6명

(1) 산점도에서 대각선 위에 있는 점
　이 국어 점수와 수학 점수가 같
　은 학생이다. 즉, (50, 50),
　(60, 60), (70, 70), (80, 80),
　(90, 90), (100, 100)의 6명이
　다. ────── ⓐ

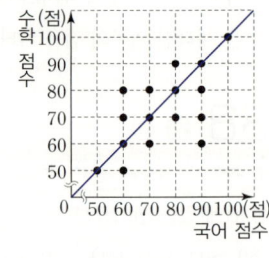

(2) 산점도에서 대각선의 위쪽에 있는 점이 국어 점수보다 수학 점수
　가 높은 학생이다.
　즉, 구하는 학생 수는 4명이므로 $\frac{4}{16} \times 100 = 25(\%)$ ────── ⓑ

(3) 산점도에서 색칠한 부분에 있는
점이 국어 점수와 수학 점수가
모두 70점 이하인 학생이므로
구하는 학생 수는 6명이다. … ⓒ

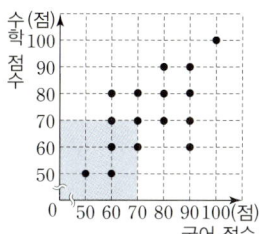

┃ 채점기준 ┃
ⓐ 국어 점수와 수학 점수가 같은 학생 수를 구한다. [30%]
ⓑ 국어 점수보다 수학 점수가 높은 학생은 전체의 몇 %인지 구한다. [40%]
ⓒ 국어 점수와 수학 점수가 모두 70점 이하인 학생 수를 구한다. [30%]

56 답 (1) C, B, A, D (2) D (3) D

(1) 산점도에서 오른쪽에 있는 학생일수록 수학 점수가 높다. 따라서
수학 점수가 높은 학생을 순서대로 쓰면 C, B, A, D이다. … ⓐ

(2) 3명의 학생 A, B, C는 수학 점수와 영어 점수가 비슷하지만 학
생 D는 영어 점수가 수학 점수보다 훨씬 높다. 따라서 수학 점수
와 영어 점수의 차이가 가장 큰 학생은 D이다. … ⓑ

(3) 산점도에서 대각선의 위쪽에 있는 학생이
영어 점수에 비해 수학 점수가 낮다. 즉,
영어 점수에 비해 수학 점수가 가장 낮은
학생은 대각선의 위쪽에 있는 점 중 대각선
에서 가장 멀리 떨어져 있는 학생 D이다. … ⓒ

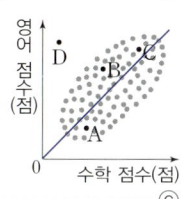

┃ 채점기준 ┃
ⓐ 수학 점수가 높은 학생을 순서대로 쓴다. [30%]
ⓑ 두 과목의 점수의 차가 가장 큰 학생을 구한다. [40%]
ⓒ 영어 점수에 비해 수학 점수가 가장 낮은 학생을 구한다. [30%]

57 답 79점

산점도에서 색칠한 부분에 있는 점이
수학 점수가 80점 이상인 학생이다.
즉, 수학 점수가 80점 이상인 학생의
과학 점수의 평균은

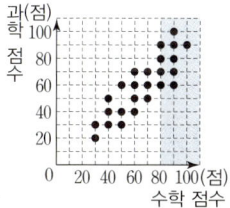

$$\frac{100+90\times3+80\times2+70\times2+60\times2}{10}$$
$$=\frac{790}{10}=79(점)$$

58 답 (1) 40 % (2) 2명

(1) 두 과목의 점수의 평균이 70점 이상이려면 두 과목 점수의 합이
140점 이상이 되어야 한다. 주어진 산점도에서 두 과목의 점수의
합이 140점 이상인 점의 개수는 (70, 70), (70, 80), (70, 90),
(80, 80), (80, 90), (90, 100)의 6이므로 구하는 학생 수는 6
명이다.   ∴ $\frac{6}{15}\times100=40(\%)$

(2) 국어 점수와 수학 점수의 차가 20점 이상인 학생이 나타내는 점
의 개수는 (50, 70), (70, 90)으로 2이므로 구하는 학생 수는 2
명이다.

대단원 만점 문제

01 답 ⑤

주어진 자료의 평균은 $\frac{1+2+10+11+a+b}{6}=4+\frac{a+b}{6}$ … ㉠

이때, $0<a<b$에서 $\frac{a+b}{6}>0$이므로 평균과 최빈값은 4보다 크고
$a\ne b$이므로 최빈값이 될 수 있는 수는 10 또는 11이다.

(ⅰ) (평균)=(최빈값)=10인 경우

$a=10$ 또는 $b=10$이고 ㉠에서 $4+\frac{a+b}{6}=10$이므로

$a+b=36$

∴ $a=10$, $b=26$ (∵ $a<b$)

이때, 주어진 자료를 작은 수부터 크기순으로 나열하면 1, 2, 10,
10, 11, 26이므로 중앙값은 10이다.

따라서 $a=10$, $b=26$일 때, 자료의 평균과 중앙값, 최빈값이 10
으로 서로 같다.

(ⅱ) (평균)=(최빈값)=11인 경우

$a=11$ 또는 $b=11$이고 ㉠에서 $4+\frac{a+b}{6}=11$이므로

$a+b=42$

∴ $a=11$, $b=31$ (∵ $a<b$)

이때, 주어진 자료를 작은 수부터 크기순으로 나열하면 1, 2, 10,
11, 11, 31이므로 중앙값은 $\frac{10+11}{2}=10.5$이다.

이때, 평균과 중앙값이 서로 다르므로 조건을 만족시키지 않는다.

(ⅰ), (ⅱ)에 의하여 주어진 조건을 만족시키는 a, b의 값은 $a=10$,
$b=26$이므로

$ab=10\times26=260$

02 답 8

자료 A의 평균은 $\frac{1+1+3+5+5}{5}=3$이므로 자료 A의 분산은

$\frac{(-2)^2+(-2)^2+0^2+2^2+2^2}{5}=\frac{16}{5}$

또, 자료 B의 평균은 $\frac{2+3+3+3+4}{5}=3$이므로 자료 B의 분산은

$\frac{(-1)^2+0^2+0^2+0^2+1^2}{5}=\frac{2}{5}$

따라서 $a=\frac{16}{5}$, $b=\frac{2}{5}$이므로

$\dfrac{a}{b}=\dfrac{\frac{16}{5}}{\frac{2}{5}}=8$

03 답 ②

ㄱ. 세 자료 A, B, C의 평균을 각각 m_A, m_B, m_C라 하면

$$m_A = \frac{4 \times 3 + 5 \times 3 + 6 \times 3}{9} = 5$$

$$m_B = \frac{2 \times 3 + 5 \times 1 + 8 \times 3}{7} = 5$$

$$m_C = \frac{4 \times 2 + 5 \times 3 + 6 \times 2}{7} = 5$$

따라서 세 자료 A, B, C의 평균은 모두 같다. (참)

ㄴ. 자료 A의 전체 도수는 9, 두 자료 B, C의 전체 도수는 각각 7, 7이다. (거짓)

ㄷ, ㄹ. 세 자료 A, B, C의 분산을 각각 V_A, V_B, V_C라 하면

$$V_A = \frac{(-1)^2 \times 3 + 0^2 \times 3 + 1^2 \times 3}{9} = \frac{2}{3}$$

$$V_B = \frac{(-3)^2 \times 3 + 0^2 \times 1 + 3^2 \times 3}{7} = \frac{54}{7}$$

$$V_C = \frac{(-1)^2 \times 2 + 0^2 \times 3 + 1^2 \times 2}{7} = \frac{4}{7}$$

이므로 자료 B의 분산이 가장 크고, 분산이 가장 작은 자료 C의 표준편차가 가장 작다. (ㄷ 거짓, ㄹ 참)

따라서 옳은 것은 ㄱ, ㄹ이다.

04 답 $\dfrac{316}{25}$

A 분단 13명의 턱걸이 횟수를 각각 x_1, x_2, $\cdots$, x_{13}이라 하면
A 분단의 평균과 분산은 각각 7, $4^2 = 16$이므로

(평균)$= \dfrac{x_1 + x_2 + \cdots + x_{13}}{13} = 7$에서 $x_1 + x_2 + \cdots + x_{13} = 91 \cdots$ ㉠

(분산)$= \dfrac{(x_1 - 7)^2 + (x_2 - 7)^2 + \cdots + (x_{13} - 7)^2}{13} = 16$에서

$(x_1 - 7)^2 + (x_2 - 7)^2 + \cdots + (x_{13} - 7)^2 = 208 \cdots$ ㉡

또, B 분단 12명의 턱걸이 횟수를 각각 y_1, y_2, $\cdots$, y_{12}라 하면
B 분단의 평균과 분산은 각각 7, $3^2 = 9$이므로

(평균)$= \dfrac{y_1 + y_2 + \cdots + y_{12}}{12} = 7$에서 $y_1 + y_2 + \cdots + y_{12} = 84 \cdots$ ㉢

(분산)$= \dfrac{(y_1 - 7)^2 + (y_2 - 7)^2 + \cdots + (y_{12} - 7)^2}{12} = 9$에서

$(y_1 - 7)^2 + (y_2 - 7)^2 + \cdots + (y_{12} - 7)^2 = 108 \cdots$ ㉣

㉠, ㉢에 의하여 두 분단 A, B의 전체 평균은

$$\frac{(x_1 + x_2 + \cdots + x_{13}) + (y_1 + y_2 + \cdots + y_{12})}{13 + 12} = \frac{91 + 84}{25} = 7$$이므로

㉡, ㉣에 의하여 두 분단 A, B의 전체 분산은

$$\frac{(x_1 - 7)^2 + (x_2 - 7)^2 + \cdots + (x_{13} - 7)^2 + (y_1 - 7)^2 + (y_2 - 7)^2 + \cdots + (y_{12} - 7)^2}{13 + 12}$$

$$= \frac{208 + 108}{25} = \frac{316}{25}$$

05 답 ②

3개의 변량 x, y, z의 평균이 10이므로 $\dfrac{x + y + z}{3} = 10 \cdots$ ㉠

또, 분산이 2이므로 $\dfrac{(x - 10)^2 + (y - 10)^2 + (z - 10)^2}{3} = 2 \cdots$ ㉡

따라서 3개의 변량 $2x - 3$, $2y - 3$, $2z - 3$의 평균 M은 ㉠에 의하여

$$M = \frac{(2x - 3) + (2y - 3) + (2z - 3)}{3} = \frac{2(x + y + z) - 9}{3}$$

$$= 2 \times \frac{x + y + z}{3} - 3$$

$$= 2 \times 10 - 3 = 17$$

또, 분산 S^2은 ㉡에 의하여

$$S^2 = \frac{\{(2x - 3) - 17\}^2 + \{(2y - 3) - 17\}^2 + \{(2z - 3) - 17\}^2}{3}$$

$$= \frac{(2x - 20)^2 + (2y - 20)^2 + (2z - 20)^2}{3}$$

$$= \frac{4(x - 10)^2 + 4(y - 10)^2 + 4(z - 10)^2}{3}$$

$$= 4 \times \frac{(x - 10)^2 + (y - 10)^2 + (z - 10)^2}{3}$$

$$= 4 \times 2 = 8$$

$\therefore M + S^2 = 17 + 8 = 25$

[다른 풀이]

3개의 변량 x, y, z의 평균이 10, 분산이 2이므로

$M = 2 \times 10 - 3 = 17$, $S^2 = 2^2 \times 2 = 8$

$\therefore M + S^2 = 17 + 8 = 25$

06 답 ③

산점도에서 대각선 위쪽에 있는 학생의 수학 점수가 영어 점수보다 높으므로 구하는 학생 수는 9명이다.

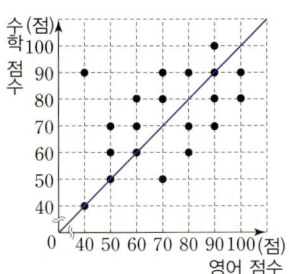

07 답 ③

산점도에서 대각선의 아래쪽에 있는 학생이 왼쪽 눈의 시력에 비해 오른쪽 눈의 시력이 좋다. 즉, 왼쪽 눈의 시력에 비해 오른쪽 눈의 시력이 가장 좋은 학생은 대각선의 아래쪽에 있는 점 중 대각선에서 가장 멀리 떨어져 있는 학생 C이다.

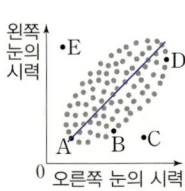

08 답 ①

왼쪽 아래로 향하는 산점도가 음의 상관관계에 있으므로 ①, ②가 음의 상관관계에 있다. 한편, 점들이 직선 주위에 가까이 몰려 있을수록 상관관계가 강하므로 주어진 산점도 중 가장 강한 음의 상관관계에 있는 것은 ①이다.

01 답 ⑤

$\sin B = \dfrac{8}{17}$에서 $\dfrac{\overline{AC}}{\overline{AB}} = \dfrac{8}{17}$이므로 양수 k에 대하여 $\overline{AC} = 8k$,

$\overline{AB} = 17k$라 하면 피타고라스 정리에 의하여

$\overline{BC} = \sqrt{\overline{AB}^2 - \overline{AC}^2} = \sqrt{(17k)^2 - (8k)^2} = 15k$

$\therefore \tan A = \dfrac{\overline{BC}}{\overline{AC}} = \dfrac{15k}{8k} = \dfrac{15}{8}$

02 답 1

$x + y = 90°$이므로 직각삼각형 ABH에서 $\angle B = 90° - x = y$이고

직각삼각형 AHC에서 $\angle C = 90° - y = x$이다.

따라서 직각삼각형 ABC에서

$\sin x + \sin y = \sin C + \sin B = \dfrac{\overline{AB}}{\overline{BC}} + \dfrac{\overline{AC}}{\overline{BC}}$,

$\cos x + \cos y = \cos C + \cos B = \dfrac{\overline{AC}}{\overline{BC}} + \dfrac{\overline{AB}}{\overline{BC}}$이므로

$\dfrac{\sin x + \sin y}{\cos x + \cos y} = \dfrac{\dfrac{\overline{AB}}{\overline{BC}} + \dfrac{\overline{AC}}{\overline{BC}}}{\dfrac{\overline{AC}}{\overline{BC}} + \dfrac{\overline{AB}}{\overline{BC}}} = 1$

03 답 ③

그림과 같이 꼭짓점 C에서 변 AB에 내린 수선의 발을 H라 하고 $\overline{CH} = h$라 하면 직각삼각형 AHC에서 $\sin A = \dfrac{\overline{CH}}{\overline{AC}} = \dfrac{h}{b}$,

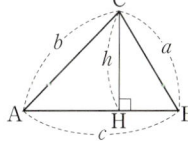

직각삼각형 CHB에서 $\sin B = \dfrac{\overline{CH}}{\overline{BC}} = \dfrac{h}{a}$

이다.

$\therefore \dfrac{\sin A}{\sin B} = \dfrac{\dfrac{h}{b}}{\dfrac{h}{a}} = \dfrac{a}{b}$

04 답 5

$\overline{AB} : \overline{BC} : \overline{BF} = k : 3 : 4$이므로 양수 a에 대하여

$\overline{AB} = ka$, $\overline{BC} = 3a$, $\overline{BF} = 4a$라 하면

$\overline{AH} = \sqrt{(4a)^2 + (3a)^2} = 5a$,

$\overline{BH} = \sqrt{(ka)^2 + (3a)^2 + (4a)^2} = \sqrt{k^2 + 25}\,a$

이때, 삼각형 ABH는 $\angle BAH = 90°$인 직각삼각형이므로

$\sin x = \dfrac{\overline{AB}}{\overline{BH}} = \dfrac{k}{\sqrt{k^2 + 25}}$, $\cos x = \dfrac{\overline{AH}}{\overline{BH}} = \dfrac{5}{\sqrt{k^2 + 25}}$

즉, $\sin x \times \cos x = \dfrac{1}{2}$에서 $\dfrac{k}{\sqrt{k^2 + 25}} \times \dfrac{5}{\sqrt{k^2 + 25}} = \dfrac{1}{2}$

$\dfrac{5k}{k^2 + 25} = \dfrac{1}{2}$, $10k = k^2 + 25$, $k^2 - 10k + 25 = 0$, $(k - 5)^2 = 0$

$\therefore k = 5$

05 답 ④

일차함수 $y = -\dfrac{2}{3}x + 4$의 그래프가

x축, y축과 만나는 점을 각각 A, B라 하면 A$(6, 0)$, B$(0, 4)$이므로 그래프는 그림과 같다. 즉, 일차함수의 그래프와 x축이 이루는 예각의 크기 θ는 $\theta = \angle OAB$이므로 직각삼각형 OAB에서 $\tan \theta = \tan(\angle OAB) = \dfrac{\overline{OB}}{\overline{OA}} = \dfrac{4}{6} = \dfrac{2}{3}$

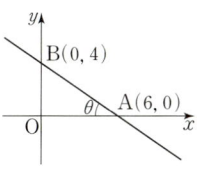

06 답 $\dfrac{7}{5}$

일차함수 $y = \dfrac{3}{4}x - 3$의 그래프가

x축, y축과 만나는 점을 각각 A, B라 하면 A$(4, 0)$, B$(0, -3)$이므로 그래프는 그림과 같다.

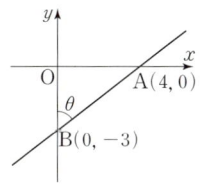

따라서 일차함수의 그래프와 y축이 이루는 예각의 크기 θ는

$\theta = \angle OBA$이고 직각삼각형 OBA에서 $\overline{AB} = \sqrt{4^2 + 3^2} = 5$이므로

$\sin \theta + \cos \theta = \dfrac{\overline{OA}}{\overline{AB}} + \dfrac{\overline{OB}}{\overline{AB}} = \dfrac{4}{5} + \dfrac{3}{5} = \dfrac{7}{5}$

07 답 ⑤

① $(\tan 45° - \sin 60°)(1 + \cos 30°)$

$= \left(1 - \dfrac{\sqrt{3}}{2}\right)\left(1 + \dfrac{\sqrt{3}}{2}\right) = 1 - \dfrac{3}{4} = \dfrac{1}{4}$ (참)

② $\cos 45° \times \sin 0° + \sin 45° \times \cos 0°$

$= \dfrac{\sqrt{2}}{2} \times 0 + \dfrac{\sqrt{2}}{2} \times 1 = \dfrac{\sqrt{2}}{2}$ (참)

③ $\sqrt{3} \sin 60° - \sqrt{2} \cos 45° \times \tan 45°$

$= \sqrt{3} \times \dfrac{\sqrt{3}}{2} - \sqrt{2} \times \dfrac{\sqrt{2}}{2} \times 1 = \dfrac{3}{2} - 1 = \dfrac{1}{2}$ (참)

④ $\dfrac{\sin 90° - \tan 45° + \cos 0°}{\tan 60°} = \dfrac{1 - 1 + 1}{\sqrt{3}} = \dfrac{1}{\sqrt{3}} = \dfrac{\sqrt{3}}{3}$ (참)

⑤ $\dfrac{\sin 30° \times \tan 30° \times \cos 30°}{\tan^2 60°} = \dfrac{\dfrac{1}{2} \times \dfrac{1}{\sqrt{3}} \times \dfrac{\sqrt{3}}{2}}{(\sqrt{3})^2} = \dfrac{1}{12}$ (거짓)

08 답 ①

$\angle A = 180° \times \dfrac{1}{6} = 30°$, $\angle B = 180° \times \dfrac{2}{6} = 60°$,

$\angle C = 180° \times \dfrac{3}{6} = 90°$이므로

$\cos A \times \tan B - \sin C = \cos 30° \times \tan 60° - \sin 90°$

$\qquad\qquad = \dfrac{\sqrt{3}}{2} \times \sqrt{3} - 1 = \dfrac{1}{2}$

09 답 ③

$\tan x = \dfrac{d}{1} = d$, $\cos y = \dfrac{c}{1} = c$, $\tan z = \dfrac{1}{d}$이므로

$\tan x \times \cos y \times \tan z = d \times c \times \dfrac{1}{d} = c$

10 답 $\dfrac{9(\sqrt{3}-1)}{4}$

직각삼각형 ABC에서 $\angle A=60°$이므로 $\overline{AB}:\overline{BC}=1:\sqrt{3}$에서

$\overline{BC}=\sqrt{3}\times\overline{AB}=\sqrt{3}\times\sqrt{3}=3$

$\therefore \triangle ABC=\dfrac{1}{2}\times\overline{BC}\times\overline{AB}=\dfrac{1}{2}\times3\times\sqrt{3}=\dfrac{3\sqrt{3}}{2}$ ⋯⋯⋯ ⓐ

한편, 삼각형 BCD는 직각이등변삼각형이므로

$\overline{CD}=\overline{BC}=3$, $\overline{BD}=3\sqrt{2}$

또한, $\angle ABE=90°-\angle DBC=45°$이므로 두 삼각형 ABE,

CDE에서 $\angle ABE=\angle CDE$, $\angle AEB=\angle CED$ (맞꼭지각)

$\therefore \triangle ABE\backsim\triangle CDE$ (AA닮음) ⋯⋯⋯⋯⋯⋯⋯⋯⋯ ⓑ

따라서 $\overline{AE}:\overline{CE}=\overline{AB}:\overline{CD}=\sqrt{3}:3$에서

$\overline{AC}:\overline{CE}=(3+\sqrt{3}):3$이므로

$\triangle BCE=\dfrac{3}{3+\sqrt{3}}\triangle ABC=\dfrac{3}{3+\sqrt{3}}\times\dfrac{3\sqrt{3}}{2}=\dfrac{9(\sqrt{3}-1)}{4}$ ⋯⋯ ⓒ

| 채점기준 |

ⓐ 삼각형 ABC의 넓이를 구한다. [30%]
ⓑ 두 삼각형 ABE, CDE가 닮음임을 보인다. [30%]
ⓒ 닮음비를 이용하여 삼각형 BCE의 넓이를 구한다. [40%]

단원별 테스트 **02** **삼각비의 활용**

문제면 78P

01 답 ③

직각삼각형 BCD에서 $\angle DBC=30°$이므로

$\angle ABD=60°-30°=30°$

또한, $\angle BDA=\angle DBC=30°$(엇각)이므로 삼각형 ABD는

$\overline{AB}=\overline{AD}$인 이등변삼각형이다. 따라서 직각삼각형 ABC에서

$\overline{AB}=\overline{BC}\cos60°=10\times\dfrac{1}{2}=5$이므로 $\overline{AD}=\overline{AB}=5$

[다른 풀이]

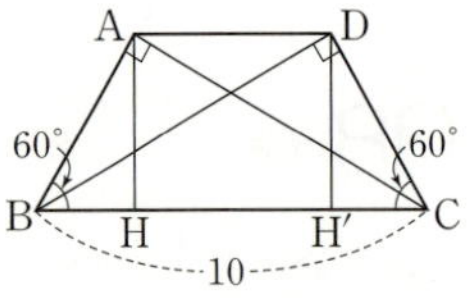

직각삼각형 ABC에서

$\overline{AB}=\overline{BC}\cos60°=10\times\dfrac{1}{2}=5$

점 A에서 변 BC에 내린 수선의 발을

H라 하면 직각삼각형 ABH에서

$\overline{BH}=\overline{AB}\cos60°=5\times\dfrac{1}{2}=\dfrac{5}{2}$

또, 직각삼각형 BCD에서 $\overline{CD}=\overline{BC}\cos60°=10\times\dfrac{1}{2}=5$

점 D에서 변 BC에 내린 수선의 발을 H′라 하면 직각삼각형 DH′C

에서 $\overline{H'C}=\overline{CD}\cos60°=5\times\dfrac{1}{2}=\dfrac{5}{2}$

이때, $\overline{AD}=\overline{HH'}$이고 $\overline{HH'}=\overline{BC}-\overline{BH}-\overline{H'C}=10-\dfrac{5}{2}-\dfrac{5}{2}=5$

이므로 $\overline{AD}=5$

02 답 $4+\sqrt{3}$

그림과 같이 직각삼각형 ABC를 그리면

$\angle ACB=60°$이므로

$\overline{AB}=\overline{AC}\sin60°=2\times\dfrac{\sqrt{3}}{2}=\sqrt{3}$ (m)

이때, 가로등의 높이가 h m이므로

$h=\overline{CD}+\overline{AB}=4+\sqrt{3}$

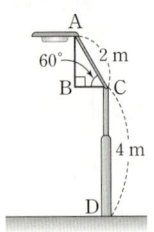

03 답 $30\sqrt{3}\ \mathrm{cm}^2$

점 D에서 변 BC에 내린 수선의

발을 H라 하면 직각삼각형 DHC

에서

$\overline{DH}=\overline{CD}\sin60°=4\sqrt{3}\times\dfrac{\sqrt{3}}{2}$

　　$=6$ (cm)

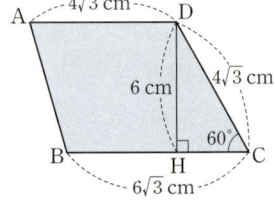

$\therefore \square ABCD=\dfrac{1}{2}\times(\overline{AD}+\overline{BC})\times\overline{DH}=\dfrac{1}{2}\times(4\sqrt{3}+6\sqrt{3})\times6$

　　　　　$=30\sqrt{3}\ (\mathrm{cm}^2)$

04 답 ④

그림과 같이 두 선분 BA, CD의 연장

선의 교점을 P라 하면

$\angle PBC=\angle PCB=60°$이므로 삼각형

PBC는 정삼각형이다.

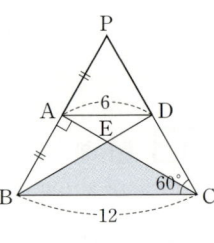

이때, $\overline{AD}/\!/\overline{BC}$이고 $\overline{AD}=\dfrac{1}{2}\overline{BC}$이므

로 점 A는 선분 PB의 중점이다.

즉, $\angle BAC=90°$이므로 직각삼각형 ABC에서

$\overline{AB}=\overline{BC}\cos60°=12\times\dfrac{1}{2}=6$,

$\overline{AC}=\overline{BC}\sin60°=12\times\dfrac{\sqrt{3}}{2}=6\sqrt{3}$

한편, $\triangle EBC\backsim\triangle EDA$(AA 닮음)이므로

$\overline{EC}:\overline{EA}=\overline{BC}:\overline{DA}=12:6=2:1$에서 $\overline{CE}:\overline{AC}=2:3$

따라서 $\overline{CE}=\dfrac{2}{3}\overline{AC}=\dfrac{2}{3}\times6\sqrt{3}=4\sqrt{3}$이므로

$\triangle EBC=\dfrac{1}{2}\times\overline{CE}\times\overline{AB}=\dfrac{1}{2}\times4\sqrt{3}\times6=12\sqrt{3}$

05 답 $\sqrt{7}$

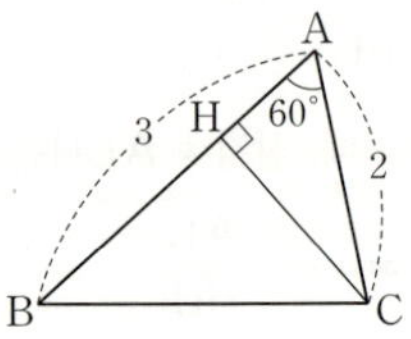

점 C에서 변 AB에 내린 수선의 발을 H

라 하면 직각삼각형 AHC에서

$\overline{CH}=\overline{AC}\sin60°=2\times\dfrac{\sqrt{3}}{2}=\sqrt{3}$이고

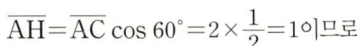

$\overline{AH}=\overline{AC}\cos60°=2\times\dfrac{1}{2}=1$이므로

$\overline{BH}=\overline{AB}-\overline{AH}=3-1=2$

따라서 직각삼각형 BCH에서 피타고라스 정리에 의하여

$\overline{BC}=\sqrt{\overline{BH}^2+\overline{CH}^2}=\sqrt{2^2+(\sqrt{3})^2}=\sqrt{7}$

06 답 ②

점 C에서 변 AB에 내린 수선의 발을 H라
하면 직각삼각형 BCH에서

$$\overline{CH} = \overline{BC}\sin 45° = 20 \times \frac{\sqrt{2}}{2} = 10\sqrt{2}$$

한편,

$$\angle HCB = 90° - \angle HBC = 90° - 45° = 45°$$

이므로 $\angle ACH = \angle ACB - \angle HCB = 105° - 45° = 60°$

따라서 직각삼각형 AHC에서

$$\overline{AC} = \frac{\overline{CH}}{\cos 60°} = \frac{10\sqrt{2}}{\frac{1}{2}} = 20\sqrt{2}$$

07 답 ④

점 A에서 변 BC에 내린 수선의 발을 H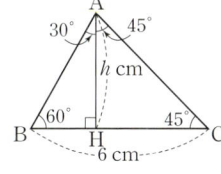
라 하고 $\overline{AH} = h$ cm라 하면

$\angle BAH = 30°$, $\angle CAH = 45°$이므로

직각삼각형 ABH에서

$$\overline{BH} = \overline{AH}\tan 30° = \frac{\sqrt{3}}{3}h\,(cm)$$이고

직각삼각형 AHC에서

$$\overline{CH} = \overline{AH}\tan 45° = h\,(cm)$$이다.

이때, $\overline{BC} = 6$ cm이고 $\overline{BC} = \overline{BH} + \overline{CH}$이므로

$$6 = \frac{\sqrt{3}}{3}h + h = \frac{\sqrt{3}+3}{3}h$$에서 $h = \frac{18}{\sqrt{3}+3} = 3(3-\sqrt{3})$

$$\therefore \triangle ABC = \frac{1}{2} \times \overline{BC} \times h = \frac{1}{2} \times 6 \times 3(3-\sqrt{3})$$
$$= 9(3-\sqrt{3})\,(cm^2)$$

08 답 ④

선분 AB의 중심을 O라 하면

$\overline{OA} = \overline{OC} = 6$이므로

이등변삼각형 AOC에서

$\angle ACO = \angle CAO = 15°$이다.

즉, $\angle AOC = 180° - 2 \times 15° = 150°$

이므로 $\triangle AOC = \frac{1}{2} \times 6 \times 6 \times \sin(180° - 150°) = 9$

이때, 호 AC와 현 AC로 둘러싸인 색칠한 부분의 넓이를 S라 하면
S는 부채꼴 AOC의 넓이에서 삼각형 AOC의 넓이를 뺀 것과 같다.

$$\therefore S = (부채꼴\ AOC) - \triangle AOC = \pi \times 6^2 \times \frac{150}{360} - 9 = 15\pi - 9$$

09 답 4 cm

마름모 ABCD의 한 변의 길이를 x cm라 하면

$$\square ABCD = x \times x \times \sin(180° - 135°) = \frac{\sqrt{2}}{2}x^2 = 8\sqrt{2}$$에서

$x^2 = 16$ $\therefore x = 4\,(\because x > 0)$

따라서 마름모 ABCD의 한 변의 길이는 4 cm이다.

10 답 $(\sqrt{3}-1)$ cm²

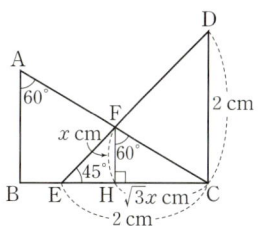

점 F에서 선분 BC에 내린 수선의 발을 H라 하고 $\overline{FH} = x$ cm라 하면 삼각형 FEH는 직각이등변삼각형이므로 $\overline{EH} = \overline{FH} = x$ cm

또, 직각삼각형 FHC에서 $\angle HFC = \angle BAC = 60°$(동위각)이므로

$$\overline{CH} = \overline{FH}\tan 60° = \sqrt{3}x\,(cm) \quad\text{──────── ⓐ}$$

한편, 삼각형 DEC는 직각이등변삼각형이므로

$$\overline{EC} = \overline{CD} = 2\ cm$$

즉, $\overline{EC} = \overline{EH} + \overline{CH} = (1+\sqrt{3})x = 2\,(cm)$에서

$$x = \frac{2}{1+\sqrt{3}} = \sqrt{3}-1 \quad\text{──────── ⓑ}$$

따라서 $\overline{FH} = \sqrt{3}-1\,(cm)$이므로

$$\triangle FEC = \frac{1}{2} \times \overline{EC} \times \overline{FH} = \frac{1}{2} \times 2 \times (\sqrt{3}-1)$$
$$= \sqrt{3}-1\,(cm^2) \quad\text{──────── ⓒ}$$

채점기준
ⓐ $\overline{FH} = x$ cm라 하고 두 선분 EH, CH의 길이를 각각 구한다. [40%]
ⓑ $\overline{EC} = \overline{CD}$임을 이용하여 x의 값을 구한다. [40%]
ⓒ 삼각형 FEC의 넓이를 구한다. [20%]

단원별 테스트 03 원과 직선

문제편 80P

01 답 $2\sqrt{3}$ cm

두 선분 AB, OP의 교점을 M, 원의 반지름
의 길이를 $\overline{OP} = \overline{OB} = r$ cm라 하면

$\overline{OM} = \overline{PM}$이므로 $\overline{OM} = \frac{1}{2}\overline{OP} = \frac{r}{2}$ cm

이때, 현의 수직이등분선은 원의 중심을 지

나므로 $\overline{BM} = \frac{1}{2}\overline{AB} = 3$ cm

따라서 직각삼각형 OMB에서 피타고라스 정리에 의하여

$$\overline{OM}^2 + \overline{BM}^2 = \overline{OB}^2,\ \left(\frac{r}{2}\right)^2 + 3^2 = r^2$$

$$\frac{3}{4}r^2 = 9,\ r^2 = 12$$

$$\therefore r = 2\sqrt{3}\,(\because r > 0)$$

따라서 구하는 원의 반지름의 길이는 $2\sqrt{3}$ cm이다.

02 답 6 cm

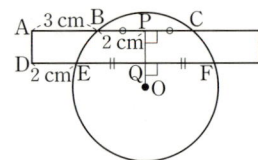

원의 중심 O에서 두 현 BC, EF에 내린 수선의 발을 각각 P, Q라 하면 선분 OP는 현 BC를 수직이등분하므로 $\overline{BP}=2$ cm이고 $\overline{AP}=\overline{DQ}=5$ cm이다.

$\therefore \overline{EF}=2\overline{EQ}=2\times(\overline{DQ}-\overline{DE})=2\times(5-2)=6(\text{cm})$

03 답 25π

원의 중심에서 현에 내린 수선은 그 현을 이등분하므로 $\overline{PB}=5$

이때, 큰 원과 작은 원의 반지름의 길이를 각각 R, r라 하면 직각삼각형 OPB에서 피타고라스 정리에 의하여

$\overline{OB}^2-\overline{OP}^2=\overline{PB}^2$에서 $R^2-r^2=5^2=25$

따라서 두 원으로 둘러싸인 색칠한 부분의 넓이는

$\pi R^2-\pi r^2=\pi(R^2-r^2)=25\pi$

04 답 ②

두 삼각형 OHE, OHF에서 ∠EHO=∠FHO, ∠OEH=∠OFH=90°이고 선분 OH는 공통이므로

△OHE≡△OHF (RHA 합동) $\therefore \overline{OE}=\overline{OF}$

ㄱ. 원의 중심에서 같은 거리에 있는 두 현의 길이는 같으므로 $\overline{AC}=\overline{BD}$ (참)

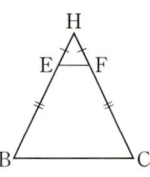

ㄴ. 원의 중심에서 현에 내린 수선은 현을 이등분하므로 $\overline{EB}=\overline{FC}$이고, 두 삼각형 OHE, OHF는 서로 합동이므로 $\overline{HE}=\overline{HF}$ 즉, 그림과 같이 $\overline{HE}:\overline{HB}=\overline{HF}:\overline{HC}$이므로 $\overline{EF}/\!/\overline{BC}$ (참)

ㄷ. 점 A를 지나고 선분 BD에 평행한 직선이 원과 만나는 점을 G라 하면 $\overset{\frown}{AD}=\overset{\frown}{GB}$이고 $\overset{\frown}{AD}+\overset{\frown}{BC}=\overset{\frown}{GB}+\overset{\frown}{BC}=\overset{\frown}{GC}$

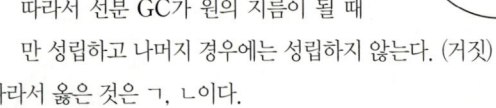

따라서 선분 GC가 원의 지름이 될 때만 성립하고 나머지 경우에는 성립하지 않는다. (거짓)

따라서 옳은 것은 ㄱ, ㄴ이다.

05 답 9 cm

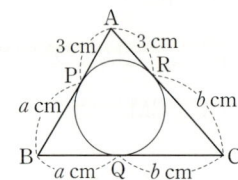

원과 두 변 BC, CA의 접점을 각각 Q, R라 하고 $\overline{BP}=\overline{BQ}=a$ cm, $\overline{CR}=\overline{CQ}=b$ cm라 하면 삼각형 ABC의 둘레의 길이가 24 cm이므로

$2(3+a+b)=24$

$3+a+b=12$ $\therefore a+b=9$

$\therefore \overline{BC}=a+b=9(\text{cm})$

06 답 ③

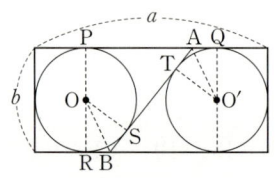

중심이 O인 원의 반지름의 길이를 $\overline{OA}=r$ cm라 하면 두 삼각형 OAP, O′BP는 서로 닮음이고 닮음비가 $\overline{PA}:\overline{PB}=4:8=1:2$이므로 $\overline{O′B}=2\overline{OA}=2r(\text{cm})$

이때, 점 O에서 선분 O′B에 내린 수선의 발을 H라 하면 $\overline{OH}=\overline{AB}=4$ cm, $\overline{O′H}=\overline{O′B}-\overline{HB}=\overline{O′B}-\overline{OA}=2r-r=r(\text{cm})$

$\overline{OO′}=r+2r=3r(\text{cm})$이므로 직각삼각형 O′HO에서 피타고라스 정리에 의하여

$\overline{OO′}^2=\overline{O′H}^2+\overline{OH}^2$, $(3r)^2=r^2+4^2$, $8r^2=16$

$\therefore r^2=2$

따라서 중심이 O인 원의 넓이는 $\pi r^2=2\pi(\text{cm}^2)$

07 답 a−b

원 밖의 한 점에서 원에 그은 두 접선의 길이는 서로 같으므로 그림에서 $\overline{AP}=\overline{AS}$, $\overline{AQ}=\overline{AT}$, $\overline{BR}=\overline{BS}$

이때, $\overline{AT}=\overline{BS}$이므로

$\overline{AB}=\overline{AS}+\overline{BS}=\overline{AP}+\overline{AQ}=\overline{PQ}=a-b$

08 답 ③

원에 외접하는 사각형은 두 쌍의 대변의 길이의 합이 같으므로

$\overline{AD}+\overline{BC}=\overline{AB}+\overline{CD}$에서 $6+9=7+\overline{CD}$

$\therefore \overline{CD}=8$ cm

09 답 1 cm

점 Q에서 두 선분 AB, OP에 내린 수선의 발을 각각 H, I라 하고 선분 OQ의 연장선이 원 Q와 만나는 점을 J, 원 Q의 반지름의 길이를 r cm라 하면 $\overline{QJ}=\overline{QH}=\overline{IO}=r$ cm이므로

$\overline{PI}=(2-r)$ cm, $\overline{PQ}=(2+r)$ cm, $\overline{OQ}=(4-r)$ cm

이때, 직각삼각형 PIQ에서 피타고라스 정리에 의하여

$\overline{QI}^2=\overline{PQ}^2-\overline{PI}^2=(2+r)^2-(2-r)^2=8r$ ⋯ ㉠

또, 직각삼각형 IOQ에서 피타고라스 정리에 의하여

$\overline{QI}^2=\overline{OQ}^2-\overline{OI}^2=(4-r)^2-r^2=16-8r$ ⋯ ㉡

㉠, ㉡에서 $8r=16-8r$, $16r=16$ $\therefore r=1$

따라서 원 Q의 반지름의 길이는 1 cm이다.

10 답 (1) 30° (2) $3\sqrt{3}$ cm (3) $9\sqrt{3}$ cm²

(1) 두 점 T, T'은 접점이므로 ∠OTP=∠OT'P=90°

   즉, 사각형 OTPT'에서

   ∠P=360°−(90°+90°+120°)=60°

   한편, 두 삼각형 OTP, OT'P는 서로 합동이므로

   $\angle OPT = \angle OPT' = \dfrac{1}{2}\angle P = 30°$ ──────── ⓐ

(2) 직각삼각형 OTP에서 $\overline{PT} = \dfrac{\overline{OT}}{\tan 30°} = \dfrac{3}{\dfrac{\sqrt{3}}{3}} = 3\sqrt{3}$ (cm) ⓑ

(3) 두 삼각형 OTP, OT'P는 서로 합동이므로

   $\square OTPT' = 2\triangle OTP = 2 \times \left(\dfrac{1}{2} \times 3\sqrt{3} \times 3\right) = 9\sqrt{3}$ (cm²) ⓒ

| 채점기준 |
ⓐ ∠OPT의 크기를 구한다. [40%]
ⓑ 선분 PT의 길이를 구한다. [40%]
ⓒ 사각형 OTPT'의 넓이를 구한다. [20%]

단원별 테스트 04 원주각

문제편 82P

01 답 104°

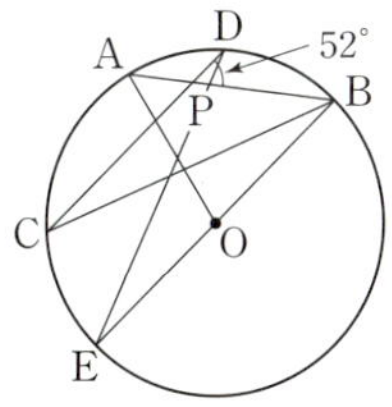

그림과 같이 두 점 C, B와 두 점 D, E를
각각 연결하면

△ECB≡△BDE(RHS 합동)

∴ $\overline{CB}=\overline{DE}$, ∠CEB=∠DBE

즉, 사각형 CEBD는 등변사다리꼴이므로

$\overline{CD} /\!/ \overline{EB}$

∴ ∠PBE=∠BPD=52° (엇각)

한편, ∠AOE, ∠ABE는 각각 호 AE에 대한 중심각과 원주각이
므로 ∠AOE=2∠ABE=2×52°=104°

02 답 22°

한 원에서 한 호에 대한 원주각의 크기는 같으므로

∠BDC=∠x라 하면 ∠BAC=∠BDC=∠x

이때, ∠ACD는 삼각형 AQC의 한 외각이므로

∠ACD=32°+∠x

또, ∠APD는 삼각형 PCD의 한 외각이므로

(32°+∠x)+∠x=76°, 2∠x=44° ∴ ∠x=22°

∴ ∠BDC=22°

03 답 $2\sqrt{10}$ cm

$\overparen{AM}=\overparen{BM}$에서 ∠MAB=∠MCA이고 ∠M=90°이므로

△MAD∽△MCA(AA 닮음)

즉, $\overline{AM}:\overline{CM}=\overline{DM}:\overline{AM}$에서

$\overline{AM}:5=8:\overline{AM}$, $\overline{AM}^2=40$ ∴ $\overline{AM}=2\sqrt{10}$ cm

04 답 18°

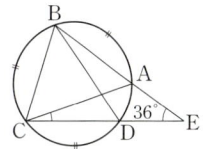

∠ACE=∠x라 하면 ∠BAC는 삼각형 ACE의 한 외각이므로

∠BAC=∠x+36°

한편, 두 선분 BC, BD를 그으면 $\overparen{AB}=\overparen{BC}=\overparen{CD}$이고

한 원에서 길이가 같은 호에 대한 원주각의 크기는 같으므로

∠BCA=∠BDC=∠CBD=∠x+36°

따라서 삼각형 BCD의 세 내각의 크기의 합은 180°이므로

∠x+3(∠x+36°)=180°에서 4∠x=72° ∴ ∠x=18°

∴ ∠ACE=18°

05 답 ①

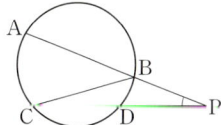

그림과 같이 선분 BC를 긋자.

이때, 호 AC의 길이가 원주의 길이의 $\dfrac{1}{5}$이므로

$\angle ABC = 180° \times \dfrac{1}{5} = 36°$

또, 호 BD의 길이가 원주의 길이의 $\dfrac{1}{12}$이므로

$\angle BCD = 180° \times \dfrac{1}{12} = 15°$

한편, ∠ABC는 삼각형 BCP의 한 외각이므로

∠P=∠ABC−∠BCD=36°−15°=21°

06 답 260°

사각형 PQDB가 중심이 O'인 원에 내접하므로

∠y=∠PBD=100°

또, 사각형 ACQP가 중심이 O인 원에 내접하므로

∠A=∠PQD=180°−∠y=180°−100°=80°

이때, ∠x=∠POC와 ∠A는 각각 호 CQP에 대한 중심각과 원주
각이므로 ∠x=∠POC=2∠A=2×80°=160°

∴ ∠x+∠y=160°+100°=260°

07 답 215°

그림과 같이 선분 CE를 그으면

$\angle CED = \dfrac{1}{2}\angle COD = \dfrac{1}{2}\times 70° = 35°$

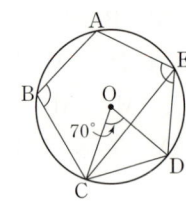

한편, 사각형 ABCE가 원 O에 내접하므로

$\angle B + \angle CEA = 180°$

$\therefore \angle B + \angle E = \angle B + (\angle CEA + \angle CED)$

$\qquad\qquad = (\angle B + \angle CEA) + \angle CED$

$\qquad\qquad = 180° + 35° = 215°$

08 답 ①

직선 BT가 원 O의 접선이므로 $\angle CAB = \angle CBT = 75°$

한편, 사각형 ABCD는 원 O에 내접하므로

$\angle ABC = 180° - 110° = 70°$

따라서 삼각형 ABC에서 $\angle x = 180° - (75° + 70°) = 35°$

[다른 풀이]

직선 BT가 원 O의 접선이므로 $\angle CDB = \angle CBT = 75°$

$\therefore \angle ADB = \angle ADC - \angle CDB = 110° - 75° = 35°$

이때, $\angle ADB$, $\angle ACB$는 호 AB에 대한 원주각이므로

$\angle x = \angle ACB = \angle ADB = 35°$

09 답 100°

$\angle BAC = \angle BCE = 45°$이고 $\angle PAB = \angle a$라 하면

$\angle ACB = \angle PAB = \angle a$

이때, 삼각형 APC의 세 내각의 크기의 합은 180°이므로

$\angle P + (\angle PAB + \angle BAC) + \angle ACB = 180°$에서

$65° + (\angle a + 45°) + \angle a = 180°$, $2\angle a = 70°$

$\therefore \angle a = 35°$

한편, $\angle x = \angle ABC$는 삼각형 APB의 한 외각이므로

$\angle x = \angle ABC = \angle P + \angle a = 65° + 35° = 100°$

10 답 10π cm

그림과 같이 선분 AD를 그으면

$\overset{\frown}{AB} : \overset{\frown}{CD} = 5 : 3$이므로

$\angle ADB : \angle CAD = 5 : 3$ ⋯⋯⋯⋯ ⓐ

즉, $\angle ADB = 5\angle a$, $\angle CAD = 3\angle a$라 하면

$\angle CPD$는 삼각형 APD의 한 외각이므로

$3\angle a + 5\angle a = 80°$에서 $\angle a = 10°$

$\therefore \angle ADB = 50°$, $\angle CAD = 30°$ ⋯⋯⋯ ⓑ

즉, 호 AB에 대한 원주각의 크기가 50°이므로 중심각의 크기는

$2 \times 50° = 100°$이다.

따라서 호 AB의 길이는 $2\pi \times 18 \times \dfrac{100}{360} = 10\pi$(cm) ⋯⋯ ⓒ

단원별 테스트 05 대푯값과 산포도

문제면 84P

01 답 6

(i) $a = 1$일 때, $a^2 = 1$이므로 주어진 자료를 작은 값부터 차례로 나열하면 1, 1, 1, 2, 4, 9

따라서 중앙값은 $\dfrac{1+2}{2} = \dfrac{3}{2}$이므로 주어진 조건을 만족시키지 않는다.

(ii) $a = 2$일 때, $a^2 = 4$이므로 주어진 자료를 작은 값부터 차례로 나열하면 1, 2, 2, 4, 4, 9

따라서 중앙값은 $\dfrac{2+4}{2} = 3$이므로 주어진 조건을 만족시키지 않는다.

(iii) $a = 3$일 때, $a^2 = 9$이므로 주어진 자료를 작은 값부터 차례로 나열하면 1, 2, 3, 4, 9, 9

따라서 중앙값은 $\dfrac{3+4}{2} = \dfrac{7}{2}$이므로 주어진 조건을 만족시키지 않는다.

(iv) $a = 4$일 때, $a^2 = 16$이므로 주어진 자료를 작은 값부터 차례로 나열하면 1, 2, 4, 4, 9, 16

따라서 중앙값은 $\dfrac{4+4}{2} = 4$이므로 주어진 조건을 만족시킨다.

(v) $5 \le a \le 8$일 때, $25 \le a^2 \le 64$이므로 주어진 자료를 작은 값부터 차례로 나열하면 1, 2, 4, a, 9, a^2

따라서 중앙값은 $\dfrac{4+a}{2}$인데 $5 \le a \le 8$에서 $\dfrac{9}{2} \le \dfrac{4+a}{2} \le 6$이므로 주어진 조건을 만족시키지 않는다.

(vi) $a \ge 9$일 때, $a^2 \ge 81$이므로 주어진 자료를 작은 값부터 차례로 나열하면 1, 2, 4, 9, a, a^2

따라서 중앙값은 $\dfrac{4+9}{2} = \dfrac{13}{2}$이므로 주어진 조건을 만족시키지 않는다.

(i)~(vi)에 의하여 주어진 조건을 만족시키는 a의 값은 4이므로 평균을 구하면 $\dfrac{1+2+4+4+9+16}{6} = 6$

02 답 $\dfrac{1}{8}$

3개의 변량 x, y, $z=50$의 평균이 30이므로

$\dfrac{x+y+50}{3}=30$에서 $x+y+50=90$

$\therefore x+y=40$ $\cdots$ ㉠

또, x, y, $z=50$의 곱이 16000이므로

$xy\times 50=16000$에서 $xy=320$ $\cdots$ ㉡

$\therefore \dfrac{1}{x}+\dfrac{1}{y}=\dfrac{x+y}{xy}=\dfrac{40}{320}\,(\because ㉠, ㉡)=\dfrac{1}{8}$

03 답 ④

평점 '수'를 받기 위해서는 4번의 수학 시험의 평균이 90점 이상이 되어야 하므로 주호가 4번째 수학 시험에서 받을 점수를 x점이라 하면

$\dfrac{89\times 3+x}{4}\geq 90$, $267+x\geq 360$ $\quad\therefore x\geq 93$

따라서 4번째 수학 시험에서 최소한 93점을 받아야 한다.

04 답 ②

학생 A의 몸무게를 $x\,\mathrm{kg}$이라 하면 $x-M=10$에서 $x=M+10$

즉, 학생 A보다 $8\,\mathrm{kg}$ 더 무거운 학생 F의 몸무게는

$(M+10)+8=M+18\,(\mathrm{kg})$이다.

따라서 6명의 학생 A, B, C, D, E, F의 몸무게의 평균은

$\dfrac{5M+(M+18)}{6}=M+3\,(\mathrm{kg})$

이때, 이것은 5명의 학생 A, B, C, D, E의 몸무게의 평균 $M\,\mathrm{kg}$

보다 5 % 증가한 것이므로 $M+3=1.05M$에서

$0.05M=3$ $\quad\therefore M=60$

한편, 가장 가벼운 학생은 B이고 학생 B의 몸무게를 $y\,\mathrm{kg}$이라 하면

$y-M=-7$에서 $y=M-7=60-7=53$

따라서 가장 가벼운 학생 B의 몸무게는 $53\,\mathrm{kg}$이다.

05 답 ④

운동이의 10과목의 평균 점수가 a점이므로 10과목의 점수의 합은

$10a$점이다.

또한, 국어, 영어, 수학, 국사 4과목의 평균 점수가 b점이므로 이

4과목의 점수의 합은 $4b$점이다.

따라서 나머지 6과목의 점수의 합을 x점이라 하면

$10a=4b+x$에서 $x=10a-4b$이므로 구하는 평균은

$\dfrac{10a-4b}{6}=\dfrac{5a-2b}{3}$(점)

06 답 ②

어느 학급 20명의 학생들의 일주일 동안의 인터넷 사용 시간의 평균은

$\dfrac{2\times 3+4\times 3+6\times 7+8\times 5+10\times 2}{20}=\dfrac{120}{20}=6$(시간)이므로

(분산)

$=\dfrac{(2-6)^2\times 3+(4-6)^2\times 3+(6-6)^2\times 7+(8-6)^2\times 5+(10-6)^2\times 2}{20}$

$=\dfrac{48+12+0+20+32}{20}=\dfrac{112}{20}=\dfrac{28}{5}$

07 답 ③

5개의 변량 a, b, c, d, e의 평균이 M, 분산이 V이므로

$M=\dfrac{a+b+c+d+e}{5}$

$V=\dfrac{(a-M)^2+(b-M)^2+(c-M)^2+(d-M)^2+(e-M)^2}{5}$

따라서 5개의 변량 $2a$, $2b$, $2c$, $2d$, $2e$의 평균과 분산은 다음과 같다.

(평균)$=\dfrac{2a+2b+2c+2d+2e}{5}=2\times\dfrac{a+b+c+d+e}{5}=2M$

(분산)

$=\dfrac{(2a-2M)^2+(2b-2M)^2+(2c-2M)^2+(2d-2M)^2+(2e-2M)^2}{5}$

$=4\times\dfrac{(a-M)^2+(b-M)^2+(c-M)^2+(d-M)^2+(e-M)^2}{5}$

$=4V$

[다른 풀이]

5개의 변량 $2a$, $2b$, $2c$, $2d$, $2e$의 평균과 분산을 각각 M', V'이라

하면 $M'=2M$, $V'=2^2\times V=4V$

08 답 ①

두 자료 A, B의 평균 m_A, m_B는 각각

$m_A=\dfrac{1+2+3}{3}=2$, $m_B=\dfrac{1\times n+2\times 2n+3\times n}{n+2n+n}=\dfrac{8n}{4n}=2$

이므로 $m_A=m_B$

또, 두 자료 A, B의 표준편차 σ_A, σ_B는 각각

$\sigma_A=\sqrt{\dfrac{(1-2)^2+(2-2)^2+(3-2)^2}{3}}=\sqrt{\dfrac{2}{3}}$

$\sigma_B=\sqrt{\dfrac{(1-2)^2\times n+(2-2)^2\times 2n+(3-2)^2\times n}{4n}}$

$=\sqrt{\dfrac{2n}{4n}}=\sqrt{\dfrac{1}{2}}$

이므로 $\sigma_A>\sigma_B$

09 답 ②

ㄱ. A팀의 최근 5경기의 안타 수의 평균이 10이므로

$\dfrac{10+13+8+a+13}{5}=10$에서

$44+a=50$ $\quad\therefore a=6$

또, B팀의 최근 5경기의 안타 수의 평균도 10이므로

$\dfrac{5+9+b+18+12}{5}=10$에서

$44+b=50$ $\quad\therefore b=6$

$\therefore a=b=6$ (참)

ㄴ. A팀의 편차의 제곱의 합은
$$(10-10)^2+(13-10)^2+(8-10)^2+(6-10)^2+(13-10)^2$$
$$=0+9+4+16+9=38 \text{ (참)}$$

ㄷ. A팀의 분산은 $\dfrac{38}{5}$ ($\because$ ㄴ)이고

B팀의 분산은
$$\frac{(5-10)^2+(9-10)^2+(6-10)^2+(18-10)^2+(12-10)^2}{5}$$
$$=\frac{25+1+16+64+4}{5}=\frac{110}{5}=22$$

따라서 A팀의 분산이 B팀의 분산보다 작으므로 A팀의 타력이 B팀의 타력보다 안정적이다. (거짓)

따라서 옳은 것은 ㄱ, ㄴ이다.

10 답 $\dfrac{23}{11}$

A 분단 5명의 턱걸이 횟수를 각각 $x_1, x_2, \cdots, x_5$라 하면 평균과 표준편차가 각각 7회, 1회이므로

(평균)$=\dfrac{x_1+x_2+\cdots+x_5}{5}=7$에서 $x_1+x_2+\cdots+x_5=35 \cdots$ ㉠

(분산)$=\dfrac{(x_1-7)^2+(x_2-7)^2+\cdots+(x_5-7)^2}{5}=1^2$에서

$(x_1-7)^2+(x_2-7)^2+\cdots+(x_5-7)^2=5 \cdots$ ㉡ ------- ⓐ

또, B 분단 6명의 턱걸이 횟수를 각각 $y_1, y_2, \cdots, y_6$이라 하면 평균과 표준편차가 각각 7회, $\sqrt{3}$회이므로

(평균)$=\dfrac{y_1+y_2+\cdots+y_6}{6}=7$에서 $y_1+y_2+\cdots+y_6=42 \cdots$ ㉢

(분산)$=\dfrac{(y_1-7)^2+(y_2-7)^2+\cdots+(y_6-7)^2}{6}=(\sqrt{3})^2$에서

$(y_1-7)^2+(y_2-7)^2+\cdots+(y_6-7)^2=18 \cdots$ ㉣ ------- ⓑ

㉠, ㉢에 의하여 A, B 두 분단 11명의 턱걸이 횟수의 평균이
$$\frac{(x_1+x_2+\cdots+x_5)+(y_1+y_2+\cdots+y_6)}{11}=\frac{35+42}{11}=7\text{(회)}$$

이므로 ㉡, ㉣에 의하여 구하는 분산은
$$\frac{\{(x_1-7)^2+(x_2-7)^2+\cdots+(x_5-7)^2\}+\{(y_1-7)^2+(y_2-7)^2+\cdots+(y_6-7)^2\}}{11}$$
$$=\frac{5+18}{11}=\frac{23}{11}$$ -------- ⓒ

| 채점기준 |
ⓐ A 분단의 평균과 표준편차를 이용하여 식을 세운다. [30%]
ⓑ B 분단의 평균과 표준편차를 이용하여 식을 세운다. [30%]
ⓒ A, B 두 분단 11명의 분산을 구한다. [40%]

01 답 ②

수학 점수가 국어 점수보다 높은 학생은 산점도에서 대각선 아래쪽에 있는 학생이므로 구하는 학생 수는 9명이다.

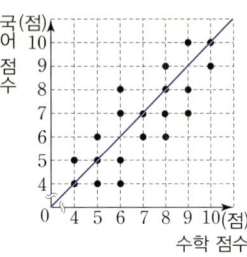

02 답 ①

던지기 기록에 따라 $a+b$의 값이 30 이하가 되는 점을 찾자.

$a=10$일 때, $b=6$

$a=15$일 때, $b=4, b=7$

$a=20$일 때, $b=6$

$a=25$일 때, $b=5$

따라서 구하는 학생 수는 5명이다.

03 답 ④

산점도에서 키에 비해 몸무게가 많이 나가는 사람은 대각선 아래쪽에 위치하는 사람이다. 이때, 점 D가 대각선의 아래쪽에 위치하므로 구하는 사람은 D이다.

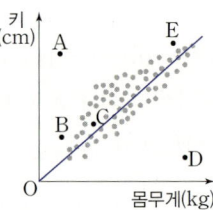

04 답 ②

A, B, C, D, E 5명의 1회의 점수와 2회의 점수의 차이를 각각 a, b, c, d, e라 하면 $a=9-6=3$, $b=9-9=0$, $c=8-6=2$, $d=9-7=2$, $e=9-5=4$이므로 차이가 가장 적게 나는 학생은 B이다.

05 답 ③

① D 학생의 평균은 $\dfrac{7+9}{2}=8$(점)이다. (거짓)

② 평균이 8점 이상인 학생은 $(8, 8)$, $(8, 9)$, $(9, 7)$, $(9, 8)$, $(9, 9)$, $(10, 8)$, $(10, 10)$의 7명이다. (거짓)

③ 2회 점수가 1회 점수보다 향상된 학생은 산점도에서 대각선 위쪽에 있는 6명이다. (참)

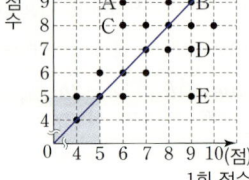

④ 1회 점수와 2회 점수가 같은 학생은 산점도에서 대각선 위에 있는 7명이므로

$\dfrac{7}{20}\times100=35$ (%)이다. (거짓)

⑤ 1회 점수와 2회 점수 모두 5점 이하인 학생은 산점도에서 색칠한 부분에 있는 3명이다. (거짓)

06 답 ②, ⑤

① 1차 점수와 2차 점수가 같은 선수는 산점도에서 대각선 위에 있는 선수이므로 4명이다. (거짓)

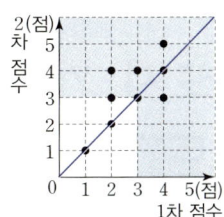

② 1차 점수보다 2차 점수가 낮은 선수는 산점도에서 대각선 아래쪽에 있는 선수이므로 2명이다. (참)

③ 1차와 2차 중 적어도 한 번의 점수가 3점 이상인 선수는 산점도에서 색칠한 부분에 있는 선수이므로 8명이다. (거짓)

④ 조사 대상자의 총 수는 10명이다. (거짓)

⑤ 1차 점수가 좋은 선수는 대체로 2차 점수도 좋다. (참)

07 답 ①

① 슈퍼마켓의 판매량과 이익 ─ 양의 상관관계

② 몸무게와 시력 ─ 상관관계가 없다.

③ 머리의 둘레의 길이와 지능지수 ─ 상관관계가 없다.

④ 몸무게와 성적 ─ 상관관계가 없다.

⑤ 자동차의 속도와 걸리는 시간 ─ 음의 상관관계

08 답 ④

주어진 산점도가 오른쪽 아래로 향하므로

① 산의 높이가 높을수록 대체로 기온이 낮다. (참)

② 산의 높이가 낮을수록 대체로 기온이 높다. (참)

③ 두 변량 사이에는 음의 상관관계가 있다. (참)

④ 몸무게와 키 사이에는 양의 상관관계가 있다. (거짓)

⑤ 기온과 난방기 전력사용량 사이에는 음의 상관관계가 있다. (참)

09 답 ①

오른쪽 위로 향하는 산점도가 양의 상관관계에 있으므로 ①, ④가 양의 상관관계에 있다. 한편, 점들이 직선 주위에 가까이 몰려 있을수록 상관관계가 강하므로 주어진 산점도 중 가장 강한 양의 상관관계에 있는 것은 ①이다.

10 답 (1) 양의 상관관계 (2) B (3) C

(1) 주어진 산점도는 오른쪽 위를 향하므로 월 소득과 월 저축액 사이에는 양의 상관관계가 있다. ········ ⓐ

(2) 산점도에서 소득에 비해 저축을 많이 한 사람은 대각선의 위쪽에 위치한 사람이다. 즉, 소득에 비해 저축을 가장 많이 한 사람은 대각선의 위쪽에 있는 점 중 대각선에서 가장 멀리 떨어져 있는 B이다. ······ ⓑ

(3) 산점도에서 소득에 비해 저축을 적게 한 사람은 대각선의 아래쪽에 위치한 사람이다. 즉, 소득에 비해 저축을 가장 적게 한 사람은 대각선의 아래쪽에 있는 점 중 대각선에서 가장 멀리 떨어져 있는 C이다. ········ ⓒ

채점기준	
ⓐ 월 소득과 월 저축액 사이에는 어떤 상관관계가 있는지 말한다.	[40%]
ⓑ 소득에 비해 저축을 가장 많이 한 사람을 구한다.	[30%]
ⓒ 소득에 비해 저축을 가장 적게 한 사람을 구한다.	[30%]

반드시 기억시킨다!!

보카 레슨

중등

시리즈 구성

★ Level ① 800개 단어, 40일 완성
★ Level ② 900개 단어, 45일 완성
★ Level ③ 1000개 단어, 50일 완성

*중등 필수 단어를 반드시 기억시키는 3-Step 학습

1 STEP 의미의 연상력으로 기억하자!!
- Relation Memory

2 STEP 재미있는 스토리로 기억하자!!
- Story Memory

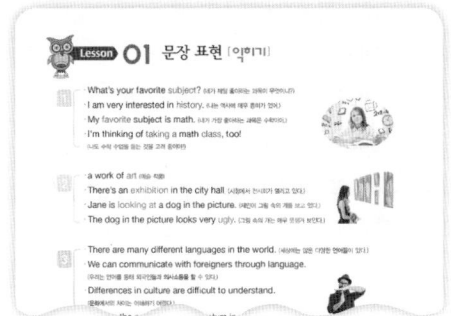

3 STEP 쉽고 다양한 유형의 테스트로 기억하자!!
- Test Memory

* 일대일 단어
Review Test

* 독해력 기초를 쌓는
표현&예문 Review Test

* 놓치는 단어란 없다!
Weekly Test

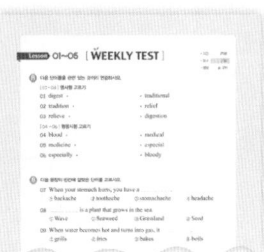

★ 영어 선생님을 위한 특별한 교과자료 ★

· 문제출제마법사 CD수록   · 문제 한글 파일 제공

학교 시험 일등급을 위한 고품격 수학!

[일등급 중등 수학 시리즈]
· 중등 수학 1(상), 1(하)
· 중등 수학 2(상), 2(하)
· 중등 수학 3(상), 3(하)

어려운 수학 문제를 엄선하여 쉽고 단기간에 총정리 하는 명품 문제집입니다!

1 개념이 쉽게 이해되는 꿀팁과 개념 필수 문제로 수학 완성

수학 개념을 이해하기 쉽게 다양한 예로 정리하였고, 꿀팁으로 개념을 좀 더 재미있게 공부할 수 있도록 하였습니다. 개념에 문제를 적용시켜 개념+유형을 한꺼번에 총정리 하고, 또 수학적 사고력을 키울 수 있도록 구성하였습니다.

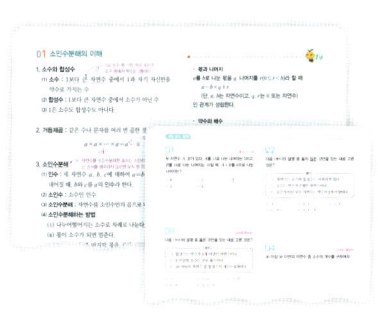

2 수학 상위권 도달을 위한 고난도 도전 문제 집중 훈련

복잡하기만 한 문제가 아닌 폭넓게 생각하고, 종합적으로 판단하여 해법에 도달할 수 있는 고품격 서술형 문제와 고난도 도전 문제를 엄선하여 수록하였습니다. 한 문제 한 문제 고민하고, 차근차근 풀어 가면 수학 실력이 한층 깊어지는 매력을 경험할 수 있을 것입니다.

3 대단원 개념을 총정리 하여 상위 1%에 도달

대단원별로 종합적인 사고력을 측정하는 문제로 구성하였습니다. 소단원별 문제를 통합하여 한번에 풀어 가면 대단원별 개념을 충실히 이해할 수 있어 학교 시험 만점에 도달할 수 있을 것입니다.

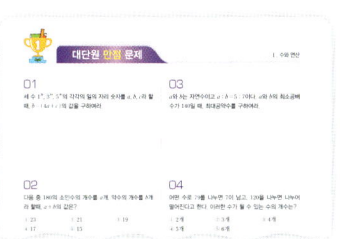

✪ 수학 기초를 더 쉽고 빠르게

수학을 싫어하는
학생들을 위한 책

수력충전 스타트 START

따라 풀면 술술 풀리는 문제 구성
기초 연산 능력을 탄탄하게 다져준다!

❶ 필수 개념을 이미지로 쉽게 이해
❷ 따라쓰고 따라풀어 개념 적용 방법 쉽게 습득
❸ 학교 시험 기본 유형 연습

* **수력충전 스타트** 시리즈
　중등 수학1 (상·하), 중등 수학2 (상·하), 중등 수학3 (상·하)

✪ 수학 개념 충전 연산 훈련서

판매량 **1위**　만족도 **1위**　추천도서 **1위**

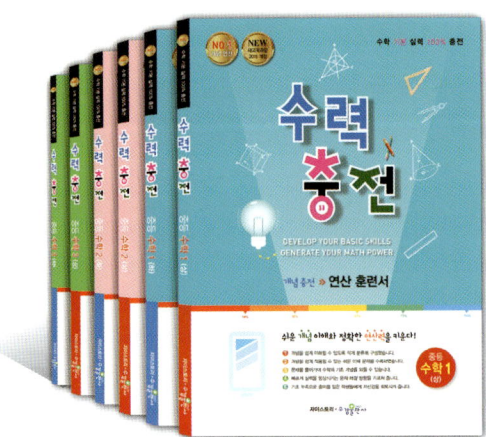

기초를 탄탄히 하고 싶은
학생들을 위한 책

수력충전

수학의 기본을 잡아주는
개념 충전과 정확한 연산 훈련!

❶ 핵심 개념을 한 눈에 알기 쉽게 정리
❷ 반복 연산 학습으로 기본기를 탄탄히!
❸ 수학의 자신감을 회복!

・중등 수학1 (상·하)
・중등 수학2 (상·하)
・중등 수학3 (상·하)

・고등 수학 (상·하)
・수학Ⅰ, 수학Ⅱ
　확률과 통계, 미적분, 기하

・중등 수학 개념 총정리
・초등 수학 개념 총정리

중등 수학을 심플하고 쉽게 공부한다!

중등 수학1 (상), 1 (하) / 중등 수학2 (상), 2 (하) /
중등 수학3 (상), 3 (하)

수학을 쉽고 재미있게
잘 하는 비법은 있는 걸까?

심플 자이스토리로 개념을 쉽게
이해하고, 연산 훈련을 하면서
문제 유형을 익히면 되지!

1 개념 정리 + 개념 연습

이 책에서는 개념을 짧고 강렬하게 정리하였습니다.
또, 중요한 개념은 [　]에 알맞은 말 넣기, 헷갈리기 쉬운 것은
○, × 문제의 형태로 출제하여 개념강화를 위한 가장 기초적
인 문제를 수록하였습니다.

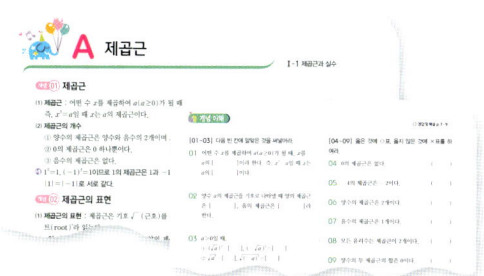

2 개념 연산 훈련

수학은 특히 기초가 튼튼해야 합니다. 튼튼한 기초 위에 실력
이 쑥쑥 자라도록 연산 능력을 극대화할 수 있게 쉬운 연산 문
제를 구성하였습니다.

3 개념 필수 유형 잡기

이 코너에서는 자주 나오는 유형을 분류하여 유형에 대한 적응
력을 높이고, 수학을 쉽게 할 수 있는 방법을 제시하였습니다.

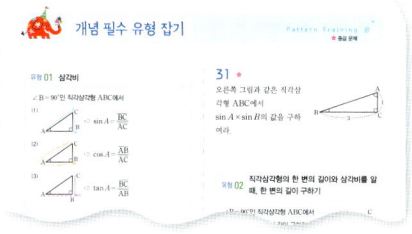

4 내신 대비 연습 문제 + 대단원 총정리 문제

학교 시험에서 자주 나오는 유형들로 구성된 연습 문제와 대
단원 총정리를 통해 실전에 적용할 수 있는 실력을 키울 수 있
습니다.

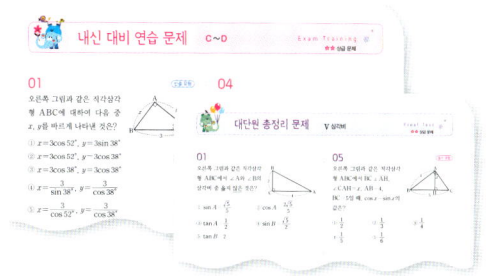

 개념 유형 서술형 으로 중등 수학 완성!!

자이스토리 중등 수학

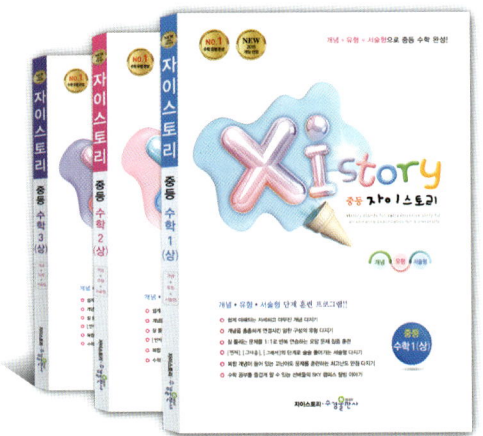

* 2015 개정교육과정에 꼭 맞춘 자이스토리

- 수학 문제는 개념 부족, 계산 착오, 유형 미숙 등의 이유로 틀리지만, 늘 틀리는 문제를 또 틀립니다.

- 자이스토리는 쉽게 이해되도록 개념과 유형을 촘촘히 잘라서 구성했습니다.

- 잘 틀리는 문제들을 모아서 1:1로 반복 훈련하게 구성했습니다.

- 서술형 문제는 [먼저], [그다음], [그래서]의 연결어로 단계 훈련을 하도록 해 쉽게 접근하여 재미있게 풀어낼 수 있도록 하였습니다.

- 자이스토리와 함께 하면 수학 실력이 하루하루 달라지는 놀라운 경험을 느끼실 수 있습니다.

---

01 개념+유형 기본 다지기

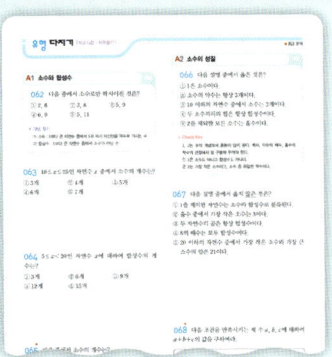

개념 분석을 통해 정리된 대표유형을 시작으로 모든 유형의 문제를 반복, 확장하여 연습을 하자.

02 잘 틀리는 유형 훈련 +1Up

오답률이 높은 유형의 문제들을 학습하고, +1Up에서 비슷한 유형을 반복하여 풀어서 실수를 줄이자.

03 단계별 훈련 서술형 다지기

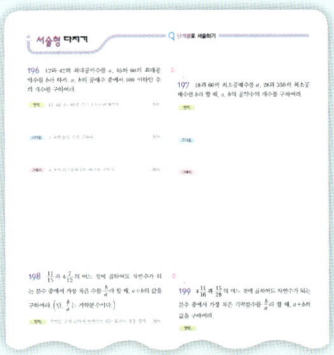

단계적으로 서술하는 방법을 익힌 후 스스로 논리적으로 서술하는 연습을 충분히 하여 서술형에 재미를 붙이자.

- 중등 수학 1(상)   - 중등 수학 1(하)
- 중등 수학 2(상)   - 중등 수학 2(하)
- 중등 수학 3(상)   - 중등 수학 3(하)